Ulrike Halbe-Bauer
Olympia Morata -
In Heidelberg lockte die Freiheit

Ulrike Halbe-Bauer

Olympia Morata

In Heidelberg lockte die Freiheit

wellhöfer VERLAG

Wellhöfer Verlag
Ulrich Wellhöfer
Weinbergstraße 26
68259 Mannheim
Tel. 0621/7188167
www.wellhoefer-verlag.de

Titelgestaltung: Uwe Schnieders, Fa. Pixelhall, Mühlhausen
Titelbild: Manfred Halbe
Satz: Creative Design, Lukas Fieber, Mannheim

Das vorliegende Buch basiert auf der 2004 im Brunnen-Verlag erschienenen Ausgabe „Olympia Morata – Das Mädchen aus Ferrara“. Das Buch wurde vollständig überarbeitet und erweitert.

ISBN 978-3-95428-110-7

Inhalt

Aufbruch

Pass-Straße zum Großen Sankt Bernhard, 1526

Sie hatten die Waldgrenze bereits hinter sich gelassen, hatten sich durch Geröll und Steine getastet, entlang einem kaum sichtbaren Weg – vermutlich einem Tritt von Gämsen. Ein falscher Schritt, ein wackliger Stein, und sie würden abstürzen, den fast senkrecht abfallenden Hang hinunter. Vor Kurzem war der Blick zum Pass hinauf frei gewesen, der klotzige dunkle Bau des Hospizes sichtbar, nun türmten sich dort graue Wolken, welche den Kamm bereits überquert hatten und bis zu den jungen Männern herabgefallen wären, stemmte sich ihnen nicht ein scharfer Wind aus dem Tal entgegen.

Aufatmend an den Fels gelehnt, wischte Celio sich in einer heftigen Bewegung das Wasser aus dem Gesicht.

„Vorsicht! Die Steine sind glitschig", rief er den Gefährten zu, die zögerlich auf der anderen Seite des Wasserfalls stehen geblieben waren.

Die nickten. Wenn in Celios Worten nur nicht so viel Ungeduld mitgeschwungen hätte. Obwohl er durch das schäumende Wasser hindurch kaum zu erkennen war, spürte Frascisus körperlich die unterdrückte Wut des Freundes, wie er sich beherrschen musste, auf ihn und Jakobus zu warten, die den steilen Pfad am Fels entlang erschöpft hinter ihm hochkeuchten – eine der zahlreichen Abkürzungen, die Celio aufgespürt hatte. Eine Wahnsinnsidee! Es wurde Zeit, auf die Straße zurückzukehren, wenn sie im unwirtlichen Gelände nicht im Nebel die Orientierung verlieren wollten.

„Wir müssen umkehren und in einer der Alphütten weiter unten übernachten", schnaufte Jakobus zu Celio hinauf.

„Bist du verrückt? Das Ziel liegt zum Greifen nahe vor uns! Dort oben beginnt der Einflussbereich der Eidgenossen; und da willst du umkehren?"

„Dort oben wartet auf uns ein Hospiz, das von Patres geführt wird, die für Studenten auf dem Weg nach Norden kaum Verständnis aufbringen werden."

„Es wird uns eine gute Ausrede einfallen."

„Eine Ausrede! Als ob du je so etwas gebrauchen würdest. Du schreist jedem deine Absicht direkt ins Gesicht."

„Jakobus hat recht", keuchte Frascisus, froh über die kurze Pause. „Warum musstest du in der Herberge gestern die Studenten aus Burgund so grob beleidigen? Damit sie uns beim Bischof von Turin anzeigen?"

„Mach dir um diese Gimpel keine Sorgen. Darauf kommen die nicht. Die haben nichts vom Anbruch der neuen Zeit gemerkt. Nach Bologna wollen sie, um Medizin zu studieren!"

„Bolognas medizinische Fakultät ist weltberühmt."

„Redet nicht so viel Unsinn. Um Medizin zu studieren, muss man sich nicht der römischen Tyrannei ausliefern. Freiheit findet man jenseits der Berge, bei den Eidgenossen oder in Deutschland. Nun macht, dass ihr den Bach durchquert. Pass auf! Da, hier ist ein fester Stein. Gib mir eine Hand. Weiter. Jetzt Jakobus. Ausruhen könnt ihr, wenn wir unser Ziel erreicht haben."

Bis zur Straße stiegen sie ohne ein weiteres Wort. Celio mit kraftvollen sicheren Schritten, die beiden anderen sorgfältig jeden Tritt am Abgrund prüfend.

Atemlos erreichten sie die gepflasterte Straße und wären fast über die Seile einer Winde gestolpert, an denen ein Kaufmannswagen bis zur nächsten Straßenkehre hochgezogen wurde. Unter den Flüchen der Fuhrknechte wichen sie zurück und mussten am Rande des Abgrunds warten, bis sich Tiere und Wagen an ihnen vorbeimanövriert hatten. Danach folgten Träger, die schrankhohe Bündel auf dem Rücken geschnallt trugen und Tod und Teufel beschworen, weil sie hinter dem Wagen nicht vorwärts kämen. Erst nach ihnen konnten sich die Studenten in den Zug einreihen.

„Jetzt spürt ihr am eigenen Leibe, wozu unsere Abkürzungen gut waren", erklärte Celio. „Auf dieser Straße brauchen wir ewig."

„Kommen aber sicher am Ziel an", erwiderte Jakobus.

„Nicht, wenn eines der Seile am Wagen reißt."

An der nächsten Wegbiegung mussten sie erneut warten, weil der Wagen losgeschnallt wurde, während gleichzeitig von hinten zwei einzelne Reiter vorbeidrängten, die rücksichtslos ihre Pferde durch die Menschengruppe trieben.

Kurz bevor sie die Passhöhe erreichten, hörten sie laute Rufe den Berg heraufschallen. Eine Gruppe von Bewaffneten in Lederkollern schälte sich aus dem feuchtkalten Nebel und umzingelte die drei Studenten. „Im Namen des Bischofs von Turin: Ihr seid verhaftet!"

„Ich glaube kaum, dass wir die sind, die Ihr sucht", entgegnete Celio kühl. „Was wollt Ihr?"

Statt einer Antwort packten je zwei der Kerle einen der Studenten und banden ihm die Arme auf dem Rücken fest. „Dort geht es lang", knurrten sie und stießen ihre Gefangenen vorwärts, die Straße hinunter.

Über Celios Proteste gegen eine solche Behandlung für einen Adligen – er sei schließlich der Sohn des Jacomino Curione und entstamme der Familie Provana – amüsierten sie sich nur. Dann habe alles seine Ordnung, denn sie hätten den Auftrag, genau diesen gefangen zu nehmen. Er solle sich sputen, hier oben sei es kalt, und sie wollten vor Einbruch der Nacht das Tal erreichen und sie in Ivrea abliefern. Alles Weitere sei nicht ihre Sache und interessiere sie nicht. Celio verstummte daraufhin und wechselte mit den Männern während des gesamten Abstiegs kein Wort.

Erst spät in der Nacht kamen sie im Schein der Fackeln im Tal an. Klirrende Schlüssel. Säuerlich feuchte Luft. Stöße, Tritte. Dann krachte die Tür hinter ihnen zu, drehte sich der Schlüssel erneut im Schloss. Sich entfernende Schritte, Gelächter, Dunkelheit, Stille. Einzig leises Rascheln in den

Ecken, ein eiskalter, frischer Windzug aus zwei Scharten in der Mauer.

Die drei schwiegen. Frascisus hüllte sich in seinen Mantel und ließ sich an der Mauer entlang zu Boden gleiten, legte den Kopf in die Arme. Er hatte es gewusst. Gewusst! Sie konnten Italien nicht einfach hinter sich lassen. Schon gar nicht mit diesem wahnwitzigen Celio, der sich vor überhaupt nichts fürchtete. Und deswegen hockten sie jetzt in diesem stinkenden Loch. Er selbst hatte eine Flucht in aller Heimlichkeit vorgeschlagen. Aber Celio hatte sich natürlich durchgesetzt. Er habe nichts zu verbergen. Musste überall auffallen. Wenn der jetzt wieder anfing, sich groß zu tun ...

Frascisus wollte schlafen, nur schlafen, Hunger und Durst und ihre aussichtslose Lage vergessen. Aber die Stimme Celios ließ ihm keine Ruhe: „Wir müssen uns genau überlegen, wie wir dem Bischof gegenüber auftreten."

Der kam nie zur Vernunft. Sollte er doch, sollte er einen Plan entwickeln, das war jetzt gleichgültig. Celio würde reden, erklären, fordern. Der würde sich noch aus der Hölle herausreden. Nun ja, immerhin, eine kleine Chance bestand, vielleicht würde ihm auch dieser Bischof nicht widerstehen können. Wie niemand.

Die Tochter

Ferrara, 1526

Behutsam zupfte der Mann an dem Tuch, in welches das Kind gehüllt war. Gut eingepackt, damit es in der Kirche nicht friere. Das hatte ihm seine Frau eingeschärft. Ein Säugling unterkühlt sich leicht! Durch das Tuch fühlte er die Wärme, die von dem Körper ausging, und den Rhythmus seines Atems. Ob so ein Wesen spürte, was es erwartete? Ein kaltes Bad, damit aus einer kleinen Heidin ein Mitglied der Kirche wurde.

Im gleichen Augenblick fühlte Morato kühl im Nacken den Luftzug, der die hohe, helle Marmorfassade des Doms von Ferrara herabfiel. Hoffentlich musste er nicht lange auf seine Freunde warten, die ihn zur Taufe begleiten wollten.

Seine Frau Lukrezia war nach der schweren Geburt noch bettlägerig. So war sie noch nicht ausgesegnet und musste daheim warten – voller Sorge und Unruhe, da machte er sich nichts vor –, bis der Mann ihr Kleinod zurückbrachte.

Morato war keineswegs entgangen, wie zögerlich Lukrezia das winzige Wesen in seine Männerhände gelegt hatte, obwohl diese Besorgnis unnötig war. Er war ein umsichtiger Mensch und keineswegs grob oder ungeschickt. Vorsichtig hatte er seine Tochter durch die engen Gassen Ferraras getragen, unter den dunklen Backsteinbögen hindurch, auf jeden Tritt achtend. Obwohl er kein junger Mann mehr war – in seine halblangen schwarzen Haare mischten sich bereits graue Strähnen –, eilte er mit federndem Schritt vorwärts, wenn auch durch die Sorge, die er dem Kind angedeihen ließ, etwas verhalten.

Wie zerbrechlich so ein kleines Menschenkind war! Ob Lukrezia ihm weiterhin misstraute, weil er ihr Glück über dieses Kind nicht von Anfang an mit ihr geteilt hatte? Er gab es zu: Nach der Geburt, als ihm die Hebamme das Mädchen hingehalten hatte, da war die Enttäuschung wie ein Stich durch sein Herz gegangen. Eine Tochter! Er hatte die entzückten Hätschelworte der Frau nicht verstanden, ihre Versicherung, seine Tochter sei gesund und ein besonders hübsches Kind, zartgliedrig und ebenmäßig. Schön konnte er dieses verschrumpelte Häufchen Mensch nun wirklich nicht finden. Und dann ein Mädchen! Ganz sicher war er sich gewesen, Gott würde seine Liebe zu Lukrezia mit einem Sohn belohnen, den er formen könnte. Aber wann war seinen Wünschen schon einmal entsprochen worden?

Gott hatte ihm, Pellegrino Morato, viele Wünsche verwehrt – oder ihn lange, sehr lange warten lassen, bis er sie ihm erfüllte. So war er in den Vierzigern gewesen, als er vor sechs Jahren Lukrezia geheiratet hatte. Aber früher war an eine Eheschließung nicht zu denken gewesen, zu unsicher war der Fürstendienst für einen Lehrer. In Ferrara hatte er zum ersten Mal in seinem Leben eine feste Anstellung gefunden, nannte sich *maestro de scola,* aber was war das schon? Ein unregelmäßig ausgezahltes schmales Gehalt, abzüglich der Kosten für die Kleider, die er bei Hofe brauchte, manchmal Brennholz- oder Fleischlieferungen; zuerst zwei winzige, zugige Zimmer unter dem Dach des Palazzo Schifanoia, jetzt endlich ein eigenes Haus.

Die sechs Jahre, die seine Frau und er auf dieses Kind hatten warten müssen, waren ihm und Lukrezia lang geworden. Und in die Hoffnung auf ein Kind hatte sich immer wieder die Sorge um die Gesundheit seiner Frau gemischt. Lukrezia war eine zarte Person, die nur selten ihren Husten loswurde, besonders hier in Ferrara während der feuchten Dünste der Sommermonate. Mit der Geburt hatte Lukrezia sich zwei Tage gequält. Ein Wunder, dass sie und das Kind alles gut überstanden hatten. So ruhte wohl doch der Segen Gottes auf ihrer Ehe. Kein Sohn, aber dieses Mädchen, das, wenn er den Beteuerungen der Hebamme glauben durfte, gesund und kräftig war. Na, wenigstens etwas.

Nur ungern hatte er sich in das Geburtszimmer vorgewagt, das ständig mit Besucherinnen gefüllt war, die auf das Wohl der Mutter tranken und sich ungeniert den Bauch füllten. Arme Lukrezia. Stickig und warm war es im Zimmer, dazu die vielen Frauen, Nachbarinnen oder was sich dafür hielt. Ein harter surrender Grundton, begleitet von aufgeregtem Schackern, das vereinzelt durch dreistes, sich überschlagendes Gelächter zerschnitten wurde. Wie hielt Lukrezia das aus? Er bekam kaum Luft. Aber wie sie da lag in dem großen Bett, bildete sie mit dem Kind zusammen eine Insel, auf die dieser Trubel nicht schwappte. Glücklich sah sie aus, wenn auch schwach. Zu ihm, ihrem Mann hatte sie nur zaghaft hochgeschaut. Sie spürte, wie enttäuscht er war, und fühlte sich ihm gegenüber schuldig. Und damit hatte sie nicht ganz unrecht.

Mit einem Finger strich er dem Kind über den Kopf; es antwortete mit einem Schnaufer. Ein Mädchen. Er musste die richtigen Worte finden, aber was er seiner Frau auch sagen würde – es wirkte bestimmt aufgesetzt und gezwungen.

„Ich werde das Kind Olympia nennen", hatte er in seiner etwas steifen Art erklärt. „Nach jener Olympia, über die Gregor von Nazianz berichtet ... eine fromme und gebildete Frau, die mit Theophilos von Alexandrien korrespondierte und Johannes Chrysostomos."

Einen Augenblick lang hatte er befürchtet, Lukrezia würde widersprechen: Olympia sei kein Name für ein Lehrerkind; weder in ihrer noch in seiner Familie habe jemals ein Mädchen so hochtrabend geheißen. Die Kleine solle den Namen einer der Großmütter tragen, Assunta vielleicht oder Flavia. Doch Lukrezia hatte genickt und dazu gelächelt, jenes kleine unergründliche Lächeln, das er im Alltag nur schlecht ertragen konnte, jetzt als Zeichen ihrer Zustimmung nahm. Eine Olympia also.

Es wurde Zeit, diesen zugigen Platz zu verlassen. Während Morato die Stufen vor der Kathedrale von Ferrara hinabschritt, begann das Mädchen sich zu regen. Es schlug die Augen auf und schaute seinen Vater an, schien den Gelehrten zu mustern.

Pellegrino Morato blieb an der untersten Stufe der Treppe stehen. Der Blick aus dem faltigen Säuglingsgesicht rührte ihn auf unerklärliche Weise an. Dieses Kind war bereits ein richtiger Mensch. Sah das Mädchen etwa, mit welchem Bedauern ihr Vater sie begrüßt hatte? Er hätte sich in diesem Moment nicht gewundert, wenn ihr Mund sich geöffnet, Worte und ganze Sätze geformt hätte.

In das blasse Gesicht des Gelehrten stahl sich ein schmales Lächeln. Fast hätte er seine Tochter fest an sich gedrückt, doch traute er sich nicht – so zerbrechlich wirkte sie, winzig ihre Glieder. Schließlich küsste er das Kind vorsichtig auf die Stirn.

Einen Augenblick später war Morato von seinen Freunden und ihren Frauen umringt, die er zur Taufe und der anschließenden Feier eingeladen hatte. Jeder wollte das Kind anschauen, es halten, es bewundern, anlächeln und küssen, dem Vater gratulieren. Schließlich nahm die Patin es auf den Arm. Gemeinsam stiegen sie die Stufen zum Taufstein hinauf, wo Olympia in der hintersten dunklen Ecke des Gotteshauses in die Gemeinschaft der Gläubigen aufgenommen wurde. Gelassen wartete sie, dass ihre Paten in ihrem Namen dem Teufel und allen seinen Werken entsagten. Selbst als man sie aus den Tüchern wickelte, über das dunkle Taufbecken hielt und mit kaltem Wasser übergoss, schrie sie kurz auf und beruhigte sich, als sie die wärmenden Tücher um sich fühlte. Das Salz der Weisheit empfing sie mit einer gewissen Würde auf ihren Lippen und schluckte es tapfer, dabei das Gesicht in merkwürdigen, schiefen Grimassen verziehend.

Auf dem Heimweg fragten Moratos Gäste nach dem Befinden Lukrezias und unterhielten ihn mit dem neuesten Klatsch. Doch achtete er kaum darauf. Er war mit seiner Tochter beschäftigt und summte ihr leise etwas vor. Das Mädchen hielt derweil die Augen geschlossen, atmete gleichmäßig. Ein kleines rundes Gesicht mit einem spitzen Kinn, ein winziges Stupsnäschen, ein Mund, aus dem ein wenig Speichel lief.

Ferrara, 1530

Für die Kinderfüße waren die Treppenstufen zu hoch. Auch fehlte ein Halt am Geländer, denn bis dorthin reichte der Arm nicht. Das kleine Mädchen setzte den rechten Fuß vorsichtig auf die nächstuntere Stufe, ließ das zweite Bein folgen, überquerte den breiten Tritt mit zwei trippelnden Schritten, bevor sich das gleiche Schauspiel wiederholte. Hin und wieder hielt sie inne, kämpfte mit dem Gleichgewicht. Endlich war das untere Stockwerk erreicht.

Ohne Aufenthalt hüpfte sie vergnügt weiter, auf die Tür am Ende des Ganges zu. Dort zögerte sie einen Augenblick, wischte sich mit dem Ärmel über das erhitzte Gesicht, wartete, ließ ihren Atem zur Ruhe kommen. Schließlich reckte sie sich nach dem Griff der Tür und zog ihn zu sich herunter. Doch auf halbem Weg rutschte er ihr aus der Hand, schnappte mit einem knackenden Geräusch zurück. Beim zweiten Versuch fasste die Hand ihn fester, der Arm zog rascher. Das Schloss sprang auf und das Kind konnte die schwere Holztür einen Spalt aufschieben, der ihm erlaubte, ins Zimmer hineinzuschlüpfen.

Sie warf nur einen Blick auf die Wiege, die am Fenster stand, durchquerte zielbewusst den Raum und erkletterte den hohen Schreibstuhl am Pult. Vorsichtig nahm sie das kleine Messer, das dort bereitlag, in die Hand, spitzte sorgfältig einen Federkiel zurecht, legte ein Blatt Papier vor sich auf die Schreibplatte, tauchte schließlich das Schreibgerät in das Tintenfass.

Bevor sie die Spitze auf dem Papier ansetzte, strich Olympia den Federkiel einmal am Rand des Tintengefäßes ab. Beim Ansatz müsse man besonders aufpassen, hatte der Vater gesagt, da entstehe leicht ein Klecks. Doch Ansatz und Aufwärtsbogen gelangen makellos; die Feder leicht drehen, ein scharfer Winkel, bloß die Finger locker lassen, nach unten ziehen, eine neue Kehre, ein neuer Bogen. Das Mädchen reihte Buchstabe an Buchstabe, bis die Linie fast unmerklich dünner wurde. Erneut die Feder in die Tinte gehalten, abgestreift – nun kam der entscheidende Augenblick, denn der Vater hatte ihr erklärt, der Neuansatz dürfe für das Auge nicht erkennbar sein.

Vor Anstrengung war das Gesicht erglüht, die Zunge drückte fest gegen die untere Zahnreihe, schob sich zwischen die Lippen. Auf der hohen Stirn hatte sich eine Falte gebildet. Aus großen, dunklen, wachen Augen blickte das Mädchen auf sein Werk. Endlich stellte es die Feder in den Halter und versuchte die Hand zu entspannen. Der Vater schätzte es nicht, wenn Hand und Gesicht viel von der Anstrengung verrieten, die sie die Schreibarbeit kostete, wenn die Flügel ihrer langen, schmalen Nase zu beben anfingen und der Mund sich unter dem Druck der Zunge verzog.

Oh, Schreiben war schwer! Nicht das Erlernen der Buchstaben, die hatte sie sich schon bei der ersten Vorstellung einprägen können. Nein, der Umgang mit Feder und Tinte war das Problem, da die Feder leicht brach und die Tinte ständig klecksen wollte, verlaufen oder in anderer Weise die Linie verderben.

Sie zuckte zusammen. Aus der Wiege war ein wimmernder Laut aufgestiegen, unterbrochen von glucksenden Tönen und kleinen Schnaufern. Doch ließ sich das Mädchen nicht beirren, beugte sich weiter über ihre Arbeit. Dann ein Schrei, ein Klecks, nun war alles verdorben! Sie griff nach der Sandbüchse, versuchte zu retten, was zu retten war.

Je heftiger das Geschrei wurde, desto entschlossener wurde ihr Gesichtsausdruck. Das Kinn vorgereckt, die Schultern zurückgeschoben, so saß sie kerzengerade da und zog ihre Linie weiter. Sollte die kleine Schwester schreien. Etwas anderes konnte sie nicht.

Gleich würde die Mutter herbeieilen, als drohte dem Kind Gefahr. Ständig war große Aufregung. Dabei wollte Vittoria nur trinken. Genauso wie die drei kleinen Hunde, die sich um die Zitzen von Diana balgten. Die Mutter behauptete, sie, Olympia, hätte genauso an ihren Brüsten getrunken, als sie klein war. Das glaubte sie nicht. Bestimmt nicht! So ein kreischendes, sabberndes Bündel war sie nie gewesen. Das hätte der Vater nicht geduldet.

Die Tür öffnete sich und eine Frau trat eilig herein. Sie beugte sich über die Wiege, schaukelte sie hin und her und begann mit leisen, beruhigenden Worten auf den Säugling einzureden. Das Geschrei hörte einen Augenblick auf, setzte erneut und schärfer ein.

Seufzend nahm die Frau das Kind hoch, ließ sich auf dem Holzsessel in der Fensternische nieder und öffnete ihr Kleid. Ein Schnaufen, ein tiefer Seufzer, dann waren nur noch leise Schmatzer zu hören.

Die Mutter wandte sich ihrer ältesten Tochter zu. „Olympia, wie kannst du weiterschreiben, als wenn nichts wäre, während sich dein Schwesterchen die Seele aus dem Leib weint?"

Das Mädchen blickte von seinem Blatt hoch und erwiderte ernsthaft: „Ich muss schreiben. Der Herr Vater hat es mir aufgetragen."

Der Mund der jungen Frau verzog sich zu einem Lächeln, doch schüttelte sie den Kopf: „Kind, es ist gut, dass du das Schreiben wichtig nimmst. Aber du darfst darüber Vittoria nicht vergessen. Sie ist so klein und und braucht unsere Hilfe. Wenn du sie ein wenig geschaukelt hättest, hätte sie sich wieder beruhigt. Aber jetzt ist sie ganz verschwitzt von der Aufregung."

Olympia stellte die Feder ab und schaute die Mutter an. „Sie kann ruhig ein bisschen warten, Frau Mutter. Warum ist sie so gierig und brüllt gleich los? Giuseppina hast du verboten, mir vor einer Mahlzeit etwas zu essen zu geben, damit ich lerne, mich zu beherrschen."

„Ja, aber Vittoria ist zu klein, um das zu verstehen. So kleine Kinder können nicht warten. Du dagegen bist schon groß."

„Deshalb muss ich schreiben. Der Vater hat es mir aufgetragen. Er hat Vittoria gestern auch nicht geschaukelt, als sie zu schreien anfing, sondern Giuseppina befohlen, sie hinauszutragen, damit sie ihn nicht störe."

„Nun, der Vater. Der ist ein Mann, ein Lehrer und Schriftsteller, der hat andere Aufgaben zu erledigen als du. Du bist ein Mädchen. Das müsstest du langsam verstehen. Für dich sind andere Dinge wichtiger. Doch selbst der

Vater hat Vittoria oft gewiegt. Allerdings hatte er gestern ein wichtiges Schriftstück zu formulieren, wobei er das Kindergeschrei nicht gebrauchen konnte."

„Aber Vater hat mir befohlen, heute eine ganze Seite ordentlich zu schreiben!"

Triumphierend reckte die Kleine der Mutter ihr Köpfchen entgegen, die Augen strahlten selbstbewusst, verdunkelten sich jedoch, als diese in hartem Ton antwortete: „Jetzt ist Schluss, Olympia. Du legst das Schreibzeug hin, holst deine Handarbeit und siehst zu, dass die Stickerei, die ich dir gestern aufgetragen habe, heute Nachmittag fertig wird."

Olympias Mund öffnete sich zum Widerspruch. Als sie den drohenden, ernsten Blick Lukrezias wahrnahm, stieg sie zögerlich von ihrem Stuhl herunter und verließ schmollend das Zimmer.

Einen ganzen, öden Nachmittag lang über dem winzigen Muster am Stickrahmen sitzen und sich ärgern! Weil sich der lange Faden verhedderte und die spitze Nadel oft genug den Finger traf! Die Mutter rührte das nicht. Wenn sie wolle, könne sie durchaus mit Nadel und Faden umgehen. Schließlich sei sie ihre Tochter. Olympia solle ihr dankbar sein, dass ihre Mutter an ihre Zukunft denke.

Unablässig mit der Nadel hin und her ... Trotzdem würde bis zum Abend nur eine kleine Rosette entstehen. Man musste nicht einmal den Stickrahmen verstellen, Tage würde sie mit dem eingespannten Stück Stoff beschäftigt sein. Und wozu das?

Es lagen bereits genug Decken im Schrank, von den Tanten bestickt oder der Großmutter. Eine Aussteuer! Wieso verstand die Mutter nicht, dass Schreiben wichtiger war?

Und jetzt musste sie fürchten, dass die Mutter sie verriet. Der Vater mochte es nicht, wenn die Mutter verärgert war. Dann hielt er zu ihr, obwohl er seiner Olympia das Schreiben aufgetragen hatte. Die blöde Vittoria. Sie war schuld. Immer sie.

Später holte Giuseppina Olympia in die Küche, da Gäste zu erwarten seien. Olympia musste Käse reiben und ihn in den Fleischbrei rühren. Zwischendurch kam die Mutter herein, schimpfte, weil sie zu langsam arbeiteten. *Ravioli di carne*, das sei kein großes Geschäft. Sie war ungeduldig wie selten, und deshalb wurde auch Giuseppina wütend.

Bei Tisch versuchte Olympia, sich unsichtbar zu machen, denn vor den Gästen wollte sie auf keinen Fall zurechtgewiesen werden. Sie konnte sich benehmen: Sie würde nichts verschütten und nicht zu viel auf einmal verschlucken. Den Mund abwischen, bevor sie den Becher in die Hand nahm – nein, heute hatte Giuseppina sogar die guten Gläser gedeckt! –, in kleinen Schlucken trinken. Für alles, was sie tat, gab es eine Regel. Entweder eine des Vaters oder eine der Mutter und manchmal eine, auf der beide bestanden.

Zum Glück waren die Erwachsenen ins Gespräch vertieft, vergaßen dabei zu essen. So hatte Olympia Zeit, ihren Teller zu leeren, ohne sich wegen ihrer Eile zu verschlucken. Als die Magd ihr nachschöpfen wollte, schüttelte sie heftig den Kopf. Nein, sie hatte genug gehabt.

Die Gäste und der Vater hatten sich der Brühe zugewendet. Morato entging keineswegs, dass seine Älteste ihn erwartungsvoll beobachtete. Es bereitete ihm Spaß, seine Tochter bei Tisch Gästen vorzuführen, auch wenn seine Frau dies für bedenklich hielt. Aber heute wollte er sie nicht reizen. Es hatte Schwierigkeiten gegeben mit Olympia und Lukrezia hatte sich aufgeregt.

„Nun, Pellegrino, was hat deine Tochter uns denn heute zu bieten?", ließ sich da sein Kollege vernehmen. „Kennt sie schon dein Reimbuch?"

Olympia nickte heftig, und so blieb dem Vater nichts anderes übrig, als ihr zu erlauben, ein paar Verse aufzusagen. Es waren Beispielsätze aus der Literatur der Römer. Sie verstand nicht alles, was sie sagte, aber sie hatte die Worte im Kopf, kannte den Rhythmus, verhedderte sich selten.

Die Worte sprudelten aus ihr heraus, obwohl der angespannte Blick des Vaters sie warnte: Gib acht, nicht zu rasch. Schließlich beendete sie ihren Vortrag, indem sie die Stimme senkte und leicht den Kopf beugte.

„Fertig", sagte sie, weil niemand reagierte. Nun lachten die Männer und klatschten, auch der Vater schmunzelte.

Als Olympia ins Bett geschickt wurde, hörte sie an der Tür einen der Männer sagen: „Du hast ihren Namen richtig gewählt, Pellegrino. Warte nur ab, eines Tages wird deine kleine Grazie im heiligen Hain der Griechen sich dem Dienst der Musen weihen."

„Und mein Pellegrino sich in den olympischen Himmel versetzt fühlen", fügte die Mutter mit einem rauen Lachen hinzu, das Olympia auf den Flur folgte und bis ins Schlafzimmer nachkollerte.

Schlaflose Nächte

Ferrara, 1533

Ganz langsam ruckt das Haus an. Es knirscht leise, weil das Fundament es nicht hergeben will. Nun gleitet das Haus die Straße entlang, immer schneller. Das Pflaster: ein glänzender Streifen. Die großen runden Kiesel werden in die Länge gezogen; lauter schräge Ecken. Gärten, Häuser, Tore: gescheckte Rechtecke, dunkle Ovale, spitze Winkel, Streifen.

Das Haus will diese Reise nicht, es möchte zurück in sein Fundament, anhalten, sich entgegenstemmen. Aber es nützt nichts, die Fahrt lässt sich nicht aufhalten. Es bleibt eine Weile in der Spur der Straße, hält sich holpernd darin wie ein alter Wagen, bis es auf eine weit ausladende Eiche am Horizont zu rast. Noch ist sie fern, noch – je schneller das Haus vorwärts rutscht, geschmiert von der Glätte der Straße, umso größer wird die Eiche, wächst, wächst, baut sich zu einem

Turm aus braunen Ziegeln auf, der ins Haus hereinbrechen wird.

In einem Augenblick ... gleich ... jetzt ... jetzt ... sich hinwerfen, zusammenkauern, in der Ecke des Zimmers vielleicht dem Zusammenstoß entgehen, den niederprasselnden, Menschen unter sich begrabenden, kantigen Steinen.

Olympia schreckte hoch. Vom Magen herauf würgte es. Sie setzte sich im Bett auf und versuchte den Stößen in ihrem Innern mit tiefen Atemzügen zu begegnen. Während saurer Geschmack in ihr aufstieg, fühlte sie, wie sie sich auflöste. Füße, Beine, Hände, Arme, alle Glieder schlotterten an ihr herab, fremd, taub.

Das Haus bewegte sich weiter in rasendem Tempo, zog sie mit sich. Dem Aufprall würde sie nicht entgehen. So saß sie auf der Bettkante, ein Nachtschatten, einzig das Kreisen in Kopf und Magen.

Allmählich begann die Anspannung in ihr abzuklingen, aber sie fühlte sich schwach. Kalter Schweiß klebte überall an ihrem Körper. Mühevoll stand sie auf und goss mit schwerem Arm Wasser in die Waschschüssel, um wenigstens Gesicht und Arme zu erfrischen, schaute sich um, ob die Schwestern etwas gehört hatten. Doch die schliefen gleichmäßig atmend. Frierend kroch sie ins Bett zurück, faltete die Hände auf ihrem Bauch, betete.

Wie immer ließen die Worte Ruhe in sie hinein. Während sie sich in ihre Decke einrollte, sah sie das Gesicht des Vaters vor sich am Tisch. Alt hatte er ausgesehen, die Lippen zu einem scharfen Strich zusammengezogen, der Blick durch sie hindurchgehend.

Was geschehen war, konnte sie aus den Worten der Eltern nur mühsam erschließen. Doch hatte sie verstanden, dass ihre Familie Ferrara verlassen musste, weil sich eine Katastrophe ereignet hatte: Pellegrino Morato war am Hof der Este in Ungnade gefallen. Der Vater, der am Hof umworbene Erzieher, ein gesuchter Gelehrter, in Ungnade gefallen, sodass man ihn entließ! Das war undenkbar, aber er hatte es selbst gesagt. Es hatte wohl Streit mit einem Poeten am Hof gegeben.

Auch früher war er manchmal sehr erregt nach Hause gekommen, hatte von Auseinandersetzungen geredet und über die Eifersüchteleien am Hofe geschimpft, über das Geschmeiß, das sich im Dunstkreis eines Fürsten sammle ...

Als sie, Olympia, vor ein paar Tagen abends in der Zimmerecke vor dem Lesepult stand, weil sie vorsichtig in einem der wertvollen Bücher blätterte, da hatten die Eltern sie offenbar vergessen. Denn sie hatte gehört, wie der Vater zur Mutter sagte, man könne geradezu mit Händen fühlen, wie der gesamte Hofstaat auf den Tod des alten Fürsten warte. Die Karten würden bereits jetzt neu gemischt und Kardinal Bembo gewinne immer mehr an Einfluss. – Vaters Stimme hatte gezittert, schließlich hatte er sogar geschluchzt.

„Aber du hast deine Freunde, Gleichgesinnte.“ Die Mutter hatte nur zaghaft etwas einzuwenden gewagt.

„Freunde, was sich so nennt ... Damit ist es im Augenblick nicht weit her“, schnaubte Morato. „Jeder kämpft um sein eigenes Überleben. In allen Ecken regt es sich. Die Parteien am Hofe sind selbst für Eingeweihte nicht mehr durchschaubar.“

„Und Renata, die Gemahlin des Erbprinzen? Die unterstützt dich doch, wo es nur geht. Das hast du selbst erzählt.“

Eine müde, wegwerfende Bewegung. „Die Französin ist am Hof allgemein unbeliebt. Du solltest hören, wie die jungen Prinzen über ihre fromme Schwägerin herziehen. Ja, mir vertraut sie. Aber ihren Ruf am Hofe weiter zu gefährden, um einem Lehrer zu seinem Recht zu verhelfen? So sehr schätzt eine Adlige einen Diener nicht. Da brauchst du dich keinen Illusionen hinzugeben.“

„Der junge Fürst, könnte man nicht bei dem ...?“

Morato lachte heiser. „Du hast Vorstellungen. Der hat andere Probleme, solange seine Herrschaft nicht gesichert ist. Außerdem gibt es genügend Gelehrte, die auf eine Position wie meine warten. Für einen Fürsten ist jedermann jederzeit ersetzbar. Nein, für mich gibt es an diesem Hof keine Zukunft."

Und dann der gestrige Tag. Noch nie hatte der Vater so bleich und stumm dagesessen, so ohne Hoffnung. Was sollte aus ihnen werden, wie konnte ein Mensch existieren, der die Ungnade seines Fürsten auf sich gezogen hatte?

Olympia spürte erneut ihren Magen, den säuerlichen Geschmack auf der Zunge, das unaufhaltsame Dahingleiten des Hauses. Wovon sollten sie in Zukunft leben? Fünf Menschen zu ernähren sei keine Kleinigkeit, hatte die Mutter gesagt. Aber so sehr Olympia sich über die Worte ihrer Mutter ängstigte, schlimmer war das Schweigen des Vaters, sein leeres Gesicht.

Würden in Zukunft alle Mahlzeiten so verlaufen wie die gestrige? Dass sie um den Tisch saßen, die Magd Platten auftrug, die Mutter das Huhn zerteilte und vorlegen ließ und niemand zu essen wagte – obwohl die Mutter jeden ernsthaft ermahnte, das gute Fleisch nicht verkommen zu lassen? Nicht einmal die kleinen Schwestern, die sich sonst um jedes Fleischstück stritten, wollten etwas haben.

Schließlich hatte sie, Olympia, dem gequälten Blick der Mutter nachgegeben und ein Stück von dem zarten Hühnerfleisch zögernd in den Mund geschoben. Weißes Fleisch, das einmal zu einem Vogel gehört hatte, der durch den Hof stolzierte, am Boden nach Körnern pickte und gelegentlich mit dem Kopf schlackerte. Olympia spürte die glibberige, raue Haut auf der Zunge, wie ihre Zähne sie zerteilten. Ein Schauer überzog ihren Rücken. Sie durfte die Eltern nicht weiter beunruhigen. Wenigstens sie musste dem Vater Freude machen. Rasch schluckte sie den faserigen Brei herunter.

Als schwerer Kloß hatte er in ihr gelegen, zusammengepappt, wie ein Stein. Und nun hockte sie hier in ihrem Bett, mitten in der Nacht. In ein paar Tagen würden sie dieses Haus verlassen, aus der Stadt verjagt, um in eine ungewisse Zukunft zu ziehen. Wie würde der Vater in Zukunft sein Brot verdienen, das Brot für sie alle? Würde er Zeit finden, mit ihr zu übersetzen? Sie abhören und sich darüber freuen, wie rasch sie die lateinische Grammatik begriff? Ob er jemals wieder ein Geheimnis mit ihr teilte?

Den Donatus, die lateinische Grammatik, beherrschte die Siebenjährige inzwischen zu einem guten Teil. Der Vater ließ sie Fabeln von Phaedrus übersetzen, lustige Geschichten vom eitlen Raben und dem schlauen Fuchs. Zu komisch, wie konnte so ein krächzender Unheilskünder nur glauben, der Fuchs bewundere seinen süßen Gesang? Natürlich hatte sie gleich gemerkt, dass der Text eine moralische Lehre enthielt. Trotzdem! Dem schlauen Fuchs gönnte sie den Käse ebenso wenig wie dem prahlerischen Raben.

Der Vater sah ihre Übersetzungen meist nach dem Nachtmahl durch, wenn die Mutter die Kleinen ins Bett brachte. Sein Gesicht sagte ihr dann, was er dachte: Mochte er ein Wort nicht, konnte sie es an seinen Falten auf der Stirn erkennen, gefiel ihm ein Satz, so atmete er tief ein und hob gleichzeitig die Brauen. „Ja. So ist es richtig. Das ergibt eine Melodie, und Literatur ist Musik, *mia cara*, das hat meine Große bereits verstanden. Aber hier, dieses Wort ..." Dann probierten sie neue, verwarfen, suchten; sie durfte einen sauberen Strich durch den Satz ziehen und die Korrektur dazusetzen. Am nächsten Morgen hatte sie den Text noch einmal abgeschrieben, denn mit Papier, so teuer es war, sparte der Vater nie.

Einmal hatte er sie mit einer Verschwörermiene angesehen und gefragt: „Kannst du ein Geheimnis für dich behalten?" Begeistert nickte sie, natürlich, ein Geheimnis des Vaters, das würde sie mit keinem anderen teilen, das war keine Frage.

„Wenn die Mutter es erfährt, wird sie mindestens eine Woche nicht mit uns sprechen."

„Unser Geheimnis der Mutter verraten? Nie!" Nun lächelte er und strich ihr über den Kopf. Ein bisschen unsicher lächelte sie zurück. Wenn der Vater ihr über den Kopf strich wie einem kleinen Kind, war nicht sicher, dass er sie ernst nahm. Sogar die Mutter klagte manchmal, bei dem Vater wisse sie nie, was er mit seinen Worten bezwecke.

Bedächtig zog er nun aus seiner Mappe ein Blatt, das er vor sie hinlegte. Eine Knabenschrift, gut zu lesen, wenn auch mit ein paar Klecksen versehen. „Hier."

Sie las leise vor, stockte jedoch mehrmals. Es war der Brief eines römischen Legionärs, der in Kappadokien bei der Belagerung einer Stadt Dienst tat. Er beschwerte sich ...

„Was bedeutet *vigilias agere*, Herr Vater?"

„Wachdienst tun."

Über den Wachdienst beschwerte er sich also, die unerträgliche Hitze und den Durst, denn Sand und Wind quälten die Soldaten Tag und Nacht. Er hoffe, dass sie die Stadt bald erstürmen und ihnen *praeda* – „Ist das die Beute?" Ein Nicken. –, reiche Beute und schöne Frauen in die Hände fallen würden. Im Augenblick könne er jedoch seine Arme kaum anheben, da der Centurio seine Soldaten vor der Erstürmung stundenlang *testudinem* üben ließe.

„*Testudinem*? Eine Schildkröte? Das ergibt keinen Sinn." Das Mädchen kicherte. „Der Wüstenwind scheint diesem Legionär den Verstand ausgetrocknet zu haben."

„Nicht so vorlaut, Tochter. Das ist ein militärischer Terminus. Wenn die Soldaten die Schildkröte machen, rücken sie eng zusammen und halten ihre schweren Schilde über sich, sodass sie von oben unangreifbar sind."

„Ach, so." Das Mädchen saugte versonnen an der Oberlippe, was ihr der Vater sofort verwies.

„Nun, was meinst du ...?"

„Das hört sich holprig an, schnarrend."

„Das passt zu einem militärischen Bericht."

„Und hier würde ich den Dativ verwenden ... Der AcI stimmt, aber die Konjunktivform im nächsten Satz ...“ Fragend schaute sie zum Vater hoch. Sein Gesicht war ernst, trotzdem sah sie ihm an, dass er zufrieden mit ihr war.

Im Flüsterton erklärte er ihr: „Der adlige Knabe, der dies geschrieben hat, ist bereits elf Jahre alt.“

Ihr Herzschlag tat einen kleinen Hüpfer. „Wer?“

„Das sag ich dir nicht. Er ist bei Hofe sehr gelobt worden dafür. Du hast fast alle Fehler gefunden, die ihm unterlaufen sind. Ich glaube, in Zukunft werden wir abends nur Lateinisch sprechen. Aber ... kein Wort!“

„Fest versprochen.“

„Nun ab ins Bett mit dir. Und vergiss nicht, der Mutter gute Nacht zu sagen und dein Nachtgebet zu sprechen.“

„Das vergesse ich nie. Gute Nacht, *babbo*.“

„Gute Nacht, *mia cara*.“

Erneut machte sich das Ziehen in ihrem Magen bemerkbar. Heftiger jetzt, schmerzhaft. Lange lag sie wach. Irgendwann musste sie schließlich eingeschlafen sein.

Als ein paar Tage später der Haushalt aufgelöst war, alle Bücher und der gesamte Hausrat verpackt, nahm die Familie Abschied von Ferrara. Pellegrino Morato schloss ein letztes Mal das Haustor ab. Die Mägde standen schluchzend da, während seine Frau ihn mit sanfter Gewalt von der Schwelle fortzog.

Die Eltern saßen nebeneinander im Wagen, ihre Hände ineinander verschränkt, jeder in eine andere Richtung starrend. Die kleinen Schwestern versuchten das Unbegreifliche zu übertönen, indem sie ihren Holzpuppen von der aufregenden Reise, die nun vor ihnen liege, erzählten.

Mit gesenktem Kopf blickte Olympia aus dem Fenster auf das Pflaster, das wie in ihrem Traum unter ihr vorbeizog, immer rascher sich verzerrend auf ein unbekanntes Ziel zu. Ach, gäbe es eine Eiche am Rande der Straße, an welcher der Wagen zerschellen könnte, die ihnen Einhalt geböte und sie hier festhielte. Aber nichts hemmte ihren Weg, ohne Aufenthalt öffnete sich das Stadttor und spuckte die Familie Morato in die weite Wasserlandschaft der Poebene, über die sich die Straße auf einem Damm erhob.

Das moorige Gebiet war überflutet und mit Wasserpflanzen bewachsen. Die menschlichen Gestalten, die sich dorthin vorwagten, warfen in der Ferne lange Schatten. Sie wateten langsam, mit unsicheren Schritten, auf Stelzen durch das Wasser und legten ihre Netze aus. Aber auch diese Stelzenfischer waren hier nur geduldet. Luft, Wasser und Land gehörten den Reihern, die ihre langen Beine tief in den Morast tauchten und mit spitzen Schnäbeln ihre Beute aufstöberten. Oder den weißen Gänsen, die aufgeplustert auf dem Wasser paradierten, sich in Scharen in die Lüfte erhoben, dort oben große Schleifen zogen und sich wieder zurückfallen ließen in das nasse Element – um kurz darauf erneut emporzutauchen und mit ausgebreiteten Schwingen in die Weite zu entschwinden, bis sie irgendwann zurückkamen.

Moncalieri, 1533

Diesmal war es ernst. Allerdings war ihm das Gebäude, in dessen Seitenturm man ihn gesperrt hatte, nicht unbekannt: In den fernen Tagen seiner Kindheit war er oft durch den Garten dieses Anwesens gestromert, mit seinen Freunden auf die Kirschbäume geklettert oder in den Brombeerhecken verschwunden. Giro, der Wachhund, der ihnen das kläffend untersagen sollte, schloss sich freundlich mit dem Schwanz wedelnd den Nachbarsjungen an. Und dabei ließ der Hausherr es bewenden.

Jetzt war der Empfang weit weniger freundlich. Kalt. Nackte Ziegelwände, glatte kahle Mauern, unerreichbar hoch über ihm eine Holzdecke aus dunklen Balken, ein grauer Steinfußboden mit weißen Marmoreinlagen, die geometrische Muster bildeten; ein erloschener Kamin in der einen Ecke und – direkt gegenüber oben in der Wand – ein kleines Fenster, das ein rechteckiges Stück blauen Himmel erkennen ließ, hin und wieder aufgelockert durch weiße Wolkenfetzen. Weder Bett noch Tisch oder irgendein anderer Gegenstand, der die Leere des Raumes abgemildert oder von der kühlen Schönheit des Bodens abgelenkt hätte. Sein langer Wollmantel hielt nur notdürftig die Kälte des Gemäuers fern.

Auf dem Boden sitzend, lehnte Celio Curione mit dem Rücken an der Wand. Beide Beine waren fest in einen Block gespannt, sodass jede Bewegung anfangs Schmerzen bereitet hatte. Inzwischen spürte er seine Beine kaum, das Gefühl war daraus gewichen. Noch konnte er die Zehen bewegen, aber von Stunde zu Stunde quoll das Fleisch mehr auf. Auch wenn sein Wärter zweimal am Tag für kurze Zeit eines der Beine freiließ, damit er seine Notdurft verrichten konnte und die Gliedmaßen nicht gänzlich abstarben, so war die Absicht dessen, der ihn hatte verhaften lassen, nur allzu deutlich. Bereits zum zweiten Male war er aufgegriffen worden, da durfte er keine Schonung erwarten.

Auf Turiner Gebiet hatte er einfach kein Glück. Der Bischof hatte die Jagd nie aufgegeben. Nie! Und er hatte ihn nicht einfach gefangen nehmen und wegsperren lassen, sondern seinen Gefangenen dadurch geehrt, dass er ihn persönlich aufsuchte. Curione sah das Gesicht seines Gegners wieder vor sich: voller Enttäuschung über seinen ehemaligen Schüler – und doch glomm darin immer noch etwas von seiner alten Sympathie für ihn. Ein feines Gesicht wie aus hellem Marmor, eine schmale Nase, die Wangen glatt rasiert, scharf umrissene volle Lippen. Eine kleine Person mit eleganten Bewegungen, die das Leben zu genießen wusste, ein Gedicht ebenso wie einen guten Wein oder eine schöne Frau. Ein Mann, dessen Augen Offenheit, ein gewisses Staunen über die Welt, Neugier und Milde ausdrückten. Leider nicht nur. Die Bewegungen des

Bischofs wirkten fahrig, sein Blick unstet. Vielleicht quälte ihn sein Gewissen, und er fühlte sich überlastet von der Verantwortung für seine Untertanen? Vor allem wenn sie in Glaubensfragen anderer Meinung waren.

Der Bischof hatte die drei Studenten damals zur Besserung in ein Kloster gesperrt. Ausgerechnet in ein Kloster! Gebessert hatte er sich dort, aber nicht in der vom Bischof erwünschten Weise. Die Knochen des heiligen Agapet und Tiburtius entfernte er aus ihrem Reliquiar am Hochaltar und führte sie ihrer verdienten Ruhe zu. Stattdessen lag am nächsten Morgen eine Bibel dort. Ein Wunder? Ein Hinweis darauf, Gottes Wort ernst zu nehmen? Für die Altgläubigen ein ungeheurer Frevel. Da war es an der Zeit, sich aus dem Staub zu machen – falls ihm sein Leben lieb war.

Wenn Celio heute über sein Verhalten nachdachte, stieg so etwas wie Scham in ihm auf. Die Wut des Bischofs war berechtigt gewesen. Er handelte in echter Sorge um ihr Seelenheil, und sie hatten nur Spott und Hohn für ihn übrig. Die schrankenlose Grobheit der Jugend! Trotzdem – er musste immer noch lachen, sobald er sich das blöde Gesicht Bruder Reginalds und anderer Mönche beim Anblick der Bibel im Reliquiar vorstellte. Einzig von den Knöchlein hatte der sich sein Seelenheil versprochen, denen er beim Jüngsten Gericht auf den Fersen bleiben wollte, da ihr Weg direkt ins Himmelreich führen musste. Was bedeutete einem Einfaltspinsel schon die Bibel?

Das war lange her. Diesmal schien die Situation harmlos. In vornehmer Gesellschaft, als Edelmann unter seinesgleichen, hatte Professor Curione die Messe in einer kleinen Dorfkirche gehört. Niemand erwartete in dieser Situation Unheil. Aber die Predigt des Mönches war zu viel gewesen! Der glaubte, dem einfachen Volk alles bieten zu können, wenn er seine dreisten Lügen laut genug vortrug. Nannte Martinus Luther einen Wollüstling, der die Menschen zu üblen Leidenschaften verführe und selbst mit gutem Beispiel vorangehe.

Er war aufgestanden, hatte den Galaterbrief Luthers dagegengehalten, den er immer bei sich trug. Ihn einfach vorgelesen. Das reichte, um der Wahrheit den Weg zu bahnen. Das Volk sprang auf, Einzelne wollten auf den Mönch losgehen, der laut um Hilfe schrie und sich nur mit knapper Not in die Sakristei zurückziehen konnte. Von dort hatte er die Wachen des Klosters alarmiert. Und nun saß er, Celio Secondo Curione, hier in diesem eiskalten Loch.

Plötzlich stieg es trotz der Kälte heiß in ihm auf. Was für eine Weisung würde der Bischof aus Rom erhalten? Wenn man nun ein Exempel an ihm statuieren wollte? Dem Volk ein eindrucksvolles Schauspiel bieten? Hände, die sich um seinen Hals legten, ihm die Luft nahmen. Ein römischer Pfaffe, der ihm den Weg ins Himmelreich weisen wollte, der natürlich durchs Feuer führte. Knisterndes Feuer, aufschießende Feuergarben, schwarze Rauchwolken. Und er würde nichts tun können, ihnen nicht einmal seine Verachtung demonstrieren, weil er ein Klumpen schmorendes, stinkendes Fleisch wäre ... Oh mein Gott! Oder wenn man ihn in diesem Turm verfaulen ließe? Er wäre gewiss nicht der Erste, der auf diese Weise still und heimlich verschwand. Ein paar Wochen in diesem Block, abgestorbene Füße, Kälte in den Eingeweiden, Fieber. Lange hielt das niemand durch. Der Wächter, ein grober, wortkarger Klotz, hatte ihn fast mitleidig gemustert. Ahnte der, was man mit ihm vorhatte?

Erschreckt hielt er inne. Schlug sich mit der Faust gegen die Stirn. Was ging da in ihm vor? Die erste kleine Schwierigkeit, und schon trug er sich mit Gedanken an das Ende. Er, der immer unter Gottes besonderem Schutz gestanden hatte! Hatte Gott ihn bislang nicht aus aller Bedrängnis errettet? War ihm, Curione, nicht alles Übel zum Guten ausgeschlagen? Als Verfemter hatte er in Mailand Zuflucht und Anerkennung gefunden. Selbst während der Pest, die den größten Teil der Bevölkerung dahinraffte, hatte Gott seine Hand schützend über ihn gehalten. Er hatte Kranke gepflegt,

Sterbende in seinen Armen gehalten, mit eigener Hand Gräber ausgehoben und die Leichname hineingelegt, da kaum noch jemand in der Stadt kräftig genug war, solchen Dienst zu verrichten. Und obwohl er ständig den Dünsten der Seuche ausgesetzt gewesen war, hatte ihm die Krankheit nichts anhaben können. Und da zweifelte er an Gott?

Wie war es damals gewesen, als seine Schwester ihn um sein Erbe betrog? Auch da haderte er mit Gott. Zu Unrecht. Denn in Mailand gab ihm eine der ersten Familien der Stadt ihre Tochter zur Frau, ohne nach Haus und Vermögen zu fragen. Seine Ehe mit Margarita Bianca wurde bald darauf mit einer Tochter gesegnet. Und als der Boden in Mailand zu heiß für ihn wurde, ließ der Markgraf zu Montferrat ihn zu sich rufen und empfing ihn mit großen Ehren. Gott würde ihm auch jetzt weiterhelfen.

Obwohl ihm kalt war und die Beine schmerzten, war er nicht hilflos und bis jetzt nicht einmal sonderlich geschwächt. Man hatte ihn auf Geheiß des Bischofs wie ein rohes Ei behandelt und ihm ein standesgemäßes Gefängnis beschert. Wenn einige Möbel in diesem Raum stünden und ordentlich geheizt wäre, würde er sich direkt wohlfühlen. Er schmunzelte. Das Gebäude war schöner und weiträumiger als sein eigenes. Da sollte seine Lage hoffnungslos sein? Einzig der Block an seinen Füßen, der Schmerz darin und die Kälte hatten ihn einen Augenblick lang verzagt gemacht. Wenn er auf Gott vertraute, würde sich ein Weg finden.

Wie schade, dass Giro, der Hund, nicht mehr lebte und das Haus umkläffte. Aber es würde eine andere Schwachstelle geben. Er musste sie nur finden. Den Wärter? Unwahrscheinlich. Vielleicht fand sich ein Helfer aus der Nachbarschaft. Schließlich kannte man ihn hier. Egal. Er würde beten, nachdenken. Durch Gesang würde er sich seiner Umgebung verständlich machen können. Auch wenn der Wächter sich darüber ärgerte. Gegen frommen Gesang war er machtlos.

Frauenpflichten

Cesena, 1535

„Amen." Zögernd reihte sich Olympia hinter ihrer Schwester Vittoria in den Zug der Frauen ein, der aus der Kirche strömte. Sie liebte die Frühmesse am zweiten Seitenaltar, überließ sich gern dem Rhythmus der lateinischen Gebete, auch wenn es sie störte, dass viele Frauen ungeniert miteinander schwatzten. Was die ständig zu verhandeln hatten? Sie hätte gern die Stille genossen, sich auf das Opfer am Altar konzentriert oder zu den großen Apostelfiguren an den Pfeilern aufgeschaut. Es war schön, in diesem weiten Kirchenschiff zu stehen, das von Lichtstrahlen durchflossen wurde. Zum Glück konnte sie trotz äußerer Störungen Stille in sich selbst schaffen.

Aber nun war es auch damit vorbei. Sie musste sehen, dass sie mit Vittoria Schritt hielt, die darauf brannte, sich endlich den Tagesgeschäften zu widmen. Als Erstes wollten sie die Apotheke aufsuchen. Die Mutter wartete auf ihre Medizin.

Die Mädchen, denen es in der Kirche kalt geworden war, strebten eilig über den großen Platz. Hart schepperte das Türglöckchen, als die beiden den Laden betraten, mitten hinein in ein Duftgemisch aus Kräutern, fremdartigen Gewürzen und Pflanzen, süßen Früchten, scharfen Schoten, Honig, Essig, Moschus und dem Rauch des Feuers in der Esse hinten. Ein magischer Ort, dessen Wohlgerüche berauschen konnten.

Benommen zögerten sie einen Augenblick, bevor sie die Frau des Apothekers begrüßten und das Rezept dem Gehilfen reichten, der damit hinten im Laden verschwand.

„Geht es eurer Mutter noch nicht besser?", fragte die Frau.

„Doch, ein bisschen. Sie fängt wieder an zu essen. Aber sie weint viel, weil der Herr Vater das neue Kind zu einer Amme oben in den Bergen gegeben hat. Sie vermisst es sehr, sagt sie."

„Ach, Gott sei Dank. Hat er jemanden gefunden. Dort oben wird die Kleine prächtig gedeihen, und eure Mutter kommt bald wieder zu Kräften."

Olympia nickte, obwohl die Mutter traurig war und die Kleine behalten wollte. Es war das erste Geschwisterchen, das einer Amme anvertraut wurde. Dass die Mutter bislang ihre Töchter selbst gestillt hatte, fanden die Leute merkwürdig, aber der Vater hatte es so gewollt.

„Wir sollen etwas Konfekt für unsere Mutter mitbringen. Ihr wüsstet welches, meint der Herr Vater."

„Aber sicher. Ich habe gerade gestern frisches hergestellt und es kräftig in Zucker gewälzt. Hier in dieser Schublade. Greift nur zu und probiert ein Stückchen. – Von dem Würzwein fülle ich euch auch einen Krug ab, den gebt eurer Mutter mit einem schönen Gruß von mir."

Sie bedankten sich mit einem Knicks und lutschten so versonnen an der süßen Masse in ihrem Mund, dass Olympia fast vergessen hätte, nach Papier für den Vater zu fragen, die wichtigste Bestellung von allen.

Zu Hause in der Küche im obersten Stock des Hauses wartete die Magd ungeduldig auf die Mädchen. „Der Padrone hat bereits nach dir gefragt, Olympia. Du sollst das Arbeitszimmer aufräumen, bevor die beiden jungen Herren zum Unterricht kommen. Beeil dich, essen kannst du später, das läuft dir nicht fort."

Obwohl aus dem Ofen ein verlockender Duft aufstieg – es gab heute Lasanis mit einer Nussfüllung –, musste Olympia gehorchen. Den Wollmantel ließ sie an, denn im Arbeitszimmer war es um diese Jahreszeit morgens empfindlich kalt. Nun würde Vittoria das Konfekt und den Süßwein zur Mutter bringen. Die würde sicher wieder nur ein winziges Stück abbeißen und den Rest Vittoria überlassen, während sie hungrig blieb. Sie musste für die Schüler des Vaters Papier zurechtlegen, kontrollieren, ob sich genügend Tinte in den Gefäßen befand, und gespitzte Gänsekiele bereitlegen.

Nun das Buch. Vergil. Der Vater hatte es gestern Abend in die Truhe geräumt. Während sie es hochwuchtete, sah sie in den Sonnenstrahlen am Fenster Staub tanzen. Es wurde Zeit, gründlich mit dem Staubwedel über die Bücher und Pulte zu putzen. Aber jetzt war sie in Eile. Mit einem raschen Blick vergewisserte sie sich, dass der Vater noch nicht eingetreten war, dann pustete sie kräftig über den Buchrücken, wischte mit dem Ärmel über das mittlere Pult, legte das Buch ab und öffnete es. Ständig musste sie in diesem Zimmer aufräumen und sauber machen, damit andere darin lernten, während sie ...

An der Haustür krachte der Klopfer nieder. Das würden die jungen Herren sein. Olympia eilte zur Tür und öffnete. Vor ihr standen Bartolomeo, der junge Adlige, im roten Seidenwams, und der Bürgerssohn Aldo im schlichten dunklen Umhang. Bartolomeos rundes, gerötetes Gesicht grinste hintergründig. Er schwang mit beiden Armen einen Holzeimer hin und her, aus dem Wasser schwappte.

„Da, nimm. Für die Hausfrau. Von meinem Vater." Bevor sie ihren Knicks vollendet hatte, hielt Olympia plötzlich den Eimer in ihren Armen. Entsetzt starrte sie auf das sich darin windende Ungeheuer, während die Jungen sich vor Lachen bogen. Rasch stellte Olympia den Eimer ab und rief nach Ginevra, damit sie den stinkenden Aal in die Küche trug.

Als wäre nichts geschehen, führte sie die jungen Herren in die Bibliothek. Hinter sich spürte sie die beiden feixen. Der Vater stand bereits am Pult. Jetzt folgte die Begrüßung, die Verbeugung des Vaters, all die höflichen Floskeln, die er nicht müde wurde zu wiederholen, während er seine Tochter mit einem knappen Wink aus dem Zimmer wies.

Leise schloss sie die Tür. Vor Wut standen ihr Tränen in den Augen. Die durften sich alles erlauben und dann den ganzen Vormittag über den römischen Schriftsteller Vergil lesen. Und sie musste Quittenmus kochen. Weil die Quitten überreif waren und sonst verkommen würden. Was brachten alle Leute der Mutter, die nichts essen wollte, Stärkungsmittel ins Haus!

In der Küche stand bereits ein Teller dampfender Lasanis für sie da. Wenn sie nur den scheußlichen Aal vergessen könnte! Und ihren Zorn. Aber dann lächelte die kleine Flavia sie an und kletterte auf ihren Schoß. Die war immer gut gelaunt, musste ja auch noch keine Zimmer aufräumen und vornehme Schüler begrüßen. Sie lächelte zurück, begann das Kind zu füttern und zwischendurch selbst zu essen.

Während Olympia die harten Quitten schälte, drangen manchmal die Stimmen aus der Bibliothek durch das Fenster bis in die Küche herauf. Die erklärende des Vaters, die stockenden der Jungen, die an ihren Übersetzungen herumkauten. Kurz vor dem Mittagsläuten wurden die Stimmen plötzlich lauter. Bartolomeo regte sich über irgendetwas auf. Deutlich hörte sie: „Eine schöne Heldengeschichte! Wie Aeneas den Künsten dieser Königin Dido erliegt, sich von einer Frau einwickeln lässt, um sich auf ihren weichen Kissen zu räkeln! An keiner Stelle zeigt Vergil, dass dieser Mann ein Mann ist und einen eigenen Willen hat."

Ein Augenblick des Schweigens, dann die eisige Stimme des Vaters, der jedoch in den Raum hineinsprach. Wieder die Stimme Bartolomeos, leiser jetzt, aber noch verächtlicher. Schließlich klappten Türen. Dann waren Schritte und Stimmen auf dem Flur zu hören. Olympia stand auf und griff nach Becher und Weinkrug, die sie dem Vater vor der Mittagsruhe zu bringen pflegte. Von der Treppe aus sah sie, wie der Vater den jungen Herren die Haustür offen hielt, ihnen dabei jedoch erregt, mit rotem Kopf eine Standpauke hielt.

„Was nützt der ganze Unterricht, wozu lese ich mit Euch all diese Werke der klassischen Literatur, wenn Euren Dickschädeln das Denken der Alten völlig fremd bleibt. Draufhauen, dreinschlagen, das habt Ihr offensichtlich gelernt, Bartolomeo. Aber auch bei Turnieren gelten feste Regeln, und das Siegen ist nicht das einzige Ziel. Muss ein Kämpfer sich nicht auch beherrschen können?"

Bartolomeo hatte den Mund bereits zu einer Erwiderung geöffnet, doch legte ihm Aldo warnend die Hand auf den Arm. Bartolomeo schüttelte sie ab, sodass seine dunklen langen Locken aufflogen, murmelte irgendetwas zwischen den Zähnen hervor und machte sich davon. Aldo folgte ihm, sich noch einmal verlegen umblickend.

Nun erst bemerkte Morato seine Tochter. „Weisst wenigstens du, welche Eigenschaften Vergil von einem Herrscher erwartet?", fragte er streng.

Sie nickte stolz. „*Pietas*, natürlich, Pflichtbewusstsein."

„Ist das bereits alles?"

Sie dachte angestrengt nach. „*Clementia*, vielleicht, Milde. Und dann, ich glaube *cura*, hast du letzte Woche gesagt, die Sorge um und für andere."

„Na, Gott sei Dank. Heute hat Bartolomeo wieder eine seiner Meisterleistungen erbracht. Vergil einen drittklassigen Schriftsteller zu nennen, der nicht in der Lage sei, einen echten Helden zu schaffen! Er sieht den Griechen Aeneas als einen Versager, einen Feigling, weil die Götter ihn nicht zum Kampf um Troja und nicht zur Ehe mit der Königin Dido, sondern zur Flucht bestimmt haben."

Mit einer ungeduldigen Handbewegung schickte er Olympia in den Flur und folgte ihr in sein Arbeitszimmer, wobei er die ganze Zeit weiterredete. „Solches Unverständnis. Das Wort Pflicht scheint diesem jungen Mann fremd zu sein, sonst wüsste er, welche Größe sich im Verzicht zeigt, wie sehr sich Aeneas den Kampf wünscht. Aber er soll der Gründer Roms werden, und deswegen prüfen die Götter ihn. Sieben lange Jahre lang."

„Wie der Gott Israels Jakob in der Bibel prüft?"
„Ja, wie Jakob."
Morato ließ sich in den Lehnstuhl fallen und griff nach dem Becher, den ihm seine Tochter reichte. „Wie gut, dass meine Tochter über mehr Einsicht verfügt." Er seufzte, nahm einen tiefen Zug. „Das tut gut."
„Darf ich heute Mittag hier bleiben und ein bisschen lesen? Die Mutter schläft, und Vittoria hat sich mit Flavia hingelegt."
„Ja, ist mir recht. Es ruht sich gut, wenn du in der Nähe bist. Du hast mich noch nie gestört." Erschöpft lehnte er den Kopf nach hinten und war wenige Augenblicke später eingeschlafen.
Olympia war an das Lesepult getreten. Leise blätterte sie die Seiten um. Der Text war nicht leicht, aber das meiste verstand sie.
Bartolomeo war ein roher Kerl. Wie konnte er in so verächtlichem Ton über die Literatur reden? Arrogant. Ohne Respekt. Schließlich war Vergil der bedeutendste Schriftsteller der Römer. Wenn sie nur verstünde, was er mit diesem Werk beabsichtigte?
Sie blätterte weiter. Vielleicht konnte sie etwas über die Königin Dido herausbekommen. Warum Bartolomeo sie verachtete. Mit klopfendem Herzen wühlte das Mädchen sich durch die Sätze und Wörter der Dichtung. Immer wieder war von Gift in Didos Adern die Rede, von heimlicher Glut, einem Feuer des Wahnsinns. Was ging zwischen Aeneas und Dido vor? War das die Liebe zwischen Mann und Frau?
Die Stimme des Vaters schreckte sie auf. „Gib mir einen Becher Wein. Und dann solltest du nach der Mutter sehen und ihr etwas zu trinken bringen. Vielleicht auch etwas vorlesen."
„Ja, Herr Vater." Sie senkte den Kopf, damit er ihr gerötetes Gesicht nicht sah, und schloss ungewohnt heftig das Buch, sah erschreckt den Staub daraus hochsteigen und

wartete auf die tadelnde Stimme des Vaters. Aber der hatte die Szene wohl nicht bemerkt.

Als sie am Abend, nachdem die letzten Schüler gegangen waren, das Arbeitszimmer aufräumte, nahm sie ihren Mut zusammen und fragte: „Herr Vater, warum will der römische Gott Jupiter, dass Aeneas Dido verlässt?"

„Weil ihre Liebe sündig ist. Ich hoffe, das ist dir nicht verborgen geblieben ist, meine Tochter. Dido und Aeneas lassen sich von ihren Trieben leiten."

„Aber sie lieben sich."

„Was soll das, Olympia? Seit wann ist es das Ziel des Lebens, zu tun, wozu man gerade Lust verspürt?"

„Dido versteht das nicht."

„Ja, an den Frauengestalten, an Dido und Camilla, zeigt Vergil, wie leicht Frauen niedrigenTrieben folgen."

„Und was ziemt sich für eine Frau?"

„Sich bescheiden im Hintergrund zu halten, sanft und treu zu sein, zu dulden."

Entsetzt starrte Olympia den Vater an: „Ist das alles?"

„Ja, das ist das Wichtigste im Leben einer Frau."

„Aber ... wenn ich erwachsen bin, kann ich dann nicht ein Lehrer sein wie du?"

Amüsiert betrachtete Morato das düstere Gesicht seiner Tochter: „Ah, daher weht der Wind. Ein Lehrer wohl nicht, Olympia. Aber du wirst einem gelehrten Ehemann eine gute Gefährtin werden."

„Eine Gefährtin! Und wenn ich keinen Mann will?"

„Du wirst schon einen wollen. Warte nur ab."

Das Mädchen schluckte, hätte am liebsten mit dem Fuß aufgestampft. Aber das traute sie sich vor dem Vater nicht. Während der Zorn in ihr wühlte, tat sie, als ob sie sich intensiv mit dem Ordnen der Bücher beschäftigte.

Bevor er das Zimmer verließ, drehte Morato sich noch einmal um: „Du bist eine richtige kleine Atalante. Die fühlte ähnlich wie du. Aber dein Schmerz wird vergehen wie der ihre, nachdem sie von den Siegesäpfeln der Aphrodite besiegt wurde. So ist die Welt nun einmal eingerichtet. Und du wirst das genauso akzeptieren, wie alle anderen Frauen vor dir."

Olympia kannnte die Geschichte des Homer von Atalante, der schnellfüßigen mutigen Jägerin, die Eber jagte und keinem Manne gehorchen wollte. Warum speiste der Herr Vater sie mit einer solchen Geschichte ab? Nie würde sie einen Mann heiraten, der im Wettkampf zu so unlauteren Mitteln griff wie dieser Hippomenes. Atalante goldene Äpfel vor die Füße zu werfen! Eine plumpe Verlockung, die einer Heldin nicht würdig war. Kein Aeneas, kein Hippomenes sollte je ihre Gunst erringen, da konnte der Vater sagen, was er wollte.

Bischofsmützen

Vercelli, 1536

Aus der Küche drang Gesang, eine einfache Volksweise, geführt von einer dunklen Frauenstimme, zu der sich zwei klare, hohe Kinderstimmen gesellten. Die Magd Antonella stand breitbeinig am Tisch vor dem Fenster; der gesamte Oberkörper war in Bewegung, während sie einen Teigklumpen rollte und mit dem Handballen durchknetete. In rhythmischen Abständen nahm sie ihn hoch und klatschte ihn auf die hölzerne Tischplatte. Das laute, schmatzende Geräusch machte ihr offensichtlich Freude, denn sie unterbrach jedes Mal für einen Augenblick ihr Lied, um dem Aufschlagen des Teigs zu lauschen.

Lukrezia Morata stand in der Tür. Sie hatte gerade im unteren Stockwerk den Tisch gedeckt. Jeden Teller, jedes Glas hatte sie einzeln dem Schrank entnommen und vorsichtig abgewischt. Es gab selten Gelegenheiten, ihr gutes Geschirr zu benutzen! Da hatte es reichlich Zeit, im

Schrank zu verstauben. Doch jetzt musste sie in der Küche nach dem Rechten sehen.

Neben dem großen Kaminfeuer hockte Vittoria, ihre Zweitälteste. Bedächtig drehte sie die eiserne Kurbel am Ende des langen Bratspießes, der aus dem Grillgestell ins Zimmer ragte. So war das Kind vor Fettspritzern und Feuergarben sicher. Obwohl sie gerade erst sechs geworden war, konnte man ihr solch wichtige Aufgaben problemlos anvertrauen. Kein Auge wandte sie von dem Braten, der auf keinen Fall anbrennen durfte, sondern gleichmäßig gebräunt und gegart werden sollte. Und obwohl sie schon eine ganze Zeit auf dem Boden hockte, war ihr keine Anstrengung oder gar Ungeduld anzusehen; sie würde bei ihrer Arbeit bleiben, bis der Braten fertig war.

Lukrezias Blick suchte die ältere Tochter Olympia. Ein Seufzer entfuhr der Mutter: Welch ein Unterschied! Auch Olympia tat ihre Arbeit, saß auf einem Hocker, die Schüssel zwischen ihre Beine geklemmt und rührte die Eimasse. Aber Lukrezia sah auf Anhieb, dass die Zehnjährige mit ihren Gedanken nicht bei der Sache war. Sie arbeitete gut, ja, das schon – aber sie verrichtete ihre Aufgabe mechanisch, ohne Anteilnahme, innerlich wartend, dass diese Fron endlich vorübergehen möge. Ihre Gedanken bewegten sich in anderen Sphären, waren vermutlich bei ihren lateinischen Schriftstellern oder aber bei dem Vater und seinem Gast, von dem er ihr sicher erzählt hatte während der vielen Stunden, die er mit seiner Ältesten verbrachte.

Ach, dieses Mädchen! Sie wollte alles recht machen, gehorsam sein, aber letztlich haderte sie mit der Mutter. Manchmal sah sie es in ihren Augen, jetzt an ihrer Haltung, in der eine gewisse Spannung lag, ein indirekter Vorwurf. Was konnte sie tun? Sie, die Mutter, wollte nur das Beste für ihre Tochter. Sie sah, dass sie litt, aber sie konnte das Kind nicht gewähren lassen. Dieser verrückte Mann! Unter normalen Umständen hätte sie zu verhindern gewusst, was er mit dem Mädchen anstellte. Diese Freude am Lernen – wohin sollte das führen?

Was sollte aus dem Kind werden? So reich, dass man sie in ein gutes Kloster würde einkaufen können, waren sie nicht. Geistige Arbeit war adligen Frauen vorbehalten. In einem Kloster würde ihre Tochter niedrige Dienste verrichten müssen.

Und heiraten? Welcher Mann wollte eine Frau, die weibliche Arbeit verachtete? Ja, eine gewisse Bildung stärkte das Band zwischen den Eheleuten. Doch Olympias Intelligenz war ungewöhnlich. Schon jetzt sprach sie besser Latein als ihre Mutter, das ließ sich nicht verleugnen. Dazu verfügte sie über ein unbändiges, geradezu unschickliches Selbstbewusstsein. Kein Mann würde das ertragen, auch wenn sie fromm war und sich in Demut übte.

Sie als Mutter hätte es verhindern müssen! Und das hätte sie sicher getan, wenn nicht Pellegrino nach seiner Entlassung so niedergeschlagen, so mutlos gewesen wäre. Aber die Erziehung seiner Tochter hatte ihm den Lebenswillen wiedergegeben. Die Arbeit mit ihr war das Zentrum seiner Existenz. Daran zweifelte sie nicht.

Sie musste diese Harmonie immer wieder stören. Vor allem jetzt, da die kleine Lavinia nach Hause zurückgekehrt war. Sie musste darauf bestehen, dass Olympia ihren Frauenpflichten nachkam. Auch wenn sie das Kind damit quälte und seine Liebe ganz auf den Vater lenkte. Ob Olympia bemerkte, wie ihre Mutter litt, wenn sie ihre Tochter zu sich rief und verlangte, dass die Feder liegen blieb?

„Es ist gut, Olympia. Die Masse ist schaumig. Stell die Schüssel Antonella hin. Du kannst hinunter ins Arbeitszimmer des Vaters gehen und ihn und seinen Gast zu Tisch bitten. Und dann hol die Kleinen. In wenigen Minuten können wir anfangen. Die Platten mit den Vorspeisen und der Weinkrug stehen bereits im Speisezimmer."

Wenn Olympia sich über diesen Auftrag freute, so zeigte sie es nicht, legte jedoch den Löffel unverzüglich ab.

Raschen Schrittes verließ sie die Küche. Über die Außentreppe des Hauses erreichte sie die Galerie, welche die gesamte Vorderfront umgab. Die frische Luft tat gut, kühlte und vertrieb zugleich die Küchendünste. Sie blieb einen Augenblick stehen, um ihr Gesicht dem Wind auszusetzen, fuhr sich mit den Fingern durchs Haar, strich über die Ärmel und den Rock ihres Kleides, genoss den weiten Blick in die Landschaft hinaus. Langsam ging sie weiter. Ihr leichter Schritt war auf dem Holz des Umgangs kaum zu hören. Plötzlich ertönte aus dem offenen Fenster vor ihr die Stimme des Besuchers.

„Deine Schulbücher sind im ganzen Land bekannt. Kein Schüler wächst ohne sie auf."

„Wenigstens das. Ansonsten bin ich ziemlich kaltgestellt, unterrichte nur Privatschüler, während du an einer Universität wirken kannst. Wie bist du dazu gekommen? Den Gerüchten zufolge sollst du mithilfe von Hexenkünsten aus deinem Gefängnis entwichen sein."

Olympia war stehen geblieben. Lauschte. Wartete. Zögerte weiterhin. Sie konnte die Männer nicht in ihrem Gespräch unterbrechen. Wie würde das aussehen? Auch hatte sich der Vater sehr auf diese Begegnung gefreut. Es wäre mehr als unhöflich und grob, jetzt dazwischenzufahren.

„Mit solchen Gerüchten sind die Leute schnell bei der Hand. Dabei ist der Verstand viel hilfreicher, wenn man Fluchtpläne schmiedet. Ich habe einfach den Wärter übertölpelt. Aber der Haftbefehl gegen mich besteht weiterhin. Eine absonderliche Situation. Ich bin von der Universität offiziell angestellt, traue mich aber in Pavia nicht allein auf die Straße; beschimpfe die Studenten wegen ihrer laxen Haltung, und sie sind begeistert."

„Man muss dieser verwilderten Jugend ein Ziel setzen, den jungen Leuten etwas abverlangen, dann folgen sie willig. Wie ich dich beneide! Mir gibt niemand ein Amt. Wer mag es sich mit den mächtigen d'Este verderben?"

„Wie sind die Verhältnisse dort?"

„Ungünstig. Die Herzogin neigt der evangelischen Lehre zu, was der Herzog nicht dulden will, weil er als Untertan des Papstes Rücksicht nehmen muss, wenn er sein Herzogtum behalten will."

Das Gespräch stockte erneut. Trotzdem wagte Olympia nicht vorzutreten. Gerade in diesem Augenblick war es unmöglich.

Curione sog deutlich hörbar die Luft ein. „Glaub mir, Fulvio, wenn du in solch kaltem Loch sitzt, den Feuertod fast sicher vor Augen, dann ist dir das Leben plötzlich wichtig, und du willst schlicht überleben, diesen kleinen eitlen Leib retten, dieses merkwürdige Stück Fleisch, an dem dein Leben hängt."

Olympia erstarrte. Was die beiden Männer miteinander besprachen, war nicht für andere Ohren bestimmt, ihre Teilnahme an diesem Gespräch unrechtmäßig. Sie war unfreiwillig zur heimlichen Lauscherin geworden, die sich versteckte, um Dinge zu hören, die sie nichts angingen. Eine Diebin. Aber was sollte sie tun? Wie sollte sie erklären, wie sie ans Fenster gekommen war, ohne sich bemerkbar zu machen? Und ohne dass ihre Schritte auf dem knarrenden Holz zu hören gewesen waren!

„Willst du mir von deinem Schicksal erzählen, Fulvio? Es hilft, wenn man sein Herz ausschüttet."

„Ich mag nicht darüber reden."

„Die Hoffnung darf der Mensch nie aufgeben. Das Herumirren ist uns gemeinsam. Aber du hast deine Familie bei dir. Meine Familie habe ich an einem sicheren Ort am Gardasee untergebracht. Meinen zweitgeborenen Sohn Leo habe ich noch gar nicht gesehen."

„Verzeih. Du beschämst mich. Ich habe nur meinen eigenen Schmerz gefühlt. Du hast recht. Meine Familie ist mein Halt. Lukrezia ist eine liebevolle, fürsorgliche Frau, die meine Verbannung mit mir teilt, sich bei allen Einschränkungen nie beklagt. Und vier gesunde, hübsche Töchter hat sie mir geschenkt. Vor allem die Älteste, Olympia, ist für mich eine Quelle ständiger Freude. Ja, Gottes Wege sind unergründlich. Ich habe allen Grund, dankbar zu sein. Du wirst meine Älteste gleich sehen. Sicher wird Lukrezia sie schicken, um uns zu Tisch zu bitten. Wo sie nur bleibt? Haben mich meine Sinne getäuscht? Ich meinte Schritte zu hören."

Schon war Fulvio Pellegrino Morato am Fenster, wo er unvermittelt seiner Tochter gegenüberstand, deren Gesicht sich rot überzog. Der Vater zögerte einen Augenblick lang, in dem er das Mädchen scharf musterte, dann sagte er mit ruhiger Stimme: „Habe ich doch richtig gehört. Wir kommen sofort. Hilf der Mutter beim Auftragen."

Bei Tisch betete Curione vor. Stehend sprach er lange und ernst. Er war etliche Jahre jünger als der Vater, ein großer, kräftiger Mensch, breit gebaut mit einem langen Bart. Seine durchdringenden Augen und seine volltönende Stimme schüchterten die Mädchen ein, sodass sie sich kaum zu bewegen wagten. Zum Schluss wünschte er Gottes Segen auf die Familie Morato herab. Dann setzte er sich und änderte seinen Ton, machte Lukrezia Komplimente über das Essen und die reizenden Töchter.

Als er merkte, dass die Kleinen wie gebannt auf seinen Bart starrten, schmunzelte er. „Gefällt dir so ein prächtiger Bart, Flavia? Dann solltest du deinen Vater bitten, seinen auch lang wachsen zu lassen."

Sie schüttelte sich unwillkürlich. „Ist der echt?"

„Aber Flavia!" Lukrezia Morata war dieser lockere Ton nicht recht.

„Das ist die natürliche Neugierde der Kinder, der Anfang der Wissbegierde." Mit einer raschen Bewegung zog Curione das Bartende unter dem Tisch hervor und reichte es zu Flavia hinüber. „Da, zieh ruhig dran, prüfe, ob er echt ist."

Vittoria kicherte, während Flavia sich unsicher umblickte. Doch schließlich griff sie zu. Curione sprang mit verschreckter Gebärde auf. „Au! Was dieses Mädchen für eine Kraft hat."

Flavias Hand war zurückgezuckt. Jetzt kämpfte sie mit den Tränen. Curione lächelte sie an.

„Keine Angst, der ist festgewachsen." Er strich sich genüsslich über das Barthaar. „Das wäre gelacht, wenn mein Bart das nicht vertragen könnte. Aber du bist wirklich kräftig. Fast wie ein Junge. Mein kleiner Sohn könnte sicher eine solch große, starke Freundin gebrauchen, die für ihn beim Angeln die dicken Fische aus dem Wasser zieht."

„Warum hast du ihn nicht mitgebracht?" Jetzt war Vittoria mutig geworden.

„Das ging nicht. Er ist noch viel zu klein."

„Es ist nicht höflich, einen Gast so auszufragen, Vittoria", fuhr der Vater dazwischen. „Nun lasst unseren Besucher in Ruhe."

Sie aßen schweigend. Olympia spürte, dass der Blick des Gastes des Öfteren auf ihr ruhte. Doch wagte sie nicht aufzuschauen. Auf ein leises „Olympia" der Mutter hin stand sie schließlich auf, um von der zweiten Fleischplatte, die Antonella gerade hereinbrachte, allen vorzulegen. Während sie Curione bediente, fragte der: „Ich habe gehört, du willst Schriftstellerin werden. Eine neue Sappho?"

Sie schüttelte verlegen den Kopf.

„Woran arbeitest du gerade?"

„Ich übersetze ..." Nein, sie konnte diesem Mann nicht erzählen, was sie dichtete. Er würde sie für unbescheiden halten, wenn nicht verstiegen.

„Du kannst unserem Gast wahrheitsgemäß berichten, dass du Dialoge verfasst. Auf eine interessierte Frage gibt man eine klare Antwort."

Ein rascher Blick zum Vater hinüber. Natürlich war er verärgert. Verärgert? Wenn es nur das wäre! Ob es ihn besänftigen würde, wenn sie von ihren Zukunftsträumen erzählte?

Curione schien die Unstimmigkeiten in der Familie nicht zu bemerken: „Dann gehörst du am Ende zu jenen, die den Bischöfen ihre Bischofsmützen wegschnappen wollen", lachte er.

Alle starrten ihn an, während er Olympia freundlich zuprostete. „Doch, das wirst du, wenn du weiter eifrig bist, denn den gelehrten Frauen gehört die Zukunft. Behauptet jedenfalls Erasmus von Rotterdam, der große Basler Gelehrte. Solltest du deiner Tochter zu lesen geben, Fulvio. Bestes Latein. Ein bisschen respektlos ... wie die Geschichte mit den Bischofsmützen. Aber er ist ein hervorragender Pädagoge und Schriftsteller. Und er hält viel von der Gelehrsamkeit der Frauen. Wie gesagt, etwas respektlos. Na ja, vielleicht für ein Mädchen etwas zu direkt. Dann müsst ihr eben bei Cicero bleiben, der ist auch nicht schlecht. ‚O Tite, si quid ego adiuero curamve levasso, quae nunc te coquit et versat in pectore fixa, ecquid erit praemi?'

Ein auffordernder Blick des Vaters traf Olympia, der gar nicht nötig gewesen wäre. Sie hatte bereits angefangen zu übersetzen: „Titus, wenn ich dir irgendwie helfe und dir die Sorge nehme, die nun ... dich ängstigt und tief in deiner Brust quält ... was wird der Lohn sein? Der Satz stammt allerdings aus den Annalen des Ennius und wird von Cicero nur am Anfang seiner Schrift ‚De senectute' zitiert."

„Holla, *Madonnina,* das nenn' ich perfekt. Aus deiner Tochter kann wirklich eine große Gelehrte werden, Fulvio, die Spinnrocken und Nadeln fortlegt, um sich den sanften Musen zu widmen."

„Lobe sie nicht zu sehr, Celio. Sie ist eitel genug." Natürlich die Mutter.

„Eitelkeit wollen wir nicht unterstützen, Lukrezia. Aber man darf Gutes nicht herabmindern, sondern muss es beim Namen nennen. So wie ich das Loblied deines Bratens singe, der von außen wunderbar knusprig, von innen herrlich saftig ist und von dem ich jetzt ein zweites Stück genießen werde." Damit wandte er sich wieder seinem Teller zu, jedoch nicht ohne vorher zu Olympia hinüberzublinzeln.

Ob der Vater ihr wieder gut war? Seine Augen blickten heiterer als vorhin. Hätte er sie, Olympia, doch auf der Galerie ausgeschimpft und bestraft! Dann würde sie sich jetzt besser fühlen. Aber so! Sie wusste nicht einmal, was er von ihr dachte. Traute er ihr zu, dass sie lauschen wollte? Sollte sie ihn um Verzeihung bitten? Aber – gab es etwas zu verzeihen? Und der Gast? Konnte er Gedanken lesen, oder war ihm dieser Satz Ciceros zufällig auf die Lippen geraten?

Der Nachmittag wurde für die ganze Familie unbeschwert und lustig. Curione unterhielt alle und brachte die Kleinen zum Staunen und Lachen. Als der Gast aufbrach, bedauerte es jeder am Tisch, auch Curione selbst. Doch entschuldigte er sich mit seinen Pflichten an der Universität. Zum Abschied strich er den beiden Kleinen mit einem wehmütigen Lächeln über den Kopf, ermahnte Olympia, weiter eifrig zu arbeiten, ihr von Gott gegebenes Talent nicht zu verschleudern und fügte schmunzelnd hinzu: „Vergiss nicht den großen Basler Gelehrten und die Bischofsmütze!“ Schließlich umarmte er Lukrezia und den Hausherrn und versprach, die Familie noch einmal zu besuchen, solange sie in ihrem Landhaus in Vercelli weilte.

Der Brief

Vicenza, 1539

Blau. Weiß. Rot. Gelb. Farben Ferraras. Eigentlich wollten die Schwestern in der Abenddämmerung von der Galerie des Hauses aus ein Wolkenspiel beobachten. Denn während über der Landschaft bereits schwere Schatten lagen, erstrahlten die Wolken am Himmel rosenfarben. Der Wind fegte sie rasch über die Ebene, riss sie auseinander, trieb sie wieder zusammen, sodass die Intensität ihrer Farben ständig wechselte und das Spiel der Schatten bizarre Formen über die Landschaft warf. Plötzlich – fast gleichzeitig – hatten sie den Boten entdeckt. Er kam die Straße entlang auf sie zugeritten, ein dürres hüpfendes Wesen, das gleich in einem einzigen großen Satz den Kanal überwinden würde.

„Eine geflügelte Ameise" – hatte Vittoria lachend gerufen und Lavinia hochgehoben, sodass sie über die Brüstung sehen konnte.

„Eine Ameise", bestätigte sie die Worte der großen Schwester. Flavia hatte dazu den Kopf geschüttelt und auf einer hüpfenden Grille bestanden, während Olympia in diesem fernen Wesen eine Chimäre sah, ein feuerschnaubendes Mischwesen mit drei Köpfen, das aus der Vorwelt mit geheimer Botschaft unterwegs war. Doch zog sie es vor zu schweigen, da die drei Mädchen den überspannten Einfall der großen Schwester achselzuckend abtun und beleidigt auf Ameise und Grille bestehen würden. Auch so wandelte das Spiel rasch seinen Charakter. Aus dem Fabelwesen wurde ein reales Pferd mit einem Reiter in den Farben Ferraras. Vor dem Tor ihres Hauses hielt der Bote an.

Atemlos war Flavia mit dieser Nachricht ins Zimmer des Vaters gestürzt. Der schaute ungläubig, folgte ihr jedoch unverzüglich. Ein Brief aus Ferrara an den Gelehrten Fulvio Pellegrino Morato. Ein Brief mit herzoglichem Siegel. Nicht zu fassen! Zitternd erbrach der Verbannte das Schreiben. Erbleichte. Hielt seiner Frau wortlos den Brief hin. Während sie ihn las, begann sie zu schluchzen. Dann fiel Lukrezia ihrem Mann um den Hals.

Die Eheleute verharrten eine Weile in ihrer Umarmung, während die Mädchen sich an den Händen gefasst hielten und die Eltern beunruhigt anstarrten. Die Stimme des Boten störte alle auf: Man habe ihm aufgetragen, auf Antwort zu warten. Er schaute den Hausherrn auffordernd an, aber der rührte sich nicht. Die Mutter gab schließlich Anweisung, das Pferd einzustellen, und schickte den Boten in die

Küche. Vor dem Morgen werde er wohl nicht zurückreiten wollen. Er solle sich eine Suppe geben lassen. Ein Platz für die Nacht werde sich finden.

Dann zogen die Eltern sich zurück. Später ließen sie den vier Töchtern die Abendmahlzeit in der Küche richten. Danach mussten sie ins Bett. Aber natürlich schlief nur die vierjährige Lavinia, die Älteren flüsterten lange in den beiden Betten miteinander. Durfte der Vater zurück nach Ferrara? Aber wie erklärte sich die Bestürzung der Eltern?

Für Flavia war Ferrara nur ein Name, während Vittoria über ein paar blasse Erinnerungen verfügte. Eine muffige dunkle Gasse, in der sie wohnten, Studenten unten auf der Straße, Kanäle, das hoch aufragende Castello mitten in der Stadt, Fahnen und bunte Umzüge mit vielen Pferden.

„Das war der Palio, das Pferderennen der Bruderschaften. Vater ging zu Fuß im Festumzug mit wie alle Lehrer des Fürstenhauses, direkt hinter der fürstlichen Familie. Weißt du noch, wie wir ihm zugewinkt haben? Mama und Giuseppina hatten schreckliche Angst, dass wir im Gewirr der Pferde- und Menschenleiber auf dem Corso d'Ercole erdrückt würden oder verloren gingen."

„Was ist denn so schön an Ferrara, dass der Vater selbst in Venedig davon geschwärmt hat?"

„Schöner als Venedig ist es nicht. Aber auch in Ferrara gibt es viele Kanäle und Paläste. Nur keine Lagune. Nach Ferrara sehnt sich Vater wegen seiner Stellung am Hofe."

„Ist er mit einem Schiff ins Schloss gefahren oder hat ihn eine Sänfte abgeholt?"

„Weder noch. Er musste zu Fuß gehen."

„Wie ist das eigentlich bei Hofe?"

„Das weiß ich auch nicht, Flavia. Jetzt schlaf."

Bei Hofe. Wie das klang. Ein geheimnisvoller, Achtung gebietender, beängstigender Ort, an dem Menschen lebten, die große Bedeutung hatten.

„Waren wir in Ferrara immer mit der Mutter allein?"

„Oft, Vittoria. Häufig kam Vater erst spät, manchmal gar nicht. Aber es gab auch Musikabende bei uns. Kannst du dich daran nicht mehr erinnern? Mit anderen Lehrern zusammen hat Vater zu Hause für eine Aufführung bei Hofe geübt. Josquin Desprez. So schöne Musik haben wir nie wieder gehört."

„Manchmal hat Mutter dazu gesungen."

„Ja, genau."

„War Vater damals immer froh?"

„Das weiß ich nicht. Aber wohl kaum. Am Hofe gab es eine Menge Ärger."

„Mit dir hat er abends spät noch gelernt."

„Ich weiß es trotzdem nicht."

Olympia lag lange neben Flavia wach, die hin und wieder im Schlaf aufstöhnte, während Vittoria und Lavinia in dem anderen Bett ruhig atmeten.

Warum hatten die Eltern geweint? Warum hatte der Vater kein Wort gesagt? War der Reiter wirklich eine Chimäre mit geheimnisvoller Botschaft? Wenn der Brief den Vater nicht zur Rückkehr aufforderte, worum ging es dann? War vielleicht am Hof von Ferrara jemand ermordet worden?

Bereits im Morgengrauen weckten Geräusche im Haus die Mädchen auf. Der Vater hatte den Boten bereits zu sich gerufen. Kurze Zeit später hörten sie ihn auf der Treppe, dann wie er unten im Hof das Pferd sattelte und davonritt. Gleich darauf vernahmen sie den Befehl des Vaters, sich vor der Morgensuppe am großen Tisch zu versammeln.

Zuerst betete er mit ihnen. Bat Gott um Erleuchtung, um die richtige Entscheidung, bis die Mädchen unruhig mal zur Mutter, mal zu ihm schauten. Die Eltern wirkten übernächtigt.

„Es geht um unser aller Zukunft", erklärte der Vater bewegt. „Deshalb habe ich entschieden, euch genau zu erklären, was eure Mutter und mich bewegt. Der Brief aus

Ferrara stammt von der Herzogin Renata, die mich an den Hof zurückholt. Der Streit, wegen dem wir aus Ferrara vertrieben wurden, sei geklärt, ich damals zu Unrecht beschuldigt worden. Wir werden also Vicenza verlassen und nach Ferrara zurückkehren in das Haus, das seit sechs Jahren dort auf uns wartet. Mein Wunsch, rehabilitiert und in Ehren empfangen zu werden, ist in Erfüllung gegangen. Das ist eine große Freude – ein Triumph."

Einen Augenblick lang erhellte sich sein Gesicht, dann fiel sein Blick auf Olympia, und er wurde wieder ernst. Verlegen schaute er zu seiner Frau hinüber, die noch kleiner und zerbrechlicher als gewöhnlich aussah.

„Ich weiß, dass du lieber in Vicenza bleiben würdest, Lukrezia, dass du endlich Ruhe gefunden hast und Sicherheit. Ich habe hier ein Auskommen, immerhin einige vermögende Schüler, die regelmäßig, wenn auch nicht immer pünktlich, zahlen. Umso dankbarer bin ich dir, dass du meinen Entschluss akzeptierst."

Olympia kam es vor, als wäre die Mutter noch tiefer in den Stuhl gesunken. Sie sah so verloren aus, fast unglücklich. Der Vater musterte sie besorgt, fuhr dann in seiner Rede fort: „Ich erkläre euch dies alles, meine Töchter, weil es mir wichtig ist, dass ihr versteht, um was es geht, denn für euch werden neue Zeiten anbrechen. Vittoria und Flavia und auch du, Lavinia, ihr werdet der Mutter mehr als jetzt helfen müssen. Und ihr müsst mir versprechen, ihr nicht zusätzliche Sorgen zu bereiten, sondern ihren Befehlen aufs Wort zu gehorchen, denn ihr werdet auf die formende Hand eures Vaters häufig verzichten müssen."

Was hatte das zu bedeuten? Wieso sprach er nur die Schwestern an? Warum bezog er Olympia in seine Ermahnungen nicht mit ein?

„Und nun zu dir, meine Älteste", erklärte der Vater schließlich mit einer Feierlichkeit, die Olympia erschreckte. „Der Ruf deines Wissens ist bis an den Hof von Ferrara gedrungen. Eine große Ehre für dich und natürlich für mich. Aber auch eine Gefahr. Du sollst als Gefährtin der Prinzessin Anna mit dieser zusammen erzogen werden. Das heißt, du erhältst die beste Erziehung, die sich für ein Mädchen denken lässt, wirst von hervorragenden Kennern der griechischen Literatur unterrichtet."

„Wieso Olympia?", maulte Flavia. „Die darf immer alles. Ich will auch an den Hof." Der Vater, Vittoria und Olympia lachten los, überfluteten damit mehrere Augenblicke lang die Schwere im Zimmer. Die Mutter schluchzte jedoch.

Vittoria legte ihr die Hand auf die Schulter, und Olympia fragte leise: „Freust du dich nicht für mich, Mutter?" Statt einer Antwort verstärkte sich das Schluchzen. Am Tisch breitete sich betroffenes Schweigen aus.

Schließlich erklärte der Vater: „Du weißt nicht, Kind, was du sagst. Ich war es, der dich ursprünglich nicht mit an den Hof nehmen wollte. Deine Mutter hat mir dagegen zugeraten. Gegen ihre eigenen Interessen, denn du bist ihre Älteste, und sie braucht deine Hilfe. Du weißt, wie unpässlich sie häufig ist. Vittoria wird also viele deiner Pflichten übernehmen müssen. Aber deine Mutter denkt an deine Zukunft. Und sie hat recht. Außer der Ausbildung, die du erhältst, besteht die Hoffnung, dass die Herzogin dich mit einer Mitgift ausstattet, wenn sie zufrieden mit dir ist. Nur so hast du Aussicht auf eine vorteilhafte Ehe, denn es ist kaum zu erwarten, dass ein Mann deine Bildung als gleichwertigen Ersatz für eine Mitgift ansieht."

„Aber warum wolltest du mich nicht mitnehmen?"

„Weil am Hofe Gefahren lauern." Er verstummte, setzte erneut an, hielt wieder inne, sodass Olympia – was sich nun gar nicht schickte – dazwischenwerfen konnte: „Ich weiß, dass es Intrigen gibt am Hof. Aber wenn ich mich von allen Streitigkeiten fernhalte, ganz demütig und bescheiden auftrete?"

Ein unwilliger, vorwurfsvoller Blick des Vaters: „Dann solltest du dich jetzt darin üben. Wann wirst du endlich lernen, dich zu beherrschen?" Er schüttelte den Kopf, sprach leise und eindringlich weiter. „Wenn es nur das wäre. Du bist inzwischen eine junge Frau, die die Blicke der Männer auf sich zieht. Das Castello ist groß, es gibt weitläufige Treppen und Flure, wo sich auch lichtscheues Gesindel tummelt. Viel schlimmer noch: Ein Adliger, äußerlich das Bild eines vollendeten Hofmannes, macht sich kaum Gedanken um die Tugend eines Bürgermädchens, wenn er auf Unschuld und Beute aus ist."

Olympia war rot geworden. Was war in den Vater gefahren? Als wenn sie sich von irgendeinem hergelaufenen Kerl hinter eine Säule ziehen lassen würde. Oder auf jemanden hereinfallen, weil er ihr Komplimente machte. Wie konnte der Vater ihr so dumme Szenen ausmalen, wozu hatte er sie die römische Literatur lesen lassen, in der mit drastischen Beispielen der Unmoral nicht gespart wurde? Dagegen sollte sie nicht gewappnet sein?

„Ich weiß, was du denkst, Olympia. Aber du irrst. Du verfügst über Charakterstärke, aber das allein reicht nicht. Es gibt anderes, was dich zu Fall bringen könnte, zum Beispiel ganz einfach rohe Gewalt."

„Pellegrino, mach dem Kind keine Angst. Wenn sie am Hofe ständig in Gefahr wäre, würdest du sie nicht dorthin schicken."

„Ich nehme sie mit, weil ich ihr vertraue, aber ich bin nicht immer in ihrer Nähe. Es hat keinen Sinn, Gefahren zu beschönigen. Sie müssen deutlich benannt werden. Nur so kann Olympia sie meiden. Es gibt sogar Schlimmeres als Gewalt. Du kennst die Sprache der Galanterie noch nicht, Olympia. Auch wird es dir gefallen, bewundert zu werden. Und du hast jugendliches, warmes Blut. Es wird der Augenblick kommen, in dem ein Gesicht, ein Blick, ein Gedicht dich faszinieren und Wünsche in dir wecken, die dir heute noch fremd sind. Das ist der gefährlichste Augenblick, denn du wirst sehen, dass um dich herum die Menschen diesen Verlockungen nachgeben. Aber ich vertraue darauf, dass Gott dir diesen Weg vorbestimmt hat und dich leiten wird. Die Tochter ist des Vaters höchstes Gut. Vergiss das nie."

Die Worte des Vaters verhallten im Raum. Niemand wagte etwas zu sagen. Hätte jemand Olympia in diesem Augenblick gefragt, was in ihr vorgehe, so hätte sie ihm von Musik erzählt, einer unirdischen, fernen Musik, die sie hörte. Es erreichte sie nicht, dass die Mutter wie versteinert dasaß und die kleinen Schwestern voller Bewunderung, in die sich Neid mischte, zu ihr aufschauten. Einzig den Vater gab es für sie, sie erkannte den Stolz in seinen Augen; trotz aller Kritik war er stolz auf sie, sein Werk. Dagegen verblassten die Warnungen. Alles, was sie sich erträumt und erwünscht hatte, würde Wirklichkeit werden, nichts bleiben, wie es gewesen war. Keine Küchenarbeit mehr, keine Störungen beim Lernen, Ermahnungen. Stattdessen: ein Leben bei Hofe.

Die Warnungen des Vaters, die über sie hinweggebraust waren, sollten erst bei anderer Gelegenheit zu ihr zurückfinden. Die Tochter ist des Vaters höchstes Gut. Sie würde die Erwartungen des Vaters erfüllen. Olympia machte einen Schritt auf ihn zu, wollte seinen Segen erbitten, doch dirigierte eine winzige Bewegung seiner Augen sie um. So wandte sie sich zur Mutter und kniete vor dieser nieder.

Lukrezia bat Gott mit unsicherer, leiser Stimme, Olympia beizustehen und die Sünde von ihr fern zu halten. Dann zog sie ihr Kind an sich und bedeckte seine Stirn mit Küssen. Olympia begann zu weinen, umschlang die Mutter mit ihren Armen, presste sich an ihren Körper und ließ ihren Tränen freien Lauf.

Still liegen, nicht bewegen. Jede kleine Veränderung ihrer Lage würde zur Auflösung führen: ihr gesamter Körper sogleich in Staubteilchen zerfallen. Das musste sie mit aller Kraft verhindern, indem sie ihre Haltung beibehielt. Die Beine vollständig ausgestreckt, die Arme fest an den Leib gepresst. Vor allem musste sie den Mund verschlossen halten, denn in ihrem Zimmer drohte eine Gefahr, irgendwo an einer Wand, versteckt auf dem Sims oder hinter dem Schrank lauerte etwas in der Dunkelheit. Ein ekliges Tier, eine Motte vielleicht oder ein Käfer, das es auf ihre Mundhöhle abgesehen hatte. Es hatte sie umkreist – sie spürte noch den Lufthauch der zarten Flügel – war über sie hinweggeglitten, ohne einen Laut von sich zu geben. Ein stummes Wesen, das jetzt irgendwo wartete, um auf sie herabzustoßen. Das durfte nicht sein, sie musste sich tief ins Bett pressen und den Atem, der sich nicht anhalten ließ, unhörbar machen.

Warten. Endlos. Sekunde für Sekunde vertropfte die Zeit. Nichts war zu hören, doch verspürte sie die Anwesenheit des Eindringlings deutlich. Und obwohl ihre Arme und Beine inzwischen ohne Gefühl waren, ruhte das Leintuch wie eine Bleilast auf ihr. Während sie regungslos dalag, tauchten Bilder in ihr auf, Bilder, die sie längst vergessen geglaubt hatte:

Der Dom von Ferrara. Die Mutter ist mit ihr auf dem Platz vor dem Eingang stehen geblieben, damit das Kind die marmornen Löwen anschauen kann, die dort lagern, Ehrfurcht gebietende Tiere in majestätischer Haltung, ihre Beute nachlässig unter die Pfoten geklemmt, aber im Begriff, jeden, der sich an dieser vergreifen könnte, laut und unmissverständlich anzuknurren und zu verschlingen. Und trotzdem sind die Rücken der Löwen blank gescheuert von Kindern, die es lieben hinaufzuklettern, um – etwas unsicher und ängstlich – als Bezwinger der Bestie einen kleinen Triumph zu genießen. Vor allem die Knaben schätzen dies.

Olympia lässt etwas anderes keine Ruhe. Auf die hinteren Löwen direkt vor der Tür sind steinerne Sitze geschichtet, auf denen menschliche Figuren hocken, die mit ihrem Nacken je eine der Eingangssäulen abstützen. Die Last drückt diese Menschen – Atlanten nennt der Vater sie – tief herab. So tief, dass der Kopf verschoben scheint, heruntergerutscht vom Hals auf die Brust. Olympia versucht mehrmals, es den Atlanten nachzutun, verschiebt den Hals nach vorn und drückt ihn mit aller Kraft auf die Brust hinunter, bis die Mutter sie schüttelt, sie solle damit aufhören. „Du wirst dir den Hals verrenken. Sei froh, dass dein Kopf aufrecht zwischen den Schultern sitzt. So eine übergroße Last tragen zu müssen, ist eine Strafe Gottes für Menschen, die sich überheben." Erschrocken richtet das Mädchen sich auf.

Auf der anderen Seite des Platzes hinter einer dunklen Toreinfahrt die Treppen des Palastes. Olympia steht unten, ein winziger Punkt, vor sich die sonnendurchfluteten, steilen Stufen. Ganz oben, am Ende der Treppe, öffnet sich die Tür. Der Vater tritt heraus, auch er ein kleiner schwarzer Punkt. Er kommt die Treppe herunter, wird mit jedem Schritt größer, erkennt sie, winkt. Seinen Gang beschleunigend, springt er über die Stufen, bis er sein Kind unten erreicht hat, hochwirft und wieder auffängt. Eine leichte Last, die er mühelos noch einmal herumwirbelt. Olympia quietscht und jauchzt, auch der Vater lacht. Schließlich setzt er sie ab. Wirft einen Blick zurück zur Treppe, bevor er mit ihr an der Hand über den Platz schreitet.

Er grüßt, sie werden gegrüßt, mehrmals bleibt der Vater auf ein paar Worte stehen.

„Ist das Eure Tochter?"

„Ja, meine Älteste."

Schließlich das Castello: Türme, ein breiter Wassergraben, Gerüste, eine Baustelle. Soldaten trampeln über die Brücke, die Kindsmagd winkt. Ein breiter, bärtiger Kerl kommt auf sie zu, küsst die Kindsmagd, streicht Vittoria in ihrem Wägelchen über den Kopf, wendet sich schließlich Olympia zu, die vor seinem kratzigen Bart und dem stechenden Geruch nach Schweiß, Pferden und wer weiß was, zurückweicht. So röchen Männer eben, erklärt Maria lachend. Der Herr Vater bestimmt nicht, denkt Olympia, traut sich jedoch nicht, dies laut zu äußern. Doch als der wilde Mann sie hochhebt, schlägt und strampelt sie so lange, bis er sie am Rand des Wassergrabens wieder absetzt, wobei er sie mit eisenhartem Griff hält.

„Dort in dem dicken Turm lagern meine Kameraden und ich zum Schutz der fürstlichen Familie."

Dann deutet er auf die schwarze Stelle unter dem Torbogen, wo Olympia auf dem dunklen, grün schillernden Wasser den Schatten eines Bootes erahnen kann, das vor einer Öffnung in der Mauer angebunden ist. „Dort unten bei den Ratten ist das Verlies. Dahin kommen böse Menschen, Diebe, Mörder und manchmal unartige Kinder, die in den feuchten Löchern schmachten, bis sie ..."

„Bist du verrückt, du machst den Kindern Angst, gleich heulen sie beide los", fährt Maria ihn an. Sie entwindet Olympia seinem Griff. „Da, schau Olympia, im Wassergraben schwimmen Fische, feine, leckere Karpfen."

Olympia starrt hinunter, sieht dunkle unförmige Wesen, die träge das Wasser durchziehen, von Zeit zu Zeit aber hochschnellen und mit ihrem riesigen Maul nach einer Mücke schnappen. Direkt unter ihr klappt gerade eines dieser fetten Ungeheuer sein von wulstigen Lippen umgebenes Maul auf, ein dunkles Loch, in das ein Kind bequem hineinpassen würde.

Olympia riss die Augen auf in der Hoffnung, die Dunkelheit endlich durchdringen zu können. Sollte diese Nacht ewig dauern? Sie lauschte. Irgendwo krähte in der Ferne ein Hahn. Ein zweiter, deutlicher. Schließlich das leise Zilpen eines Vogels. Immer mehr Stimmen, die ganze Tonfolgen durcheilten, Melodien des Lebens, die mit dem langsam erwachenden Morgenlicht die Schatten der Nacht nach und nach auflösten. In diesem Zimmer lauerte nichts.

Langsam entspannte sich ihr Körper. Erleichtert spürte sie den Schlaf heranfließen. Sie hatte noch ein paar Stunden Zeit bis zum Aufstehen. Wie unbegreiflich die Ängste der Nacht jetzt erschienen. Kindereien, die von nun an keine

Bedeutung mehr haben würden. Sie war heute erwachsen geworden.

Dienst am Hofe

Ferrara, 1539

Essen konnte sie heute früh nichts. Dazu war sie zu aufgeregt. Ihr erster Tag bei Hofe! Bereits früh am Morgen sollte sie mit dem Vater vor der Herzogin Renata erscheinen, damit der Unterricht der Prinzessin zur gewohnten Zeit stattfinden konnte. Die Fürstin nehme es mit der Erziehung ihrer Töchter genau, hatte man ihnen mitgeteilt. Beständigkeit, Regelmäßigkeit seien für sie der Grundstein der Tugend.

Fulvio Pellegrino Morato wies ebenfalls das Frühstück zurück. Auch für ihn war dies ein großer Tag, der ihn in ungewohnte Erregung versetzte. Nach Jahren an einen Hof zurückzukehren, der sich inzwischen verändert hatte, in dessen Parteiungen und Zwisten er sich nicht mehr auskannte, auch wenn seine Freunde ihn in Briefen informiert hatten. Aber Briefe übermittelten reine Information. Das Gefüge der Stimmungen, die Schwingungen zwischen den Menschen blieben dem Leser geschriebener Buchstaben fern. Nun würde er sich wieder in diesem Netz zurechtfinden müssen.

Seiner Familie gegenüber versuchte der Vater natürlich, sich unbeeindruckt zu geben. Er gehörte in diese Stadt, an diesen Hof, das war in den letzten Tagen deutlich zu spüren gewesen. Trotzdem ... sein Lächeln erschien seiner Tochter eine Spur zu geschäftsmäßig. Der alles wissende, jede Schwierigkeit meisternde Vater hatte sie während der letzten Tage auf fast jede denkbare Anforderung am Hofe aufmerksam gemacht, Ermahnungen auf sie herabrieseln lassen, die ihr lange vertraut waren. Dann hatte er plötzlich abgebrochen und zur Mutter hinübergeschaut, so unsicher, dass Olympia ein leichtes Ziehen im Magen spürte. Auf die Fragen der Mutter hatte er zerfahren geantwortet. Sich häufig an seinen Arbeitsplatz zurückgezogen und über einem Buch gebrütet, dessen Seiten er nicht umschlug.

Nun war es endlich so weit. Der prüfende Blick Moratos machte einem verstohlenen Lächeln Platz, während er ihn an seiner Tochter hinabgleiten ließ. Schlicht, doch edel in das vom Hofe gelieferte rote Wollkleid mit schwarzen Ärmeln gewandet, makellos die geflochtenen, hinten aufgesteckten Haare. Seit Tagen wusch Olympia ihr Gesicht mit einem Kräutersaft, sodass die Haut hell und durchschimmernd wirkte. Dazu hatte Lukrezia ihrer Tochter gezeigt, wie man die Wangen rot färbte, und ihre Mühen hatten sich gelohnt. Olympia trug den ungewohnten Putz, als sei sie darin zur Welt gekommen.

Den Abschied von der Mutter und den Schwestern brachte Olympia rasch hinter sich. Was sie eigentlich hätten? Sie gehe nur zum Unterricht, mit dem einzigen Unterschied, dass er früher im eigenen Haus stattgefunden habe. Fremde Schüler seien ihr nichts Neues, auch wenn diese am Hofe vornehmer seien. Jetzt sei sie erwachsen. Außerdem komme sie oft zu Besuch, also. Dann war sie den raschen Schritten des Vaters gefolgt, durch das Gewimmel der Gassen, Plätze, heute ohne einen Blick für das Treiben auf der Straße oder den Dom mit seinen Löwen und den Atlanten.

Schließlich ragte das Castello vor ihnen auf. Eine schwimmende Festung, breit, hoch, rote Mauern, vermauerte Türen, schwarze Löcher. Erst weit oben eine weiße Balustrade und riesige Fenster, die mit glutroten Tüchern verhängt waren. Ein Bollwerk mitten in der Stadt, das zum Schutz der Este vor äußeren Feinden gebaut war, aber auch drohend auf die Untertanen, die Einwohner der Stadt, hinabblickte. An den Ecken der Balkone bunte Fahnen.

Als sie auf der Brücke über das dunkle Wasser schritten, ergriff Olympia dankbar die Hand des Vaters, die sie vor einer halben Stunde entschlossen abgewehrt hatte. Gemeinsam betraten sie das Torgebäude. Über ihnen drohten die schweren Balken der Zugbrücke, die ins Schloss hinüberführte. Dahinter gähnte dunkel ein Gang.

Als Olympias Schritte zögerlich wurden, verstärkte sich der Druck um ihre Hand. Einen Augenblick lang stolperte sie blind vorwärts, dann ließen sich Umrisse erahnen und hinter dem Dunkel am Ende des Tunnels Helligkeit.

Endlich standen sie im Hof des Schlosses, verharrten geblendet vom hellen Licht, hörten menschliche Stimmen. Befehle wurden gegeben, ein Pferd wieherte. Von weiter oben drang das Lachen eines jungen Mädchens zu ihnen herunter, ein erstaunter Ausruf folgte. Dann begann ein Hund zu bellen. Olympia blinzelte hinauf. Zwar konnte sie auf einer der Galerien über sich die Bewegungen mehrerer Gestalten erkennen, doch an der Brüstung zeigten sie sich nicht. Erneutes Gekicher, Stille. Der Vater zog sie zu einer Tür. Eine steinerne Treppe, ein großer dämmriger Raum, noch mehr Stufen.

Schließlich führte sie ein rot gekleideter Diener ins Vorzimmer der Herzogin. Vater und Tochter schwiegen. Olympia wagte kaum, sich auf der Wartebank niederzulassen, die mit schweren Kissen aus golddurchwirktem Atlas belegt war. Steif saß sie auf der vorderen Kante und hielt ein Tüchlein zwischen ihren Fingern zerknüllt, mit dem sie von Zeit zu Zeit ihre feuchten Handflächen abwischte. Sie schaute den Vater an, der zu lächeln versuchte. Aber auch seine Hände lagen verkrampft in seinem Schoß.

Wie häufig hatte er ihr eingeschärft, welche Bedeutung der erste Eindruck habe: Ihr Schritt sei frei und ungezwungen. Der Knicks, leicht, ganz selbstverständlich, kein Kniefall. Erst wenn sie anschließend in einer zarten Bewegung den Kopf hebe, sei ein offener Blick angebracht, doch habe sie bescheiden auf Fragen zu warten. Und sie solle es nicht wagen, sich mit ihren Literaturkenntnissen zu brüsten.

Olympia beschrieb mit ihren Fußspitzen kleine Kreise über den Marmorboden, zog versonnen die Umrisse des zarten Musters nach, das sich auf den Fliesen unter ihr ausbreitete.

Die Herzogin Renata. Wie oft hatte der Vater in den letzten Tagen von ihr gesprochen. Dass sie sich früher Renée de France habe nennen dürfen, dass sie eine früh verwaiste französische Königstochter sei, die man um ihr Reich betrogen habe. Die Erbin der Bretagne, von ihrem königlichen Schwager aus dem Weg geschafft durch ihre Heirat in ein kleines, italienisches Fürstentum, dessen Herzog mit Frankreich verbündet sei und wohl kaum in der Lage, ihr Erbe im Norden Frankreichs einzufordern. Eine Verbannte, die mit reichem Gefolge – allein vierzehn Edelfräulein – unter Glockengeläut, Kanonendonner und dem Jubel der Bevölkerung in Ferrara eingezogen sei.

„Auch unter dem Jubel des jungen Fürsten?", hatte Olympia den Vater gefragt.

Der hatte nur die Schultern hochgezogen. Es sei eine recht gespenstische Situation gewesen, da in Ferrara die Pest gewütet habe. Doch habe der Herzog den Bürgern harte Strafen angedroht, falls sie nicht in geziemender Weise der Prinzessin zujubelten.

„Aber der Erbprinz?"

„Ach, weißt du, Kind ..."

Die Stimme des Dieners, der den Gelehrten und seine Tochter aufrief, schreckte sie hoch. Unvermittelt fand Olympia sich in dem winzigen, mit grünem Samt ausgeschlagenen, aber nur spärlich möblierten Gemach der Fürstin vor einer Frau wieder, deren leicht verkrümmte Haltung und gelblich-wächserne Gesichtsfarbe sie befremdete. Bedrückt wirkte sie, mit einem herben Zug um den Mund. Von ihrem feinen Haar war unter der schlichten Stoffhaube nur der Ansatz zu sehen, das dunkle, bis weit über die Brüste hochgeschlossene Kleid mit einer einreihigen Perlenkette verziert.

Beim Anblick Moratos hellte sich ihre Miene ein wenig auf, doch wechselte sie nur ein paar höfliche Sätze mit ihm, musterte seine Tochter knapp, stellte kurze Fragen. Sie sprach leise, mit merkwürdiger Färbung, betonte die Wörter ungewöhnlich und machte sogar grammatikalische Fehler. Das Sprechen schien höchstens die Hälfte ihres Interesses zu beanspruchen.

Ihre schroffe Art verunsicherte das Mädchen und mehr noch der in den Augäpfeln verharrende Blick aus blauen Augen. Ein kurzes Nicken, ein Wink zu dem Diener hinüber, die Tür zu öffnen – und schon waren Vater und Tochter entlassen.

In Olympia stiegen Tränen auf. Der Vater sah das – er selbst wirkte verunsichert –, verwies seiner Tochter die Tränen jedoch scharf. Bei Hofe habe man sich den Stimmungen der fürstlichen Familie zu fügen. Sie habe ungerührt zu bleiben und vor allem freundlich. Ein solches Gesicht könne sie sich während ihres Dienstes nicht leisten. Sie werde die Herzogin auch anders erleben, leutselig, freundlich. Jetzt müsse er sich verabschieden und sie habe dem wartenden Diener ins Schulzimmer der Prinzessin Anna zu folgen.

Wie anders hatte sie sich diesen Auftritt vorgestellt! Schweren Herzens ging sie hinter dem Fremden her, dessen Gesicht eine starre Maske war, den leeren Gang entlang, hörte seine und ihre eigenen Schritte dumpf auf den Marmorfliesen dröhnen. Dass die Wände des Gangs mit Malereien bedeckt waren, über und neben ihr Putten verspielt Instrumente erklingen ließen, nahm sie gleichgültig zur Kenntnis. Nur einmal blieb sie vor einem weißen Kakadu stehen, der würdig auf seiner Stange hockte und zu ihr hinuntersah – weil sie ihn einen Augenblick lang für echt gehalten hatte. Nun bemerkte sie auch, dass die Girlanden an den Wänden aus Schlangen und Blattwerk bestanden, in denen sich kleines Getier versteckte. Wie sollte sie in diesem Urwald bestehen?

Als Nächstes würde sie in den Griechischunterricht hineinplatzen und stören. Ob die kleine Prinzessin ähnlich unzugänglich sein würde wie ihre Mutter? Und der deutsche Lehrer? Wie konnte nur ein Deutscher den Griechischunterricht übernehmen? Das erhabene Griechisch, verunstaltet von einer grobschlächtigen Gestalt aus Germanien! Das konnte nur ein Einfall dieser herben Frau gewesen sein, um ihrer Tochter die Freude an der Schönheit, Poesie und Anmut jener Sprache zu vergällen. Und der Mensch hieß Senf. Dass er den Namen zu Sinapius latinisiert hatte, machte ihn nicht vornehmer. Es blieb ein ordinäres Wort.

Als sich die Tür des Schulzimmers vor ihr öffnete, stand sie dem deutschen Lehrer und seiner Schülerin gegenüber, die auf sie gewartet hatten. Olympia fühlte sich erneut von zwei großen blauen Augen gemustert, in denen sich jedoch nichts von der Grämlichkeit der Herzogin fand. Das etwa achtjährige Mädchen trug offen herabfallendes langes, dunkelblondes Haar, das von einem mit Goldfäden durchzogenen Netz zusammengehalten wurde, eine einfache Wolltunika mit geschlitzten Ärmeln, darunter traten Schuhe mit dicker Sohle hervor, auf denen sie geschickt die Balance hielt.

Die Prinzessin wartete, bis Olympia – wie Morato sie angewiesen – eine Reverenz ausgeführt hatte, dann streckte sie ihr die Hand hin: „Endlich habe ich eine Gefährtin, welche die endlosen Unterrichtsstunden mit mir teilt. Denn ich kann dir versichern", sie lächelte schalkhaft zu Sinapius hinüber, „dass unser Lehrer streng ist. Aber nun ist ja jemand da, der die schwierigsten Textstellen für mich aufknackt. Da muss er sich nicht mehr so häufig in Geduld üben."

„Prinzessin Anna, was soll Olympia nur von Euch denken? Ist das eine Begrüßung?"

Anna lachte und zog Olympia zu Sinapius hinüber. „Das ist er. Unser Lehrer Kilian Sinapius. Eigens durch Eis und Schnee über die höchsten Bergspitzen der Alpen geklettert, um bei uns in Ferrara Prinzessinnen mit der Dichtung des Homer und der griechischen Grammatik zu traktieren."

Der grinste und reichte Olympia die Hand. Er hoffe, dass eine angenehme Zeit vor ihnen allen liege, denn er habe viel von seiner neuen Schülerin gehört und freue sich mit der Prinzessin zusammen auf die gemeinsame Arbeit.

Verlegen blickte Olympia in das runde, rot angelaufene Gesicht des Deutschen, das von halblangem, leicht verschwitztem Haar umrahmt war. Er war klein, kräftig gebaut und trug wie ihr Vater die schwarze Kleidung der Gelehrten.

Noch während sie auf Griechisch ein paar Dankesworte stammelte, fühlte sie sich von der Prinzessin zu dem großen Pult hin gedrängt, auf dem die Odyssee des Homer aufgeschlagen lag.

„Jetzt wirst du geprüft. Wir arbeiten gerade am zweiten Gesang."

„Prinzessin, Euer Benehmen gleicht einem Überfall. Nun lasst Olympia erst mal zu Atem kommen. Ich würde vorschlagen, ich lese ein paar Sätze vor, dann kann Olympia sich in den Gang der Handlung hineinfinden."

Doch Anna schüttelte wild den Kopf. „Ich habe mich so auf die Gefährtin gefreut. Jetzt will ich sie hören."

Olympia erklärte sich einverstanden, und sichtlich erleichtert gab Kilian Sinapius nach. Da stand sie nun zwischen Sinapius und Anna, die einen Schemel besteigen musste, um in das Buch blicken zu können. Olympia sammelte sich einen Augenblick lang, bewunderte die aufgeschlagene Seite der prachtvollen Ausgabe des Werkes, erkannte die vertrauten Buchstaben der griechischen Schrift. Ihre Stimme zitterte leicht, als sie zu sprechen begann. Sie las drei Verse vor, dann begann sie diese zu übertragen. Die Wörter formten sich zu Sätzen, und bald war sie eingetaucht in die Welt Homers.

Ein unwilliger Seufzer neben ihr zerriss die Fäden, die sie im Schulzimmer des Castello Estense zu verweben begonnen hatte. Die Lippen der Prinzessin bebten. „Das ist nicht erlaubt. So schnell darfst du den Text nicht übersetzen."

„Prinzessin ..."

„Nein, ich will von Euch nichts hören, Sinapius, über gutes Benehmen und all das. Olympia ist gekommen als meine Gefährtin. Sie soll mit mir lernen, aber nicht schon alles können.

So schnell, wie sie übersetzt, kann ich den Text nicht einmal lesen."

„Olympia ist fünf Jahre älter als Ihr. Es wäre schlimm, wenn sie in ihren Studien nicht weiter fortgeschritten wäre."

„Ich will es trotzdem nicht. Ich will es einfach nicht." Die Stimme war schrill geworden und fuhr Olympia schroff über die Haut. Dies war wirklich unwegsames Gelände! Was wurde von ihr erwartet? Sollte sie etwas können oder musste sie sich unwissend stellen? Aber dann hätte sie sich vor dem Lehrer zu Tode geschämt. Sie sollte doch der Prinzessin helfen, ihr Lernen begleiten. Eine kleine Prinzessin, die alles auf einmal wollte oder gar nichts – oder jeden Augenblick etwas anderes.

Sie musste sich zusammenreißen. Ihr Vater traute ihr zu, dem Gezerre des Hofes standzuhalten, auch seinen Intrigen und Versuchungen, und da durfte sie nicht gleich wegen einer etwas verwöhnten Prinzessin verzweifeln. Gewarnt hatte der Vater sie oft genug. Er sollte sie schließlich nicht umsonst mit dem Schicksal griechischer und römischer Helden vertraut gemacht haben.

„Sprach's und band an die Füße sich goldene Sandalen; sie waren
Göttlich schön und trugen sie fort über Wasser und Länder,
Unermesslich weit und schnell mit dem Wehen des Windes."

Sie gab sich einen Ruck und entwand sich so dem Strom der Dichtung, der sich in ihrem Innern meldete und sie mit sich forttragen wollte.

„Wenn ich Euch durch mein Auftreten gekränkt habe, Prinzessin Anna, so möchte ich mich entschuldigen. Die ersten Gesänge der Odyssee sind mir vertraut. Ich habe mich in den letzten Wochen eingehend damit beschäftigt, da die Herzogin meinem Vater mitteilen ließ, dass diese Dichtung im Augenblick Euer Lehrstoff sei. Mit dieser Vorbereitung wollte ich verhindern, einen schlechten Eindruck zu machen."

„Na ja, dann ..." Anna ließ sich gern besänftigen, und der Lehrer beeilte sich, im Buch vorwärts zu blättern. Den weiteren Verlauf der Geschichte fasste er zusammen, nannte einzelne Wörter, ließ Anna sie vorlesen, erklärte zwischendurch rasch grammatikalische Erscheinungen. Am Anfang des dritten Gesangs hielt er inne, forderte Olympia auf, weiter zu übersetzen. Olympia trug ihre Sätze diesmal leise, stockend vor, fragte hin und wieder nach einem Wort. Und obwohl Anna einmal sogar ihre Frage beantworten konnte, blieb ihr Gesicht misstrauisch.

Wörter erfragen, Wörter aneinanderreihen zu Sätzen, in den ungelenken Worten der Schülerin, die sich müht, den antiken Rhythmus zu erfassen, das Versmaß jedoch nicht beherrscht. Um die kleine Prinzessin, die erst einzelne Wörter kannte und die Geschichte erzählt bekam, nicht zu entmutigen. Ein Ritt auf einem lahmen Esel, der auf unebenem Pfad dahinstolpert.

Endlich beendete Sinapius den Unterricht. Anna sprang sofort auf. „Wir müssen los. Der Tanzmeister kann unangenehm werden, wenn man ihn warten lässt."

Kilian Sinapius bestätigte das. Fürst Ercole bestehe in besonderer Weise auf dem Tanzunterricht und schätze die anmutige Bewegung als eine wichtige höfische Fähigkeit. So sei der Tanzmeister bei Hofe ein bedeutender Mann und könne es nicht leiden, wenn er, Sinapius, den Griechischunterricht nicht genau auf seine Tanzstunden abstimme.

„Und dazu ist er sehr nachtragend, besonders unserem Sinapius gegenüber. Weil Tanzen nicht gerade dessen Spezialität ist.“ Anna kicherte ungeniert und deklamierte mit tiefer Stimme: „Die Götter haben uns jenen mit Lust verbundenen Sinn für Rhythmus und Harmonie gegeben. Sie sind es, die uns auf diese Weise in Bewegung setzen‘. – Als wenn unser Griechischlehrer seinen Platon nicht kennen würde! Und dann tröstet er ihn, indem er erklärt, dass jemand, der in den germanischen Wäldern mit Bären gerungen habe, eben andere Qualitäten besitze.“

Anna stellte sich in Positur, setzte den linken Fuß etwas zurück und beugte beide Knie, wobei der rechte Fuß das Gewicht trug. Dann erhob sie sich langsam und kehrte in die Ausgangsposition zurück. Unvermittelt fragte sie Olympia: „Kennst du die weiteren Schritte?“ Als Olympia den Kopf schüttelte, klatschte sie in die Hände.

„Das wird ein Spaß. Die neuen Tänze sind fürchterlich kompliziert und verlangen viel Körperbeherrschung. Das wirst du üben müssen und zählen, denn im Ballsaal wartet jeder darauf, dass ein Tänzer einen Fehler macht, weil er sich die Schrittfolge nicht gemerkt hat. Bei einem Neuling doppelt. Und wie du bereits gehört hast, spottet der Tanzmeister gern. Schon während der Reverenz kann man bei ihm das Ansehen verlieren.“

Während Anna aus der Tür hüpfte, fühlte Olympia, wie sich von hinten eine Hand auf ihre Schulter legte. Sinapius flüsterte rasch: „Nur Mut. Anna ist im Grunde ein liebes Kind. Ein verspieltes Kätzchen. Du hast dich heute geschickt angestellt, das Weitere wird sich finden.“

Der Tanzlehrer erwies sich als unerbittlich. Er tanzte gern mit Anna, die gemessenen Schrittes an seiner Seite wandelte und sich nie verzählte.

Olympia fühlte sich von allen Anwesenden eingehend gemustert und wurde einem jungen Mann zugewiesen, der sich seufzend in sein Los schickte. Sie musste sich mit ihm in die Gruppe einreihen, die Schritte und Bewegungen der anderen ohne weitere Anleitung erfassen und nachahmen. Aber das war noch nicht das Schlimmste. Sie sah und spürte, dass die anderen beim Tanzen in ihrem Schreiten etwas darstellten, das sie nicht beherrschte. Kopf und Füße bildeten bei jenen eine Einheit, während jeder ihrer Schritte Mühseligkeit ausdrückte, was sie mit Scham erfüllte.

Nach einer Stunde auf dem glatten, von dunkelrot-weißem Karomuster bedeckten Boden war sie erschöpft. Sie wählte einen Schritt zu groß und trat der jungen Frau vor ihr auf das Kleid, woraufhin diese sich mit einem giftigen Blick rächte, während das Gelächter der Übrigen durch den Saal hallte. Olympia wäre fast gefallen, sodass der junge Kavalier an ihrer Seite Gelegenheit fand, sie mit übertrieben höflichem Gehabe festzuhalten und ungeniert seine Hand auf ihre Brust zu legen. Als sie seine Finger wegschob, entschuldigte er sich mit einer tiefen Verbeugung. Erneut tobte ein Lachsturm durch den Saal. Anna lachte triumphierend.

Als sie endlich – endlich – entlassen wurden, sprach der Tanzlehrer Olympia zum ersten Mal direkt an: „Ihr habt noch viel zu lernen."

Leider waren die Pflichten des Tages damit keineswegs erledigt. Es gab weitere Unterrichtsstunden, Lehrer, die sie freundlich begrüßten und hart prüften. Bei der Abendmahlzeit der Herzogin hielt Olympia einzig ihre gute Erziehung aufrecht. Der Speisesaal war schlicht gehalten, einige Porträts hingen an den Wänden, die von vergoldeten Rahmen umgeben waren. Olympia wurde der gesamten Tafel vorgestellt, durfte zwischen Anna und der vierjährigen Lucrezia und deren Erzieherin Platz nehmen.

Herzogin Renata, die mit ihren Sekretären, Kaplanen und Damen am oberen Ende des Tisches saß, führte ihre Gespräche auf Französisch. Olympia erkannte sie kaum wieder, denn sie wirkte lebhaft und ihre Stimme klangvoll.

„Wenn die Herzogin mit ihren Franzosen zusammen ist, ist sie glücklich", erklärte Anna. „Auch heute sind zwei Flüchtlinge zu Besuch. Aber – pscht! – darüber muss man schweigen, denn wenn mein Vater es merkt, ist seine Laune hin. Er kann diese Leute nicht ausstehen und mag es auch nicht, wenn meine Mutter nicht Italienisch redet, denn sie hat keine Lust es zu lernen." Anna grinste und ließ sich noch über verschiedene Damen und junge Frauen am Tisch und deren vermutliche Liebesverhältnisse aus.

„Da hinten, das ist Françoise de Bourisson. Die sollte wie viele Edelfräulein aus dem Gefolge meiner Mutter nach Frankreich zurückgeschickt werden. Aber dann kam Johannes Sinapius – den sowohl mein Vater als auch meine Mutter als Arzt schätzen. Du wirst ihn kennenlernen, denn er gilt als der beste Kenner der griechischen Literatur am Hofe und kommt manchmal in unsere Unterrichtsstunden, um zu sehen, wie sein Bruder Kilian zurechtkommt. Jedenfalls hat er Françoise vom Fleck weg geheiratet, und da durfte sie bleiben. Wahrscheinlich hat meine Mutter sie Sinapius aufgeschwätzt. Mein Vater war nicht gerade begeistert."

Olympia lächelte, nickte, führte den Löffel zum Munde, wischte sich den Mund ab, erhob das Glas mit ihrer Nachbarin zusammen, sagte höflich ja oder nein, aß, ohne Hunger zu haben. Das Essen wurde auf einfachem Tongeschirr serviert, es gab verschiedene Sorten gebratenes Fleisch, eine Suppe, deren Zutaten sie nicht kannte, Orangen, Oliven, Reiskuchen, Birnen und Äpfel. Zum Abschluss wurde ein Konfekt aus Mandeln und Nüssen gereicht, von so köstlichem Geruch, dass sie an jedem anderen Tag gerne zugegriffen hätte. Aber es war nicht sie, die hier saß, sondern eine andere Person, die sich wie eine an Fäden gezogene Puppe bewegte. Sie selbst war weit fort.

„Sprach's und band an die Füße sich goldene Sandalen; sie waren
Göttlich schön und trugen sie fort über Wasser und Länder,
Unermesslich weit und schnell mit dem Wehen des Windes."

Noch während die Schüsseln abgetragen wurden, gab es Bewegung weiter unten am Tisch. Der Zwerg der Herzogin war aufgestanden und watschelte am Tisch entlang direkt auf Olympia zu.

„Du musst zur Seite rutschen", flüsterte Anna. „Das ist Morgantino, unser Geschichtenerzähler."

Jemand wuchtete einen Schemel auf den Tisch, zwei Diener hoben den Zwerg hinauf. Er nahm umständlich Platz und begann zu erzählen. Olympia sah das grob geschnittene Gesicht direkt vor sich, die große Nase, vorquellende Augen, einen breiten Mund. Doch merkwürdig: Während Morgantino redete, vergaß Olympia, wie verwachsen dieser Mensch war. Die Verse strömten aus einem Mund, der sie zum Leben erweckte und den Saal mit Bildern füllte.

Plötzlich erschallten Hörner, und die Jagdgesellschaft des Fürsten Ercole betrat lärmend den Saal, eine Wolke von Pferde-, Kot- und Blutgeruch mit sich führend. Stimmen hallten im Saal wider. An einer Ecke entstand ein Streit um eine Keule, auf die zwei Höflinge gleichzeitig Anspruch erhoben. Gelächter. Ein abgenagter Knochen flog zu den Hunden hinunter, die sich zähnefletschend darauf stürzten. Ungenierte Blicke wanderten zu den Damen, Zoten schallten herüber, auf die verlegenes Kichern antwortete oder eine dreiste Antwort.

Die Fürstin hob die Tafel bald auf, zog sich mit ihrem Gefolge in ihre Gemächer zurück, wo sich auch die Hofpoeten und einige Theologen einfanden. Müde grüßte Olympia mit den Augen ihren Vater, dessen Gesicht undurchdringlich blieb. Anna schnitt ein gelangweiltes Gesicht. Trotzdem mussten die Mädchen noch lange ausharren.

Als Olympia endlich im Vorzimmer der drei Prinzessinnen im Bett lag, das sie mit einem Edelfräulein teilte, fand sie lange keinen Schlaf. Immer wenn sie die Augen schloss, umtanzten sie Bilder, zählte sie Tanzschritte, wehte das grämliche Gesicht der Herzogin auf sie zu. Sie wanderte durch endlose Gänge, rutschte über die Marmorböden, während verwirrend bunte Fresken oder geometrische Figuren aus verschiedenfarbigem Marmor an ihr entlangglitten. Sie versuchte auf Griechisch Worte zu formen, würgte jedoch an den Lauten, die die Kehle nicht freigeben wollte.

Sie saß auf der Mauer über dem Graben des Castellos, blickte auf dunkles, öliges Wasser hinab, folgte schließlich wider ihren Willen dem Wink einer Hand, sich in das Wasser hinabgleiten zu lassen. Sie wunderte sich, warum sie dies tat, überlegte, wie es ihr dort unten in dem fremden Element ergehen würde, dann griff der Schlaf nach ihr.

„Rauschend brausten gewaltige Wogen ans trockene Festland,
Schrecklich spritzten sie hoch, dass der Salzschaum alles verhüllte.
Rettende Buchten waren nicht da, kein Hafen für Schiffe,
Nichts als Riffe und Klippen und Felsen, woran das Meer sich bricht."

Sommertage

Salò am Gardasee, 1541

Unwillig warf Margarita Bianca den Kittel neben sich auf die Bank. Wenn sie die Kleidungsstücke ins Sonnenlicht hielt, das durch die halb geöffnete Tür hereinfiel, erwiesen sie sich fast alle an irgendeiner Stelle als fadenscheinig. Bei diesem musste der Stoff an den Ärmeln verstärkt werden, bevor sie ihn in den Reisekorb würde legen können. Dass sie mit solchen Lumpen im Gepäck die Reise nach Lucca machen sollte – sie, Margarita Bianca Curione aus dem Mailänder Geschlecht der Isacchi!

Sehnsüchtig blickte sie auf die Holztruhe mit feinen Beschlägen in der Ecke des Raumes, die Teile ihrer Aussteuer enthielt: Silberbesteck, Zinngeschirr, edle Tischwäsche, feines Linnen. Aber Celio hatte ihr ausdrücklich untersagt, diese Truhe mitzunehmen, da Lucca vermutlich nicht die letzte Station ihrer Reise sei. Ach, wenn sie bei ihrer Trauung gewusst hätte, was auf sie zukommen würde!

Sie erahnte zwei Schatten, die sich draußen an der Tür vorbeidrückten. „Horatio, Leo, wo kommt ihr her? Ich hatte euch aufgetragen, die Wortreihen abzuschreiben, die der Vater euch bei seinem letzten Besuch in der Grammatik angestrichen hat."

„Wir ..."

„Wir mussten beim Schneiden der Weinstöcke helfen. Der Bauer hat ausdrücklich gesagt, dass er auf unsere Hilfe nicht verzichten kann."

„Die Bauernfamilie war heute nicht in den Reben. Sie ist ... Seid ihr etwa unten im Dorf gewesen? Bei der Heiligenprozession?"

Die beiden waren folgsam durch die Tür hereingetreten; der siebenjährige Horatio schwieg mit verkniffenem Mund, während der fünfjährige Leo trotzig aufbegehrte: „Letzte Woche haben ein paar Bauernjungen Horatio verprügelt und gesagt, wir seien gottlos. Und wenn wir heute nicht kämen, würden sie mit uns auf den See hinausfahren und uns weit draußen ins Wasser werfen."

„Dummes Gerede. Das würden sie sich nicht trauen. Ihr wisst, dass wir Gott sehr verehren, und zwar so, wie euer Vater es bestimmt und euch erklärt hat. Wir haben uns ganz Gott geweiht, während die Bauern hier, die es nicht besser wissen, die Religion mit dem Aberglauben vermischen und auch zu den Heiligen beten."

„Aber der Vater hat streng verboten, darüber zu sprechen."

„Und warum?"

Zaghaft antwortete Horatio: „Weil Gott diejenigen, die von ihm auserwählt sind, leiden lässt."

„Weil wir stolz darauf sein sollen, aber die anderen nicht beschämen dürfen, denn Hochmut kann Gott gar nicht leiden", ergänzte Leo.

„Nun also, ihr habt sehr wohl verstanden, worum es geht. Und da haltet ihr so ein paar Schläge nicht aus, obwohl ihr zu zweit seid und euch wehren könnt? Außerdem besuchen die anderen Mailänder Familien die Gottesdienste auch nicht."

„Die anderen Mailänder Familien wohnen nur im Sommer hier."

„Wir werden auch nicht bleiben. Aber mehr sage ich euch nicht, wenn ihr so unzuverlässig seid. Zuerst ungehorsam sein und dann noch lügen! Jetzt geht hinein und erledigt eure Aufgaben."

Mit gesenktem Kopf machten sich die beiden auf den Weg.

„Nein, wartet ... ihr müsst es ja doch erfahren. Also: Wir werden Salò verlassen. Euer Vater will, dass wir zu ihm kommen."

„Wann?"

„Morgen, übermorgen? Sobald er uns den Wagen schickt."

„Und wo gehen wir hin?"

„Wohin er uns bringt."

Ein unsicherer Blick von Leo zu Horatio. Der jedoch strahlte. „Wir dürfen beim Vater leben? Dann wird er uns unterrichten?"

„Ja, natürlich. Und jetzt los an die Arbeit."

Eine Zeit lang hörte sie aus dem Nebenzimmer nur das Kratzen der Federn oder die Wortreihen, die die Jungen sich vorsagten. Schließlich Flüstern. Sie erkannte Leos Stimme. „Ich will hier nicht weg. Der Herr Vater ist so streng."

„Willst du hier ein Bauer werden? Unser Vater ist ein berühmter Gelehrter. Das will ich auch sein. Und wir werden endlich in einem schönen Haus wohnen und uns nicht mehr von Bauernlümmeln Prügel androhen lassen müssen."

„Mmh. Ich weiß nicht, aber wenn du meinst ..."

Es wurde wirklich Zeit, dass die Jungen in die Zucht des Vaters gerieten. Natürlich war sie froh, dass ihr Mann einen Halbpächter gefunden hatte, bei dem sie in Sicherheit waren – wenigstens bis jetzt. Er versorgte sie gut, er hatte Schafe, Oliven und Nussbäume, sogar ein paar Orangen. Aber der Hof warf nicht so viel ab, dass Überfluss vorhanden wäre. Der Bauer brauchte ihre Hilfe und oft genug auch die der Jungen.

Wie stolz war sie damals gewesen, als der gelehrte Celio Secondo Curione, der Retter der Pestkranken, unerschrockener Anhänger des neuen Glaubens, bei ihrem Vater in Mailand um sie geworben hatte. Wie sehr hatte sie ihn bewundert und geliebt.

Sie liebte ihn immer noch. Sie brauchte ihn, sehnte sich nach ihm, trug bereits wieder ein Kind von ihm. Aber – durfte sie das denken? – er war so unbedingt in seinen Forderungen an sie, wusste nicht, was sie bedrängte. Sein Leben spielte sich an der Universität von Pavia ab, in Venedig, im letzten Jahr bei den Moratos und am Hofe von Ferrara, immer verfolgt von der römischen Kirche. Die Kinder und sie hatten hier am Gardasee Zuflucht gefunden. Er kam zweimal im Jahr, beurteilte ihr Tun, gab Anweisungen und erwartete, dass sie erfüllt wurden.

Er hatte Violanthis zu Freunden in Venedig gebracht, damit sie dort eine gute Erziehung erhielte. Für ihn eine klare Entscheidung. Aber ... es war schwer auf ihre Älteste zu verzichten, die eine große Hilfe gewesen war. In jeder Hinsicht. Und der kleine Laktanz, gerade mal zwei Jahre alt ... auch ihn hatte Celio fortgegeben. Sicher war er bei seinem Freund Trezio in besten Händen. Celio hatte es gut gemeint, wollte sie entlasten. Doch wenn eine Frau ihre Kinder wie die Bauersfrauen selbst nährte, dann wuchsen sie ihr ans Herz, vor allem, wenn der Mann fehlte.

Was wartete jetzt auf sie? Lucca, und dann? Würde er seinen alten Plan wahr machen und in die Schweiz ziehen? Über die Alpen, mit den Kindern, auch mit dem neuen Säugling? Oder würde auch der ihr genommen werden?

Gott, du verlangst viel von uns. Doch hast du mir Celio Curione zum Mann gegeben. Er wird mich beschützen und ich ihm folgen, wohin auch immer. Amen.

Ferrara, Sommer 1542

„Aus schlechtem Ton, der kaum die Form enthüllt,
beginnt der Meister mühsam das zu kneten,
was vor die Seele ihm als Traum getreten
und seinen innern Sinn noch ganz erfüllt.

Doch dann im Marmor, langsam, Schlag auf Schlag,
befreit der Meißel alles aus dem Steine
und macht Gestalt daraus, dass es erscheine.
Wie er gewollt, erblickt es so den Tag."

Die Worte schwebten über das Wasser hin, getragen von der klaren, vollen Stimme Olympias und den zart gezupften Tönen ihrer Laute. An diesem drückend-heißen Sommertag hatten die Mädchen, die zum Gefolge von Prinzessin Anna gehörten, Kühlung unter den weit ausladenden Ästen des Kirschlorbeerbaumes gesucht, dessen dunkle, undurchdringliche Blätter sie in tiefen Schatten hüllte. In leichten, hellen Seidenkleidern lagerten sie müßig auf den weißen Marmorstufen, die zu den Bädern am Po hinunterführten.

Benedetta und Arsina fügten Lorbeerzweige zu einem Kranz zusammen, die sie mit grünen Grasrispen zusammenbanden. Prinzessin Anna saß auf der untersten Stufe der Treppe, ein eingerolltes, sanft atmendes ockerfarbenes Fellbündel mit schwarzen Ringflecken, in denen es goldbraun aufschimmerte, auf ihrem Schoß. Die Prinzessin hielt ihre bloßen Füße in den Fluss, der träge vorbeiströmte, hin und wieder einen frischen Lufthauch zu den Mädchen herüberschickte und ihre erhitzten Gesichter kühlte. Selbst das dunkelhäutige Kinderpaar, das den jungen Frauen einen Korb mit Früchten und Süßigkeiten nachgetragen hatte, lehnte vor sich hinträumend am Stamm des Baumes.

„Kennst du kein anderes Lied? Dieses hört sich mal wieder so langweilig und moralisch an“, murmelte Glicera abfällig.

„Deine Fantasie, Glicera, ist leider etwas einseitig und nicht gerade von hohem Sinn erfüllt.“ Der ungewohnt scharfe Ton in Olympias Stimme schreckte die Mädchen aus ihrem nachmittäglichen Dämmerzustand auf. Unwillig schauten sie auf. „Das Gedicht stammt von Michelangelo Buonarroti. Als er es verfasste, hatte er endlich die Herrin gefunden, die ihm zur Vollendung verhelfen konnte.“

„Und diese Herrin ist meine Patin, Vittoria Colonna?“

„Ja, Prinzessin.“

„Dann ist es wirklich langweilig, denn meine Patin ist so fromm wie meine Mutter. Sie hat sicher nur gemeinsam mit ihm gebetet.“

Die Prinzessin war aufgesprungen, wobei sie das Leopardenkind, das auf ihrem Schoß geschlafen hatte, mit einer beiläufigen Handbewegung von sich schob, sodass es nasse Pfoten bekam. Damit erregte sie den Zorn der kleinen Raubkatze, die sich breitbeinig aufpflanzte und wild fauchend zu ihrer Herrin aufsah.

„Frecher Fiero“, zischte Anna zurück, packte den Kleinen mit beiden Händen, und bevor irgendjemand eingreifen konnte, hatte sie ihn in den Fluss geschubst.

Der Leopard fand rasch wieder Boden unter den Pfoten, erklomm die Treppenstufen und schüttelte sich. Dann begann er mit seinen Tatzen im Wasser herumzuplatschen. Doch hatte Anna inzwischen das Interesse an ihm verloren und Benedetta die Leine des kleinen Leoparden hingeworfen.

„Alle Menschen verzehren sich in Leidenschaft. Nur an diesem Hof geschieht nichts. Nirgendwo eine große Liebe, eine hohe Leidenschaft, wie du es nennst, Olympia, ja nicht einmal ein einfacher Skandal."

Das war das Stichwort für Bona: „Wenn ihr nicht mitrechnen wollt, dass Laura sich für ein paar Monate ins Kloster zurückgezogen hat, weil die Zärtlichkeit Genasios nicht ohne Folgen geblieben ist ..."

„Aber das war keine große Leidenschaft und ein Skandal schon gar nicht. In fünf Monaten ist sie zurück und die Angelegenheit vergessen."

„Prinzessin, lasst Euch von diesem Geschwätz nicht beeindrucken."

„Wahr sind wohl nur die Gerüchte über die Jungfrauschaft unserer tugendhaften Olympia. Sie scheint ein Herz aus Stein zu besitzen, denn es hat sich noch kein Mann am Hof gerühmt, ihre Blume geraubt zu haben. Hat dich etwa Amor mit der stumpfen Seite seines Pfeils getroffen? Oder verspürst du nur keine Lust auf einen gewöhnlichen Sterblichen, da du dich meist in höheren Sphären befindest? Vermutlich wartet unsere tugendhafte Jungfrau auf einen Kardinal, der ihr die Ehre gibt."

Einen Augenblick lang hörten sie nur das Rauschen des Flusses, dann herrschte Anna das Mädchen an: „Ich verbiete dir, so über Olympia zu sprechen. Los, entschuldige dich, sofort!"

Widerstrebend murmelte Glicera ein paar Worte, die vielleicht ein Bedauern ausdrücken sollten. Erneut breitete sich Schweigen aus.

Schließlich flüsterte Anna versonnen: „Meine Ahnin Parisina Malatesta liebte ihren schönen Stiefsohn Ugo so sehr, dass sie ihn verführte. Ihre Liebe hat sie alle Furcht vergessen lassen."

„Ihr wisst, Prinzessin, dass die Geschichte keinen guten Ausgang genommen hat."

„Ja, sie mussten mit ihrem Leben dafür büßen. Aber vorher haben sie sich geliebt. Jedes Mal wenn ich zum Löwenturm hinaufschaue, meine ich ihre eingekerkerten Gestalten zu sehen. Manchmal winken sie mir sogar zu. Ist es nicht besser zu lieben und dafür zu sterben, als zu leben und nicht zu wissen wozu?"

„Anna, bitte, Ihr vergesst Euch. Wenn Eure Mutter Euch hören könnte."

Statt einer Antwort drehte Anna sich um und lief die Stufen hinunter ins Wasser, sodass es ihr bis unter die Achseln reichte. Olympia wollte ihr in einem ersten Impuls nachstürzen, zog es jedoch vor, abzuwarten. Noch bestand keine Gefahr. Der Fluss zog träge dahin, ohne Strudel und jähe Tiefen. Doch wenn sie Benedetta, die eine ausgezeichnete Schwimmerin war, befehlen würde, der Prinzessin ins Wasser nachzulaufen, war zu befürchten, dass dieses Wildfohlen einen Kampf mit ihr begann und immer tiefer in die Fluten geriet. Wie so oft würde sie besser warten, bis Anna sich von allein beruhigt hatte.

Als Anna den Sog des Wassers an ihrem Körper zu spüren begann, drehte sie sich um und schwamm in wenigen Zügen zur Treppe zurück. Dort erwartete sie lauthals miauend Fiero. Sie nahm ihn hoch und trug ihn die Stufen hinauf.

„Meine Mutter ist längst mit meinen Schwestern Lucrezia und Leonora nach Comacchio abgereist. Hier kann sie Gott nicht finden, hat sie gesagt."

„Auch Euer Vater würde Euch für diese Worte tadeln."

„Ach der! Wenn er sich nicht gerade mit seiner Mätresse beim Karneval in Venedig vergnügt, amüsiert er sich bei der Jagd. Gestern ... ich war so schnell ... wie die Göttin Diana bin ich geritten! Ich habe mich die ganze Zeit über auf meinem Pferd neben ihm gehalten, aber er hat es nicht einmal bemerkt. Er hatte nur Augen für seinen Falken."

„Ein Jäger muss sich auf seinen Falken konzentrieren. Wie sonst würde er seinen Willen dem Tier aufzwingen?"

„Trotzdem. Den Falken schleppt er stundenlang auf seinem Handschuh herum und wirft ihm bewundernde Blicke zu, selbst wenn der ihm gerade auf seinen neuen Handschuh geschissen hat. Ich bin für ihn ein Nichts. Manchmal denke ich, wenn er mich sieht, steigt die Wut über die Herzogin in ihm hoch."

„Der Luftkampf begeistert Euch doch auch. Wenn der Falke hochsteigt, den Reiher angreift und pfeilschnell auf ihn herabstößt, das ist ein Bild, das jedes Mal wieder von Neuem begeistert."

„Ach ... Mutter hat Vater eine solche Szene gemacht. Dieses weltliche Treiben ... sagt sie immer. Dabei hat sie selbst ständig Flüchtlinge aus Frankreich in ihrem Schlepptau, besonders diesen unausstehlichen Herrn de Pons. Ihren geistlichen Berater, wie sie ihn nennt. Doch jedes kleine bisschen Fröhlichkeit am Hof sieht sie als Sünde. Wenn sie die Augen fromm verdreht, sieht Vater rot. Darf sie das? Die Luft so zu vergiften?

Mich wollte sie auch mitnehmen in ihre Sümpfe. Aber das hat der Herzog verboten. Er dulde es nicht, dass sie mich mit ihrem frommen Getue völlig anstecke. Dann wäre ich für jeden Mann verdorben. Er habe Pläne mit mir, die sie ihm nicht durchkreuzen würde."

Olympia streifte mit einem raschen Blick die Mädchen. Es war nicht auszumachen, was sie dachten, da Benedetta und Arsina sich eifrig mit ihren Kränzen beschäftigten, Bona wie unbeteiligt aufs Wasser hinausstarrte und Glicera mit dem kleinen Leoparden spielte.

„Eure Mutter hat es nicht leicht", sagte Olympia vorsichtig. „Sie hat früh ihre Eltern verloren, damit ihre Stellung am Hofe, und wurde dann von ihrem Schwager in dieses ferne Land geschickt, dessen Sprache sie nicht einmal beherrschte."

„Einmal habe ich gehört, dass sie zu meinem Vater sagte, wenn sie ein Mann wäre und das Recht sich durchgesetzt hätte, wären heute alle Franzosen ihre Untertanen."

„Daran könnt Ihr sehen, wie sehr sie sich zurückgesetzt fühlt."

„Aber ..."

„Prinzessin, es ist nicht an uns, darüber zu urteilen.“

„Der Herzog will mich nach Rom verheiraten. Er hat davon gesprochen, dass er die Beziehung zum Papst festigen müsse, da er sein Untertan sei und der ihm seine Herrschaft über Ferrara immer noch nicht bestätigt habe. Aber dann müsste ich einen Enkel des Papstes heiraten, einen Farnese, und der steht im Rang unter mir.“

„Was wäre daran so schlimm? Eure Großmutter Lucrezia Borgia war die Tochter eines Papstes. Ihr würdet durch eine solche Ehe die Beziehung zwischen Rom und Ferrara festigen.“

Ein wütender Blick der Prinzessin traf sie. „Warum dichten die Dichter so viel über die Liebe, wenn die Frauen doch nur dem Willen ihrer Eltern zu folgen haben?“

„Die Männer auch. Und die Liebe folgt oft nach.“

„Bei meinen Eltern nicht.“

„Auch für Eure Eltern hat es gute Zeiten gegeben.“

Erneut schwiegen sie. Eines der Mädchen summte vor sich hin. Schließlich schlug Bona vor, etwas aus dem „Orlando furioso“ vorzulesen. „Über die Liebesraserei“, meinte sie grinsend.

Der durchdringende Ruf der Jagdhörner scheuchte die Mädchen auf. „Mein Gott, der Herzog kehrt bereits zurück. Und wir müssen uns noch für das Fest heute Abend zurechtmachen. Mein Haar ist völlig zerzaust ... Das dauert Stunden!“

„Was viel schlimmer ist, die Chorprobe“, erklärte Olympia bestürzt. „Wir haben die Chorprobe für den Dankgottesdienst morgen völlig vergessen.“

Auf dem Heimweg durch die Gärten des Landsitzes lief die Prinzessin ein Stück voraus, hüpfte, den kleinen Leoparden an der Schnur hinter sich herziehend, um die Wasserspiele herum, verschwand hinter zwei Steinskulpturen, schien eine Zeit lang zwischen den Hecken verschwunden, tauchte plötzlich in den dämmrigen, von Rosen überwachsenen Laubengang ein und blieb vor der mit Fresken bedeckten Mauer atemlos stehen, sodass ihr Gefolge sie wieder einholen konnte. Ihr Kleid war in der Hitze schon wieder getrocknet, doch klebte das Haar strähnig zerzaust an ihrem Körper.

Olympia fühlte Wut in sich hochkochen, wusste sich jedoch zu beherrschen. Wann würde Anna endlich lernen, sich der Würde einer Prinzessin gemäß zu benehmen? Nicht nur ihre Frisur ... die ganze Prinzessin würde ein Bad nehmen und frisch zurechtgemacht werden müssen. Aber hinter Annas Mutwillen steckte Angst, das wusste Olympia durchaus. Denn irgendwann würde sie plötzlich unwiderruflich in Frankreich oder Rom landen, je nachdem, ob die Herzogin oder der Herzog sich durchsetzen würde. Reich – verwöhnt – allein.

Allein? Ein heißer Schreck durchfuhr Olympia. Es war so nahe liegend, aber sie hatte noch nie daran gedacht. Was, wenn man von ihr nun verlangte, die Prinzessin zu begleiten? Ein Leben als Hofdame an einem fremden Hof, unerwünscht, höchstens geduldet und jedem Schnösel schutzlos ausgeliefert, der sich an sie heranmachen wollte. Wie der Vater es befürchtet hatte! Und dazu jederzeit in Gefahr, vertrieben zu werden oder gar ... Doch das dachte sie besser nicht zu Ende. Heute war genügend anderes zu tun, Dringenderes. Und morgen wartete der große Jagdausflug auf alle. Sie, Olympia, würde im Wagen der Herzogin mitfahren und deren Schoßhund halten, während Anna auf ihrem eigenen Pferd dahinjagte. Einen ganzen Tag lang neben ihrem Vater, unbeaufsichtigt und ohne Ermahnungen ihrer Gefährtin.

Anfang Oktober 1542

Einer der Diener war hinter Olympia getreten, beugte sich zu ihr hinunter, während er Wein nachschenkte. Sie möge sich so bald wie möglich unauffällig in die Bibliothek begeben, flüsterte er ihr ins Ohr. Jemand müsse sie sprechen, allein, es sei wichtig.

Verwirrt schaute sie hoch. Da wollte sich jemand einen Scherz mit ihr erlauben. Vielleicht Glicera? Aber die würde niemals den alten Giulio schicken; der ließ sich für solche Scherze nicht einspannen. Wenn Giulio es wagte, sie bei Tisch vor allen anzusprechen, dann war etwas passiert. Nur nicht hinter ihm herschauen, sie musste sich jetzt möglichst gelassen geben.

Ein paar Minuten später verschüttete Olympia ihren Wein und stand verlegen auf, während ein anderer Diener herbeigeeilt kam, um den Tisch zu trocknen. Anna schaute erstaunt hoch, denn es war das erste Mal, dass Olympia ein solches Missgeschick passierte. Sonst schien niemand der Vorfall zu kümmern. Alle waren mit dem Fasanenbraten beschäftigt oder taten so.

Vor der Bibliothek zögerte sie. Wenn sie sich jetzt blamierte und sich ein Schwall von höhnischem Gelächter auf sie ergoss? *Na, Olympia, ein heimliches Treffen mit dem Kardinal von Mailand? Wer hätte das gedacht?* Ach was. Glicera und ihre Freundinnen hatte sie am Tisch gesehen. Und auch wenn sich leicht junge Herren für einen solchen Scherz gefunden hätten, entgehen lassen würde sich die Auftraggeberin ein solches Schauspiel wohl kaum.

Vorsichtig öffnete sie die Tür. Es war dunkel im Raum, also doch falscher Alarm.

„Nicht erschrecken, bitte, ich bin hier, hinter dem großen Pult."

„Celio?", stammelte sie ungläubig. „Du bist doch in Lausanne, in Sicherheit."

„War ich bereits, und ich werde auch wieder zurückgehen, um dort an der Universität zu lehren. Ich musste noch einmal zurückkommen, denn ich kann meine Frau mit den Kindern nicht allein über die Alpen reisen lassen. Aber ich habe so lange bei deinen Eltern unter dem Schutz der Herzogin gewohnt, da hat mich die Sehnsucht nach Ferrara überwältigt. Ich muss mich von meiner kleinen Dichterin Sappho verabschieden, der ich so gern zugehört habe."

Sie tastete sich auf den großen Schatten zu, blieb vor ihm stehen und fühlte plötzlich Curiones Hände an ihren Wangen. „Du machst mir Sorgen, Olympia, du musst auf dich aufpassen. Es wird schwieriger werden hier, auch für dich. Du darfst deine Pläne nicht aufgeben. Du bist begabt. Lass dich auf keinen Fall mit einem Mann verheiraten, der deine Talente nicht zu schätzen weiß."

„Davon ist bis jetzt nicht die Rede. Ohne Mitgift wird sich niemand finden."

„Sag das nicht, es gibt auch Männer, die anderes zu schätzen wissen."

Er zog sie an sich, umschloss sie wie selbstverständlich mit seinen Armen, sodass ihr die Luft auszugehen drohte. Rasch sagte sie: „Hast du keine Angst, dass du verhaftet werden könntest? Vater sagt, die Inquisition habe bereits mehrere Männer eingesperrt. Hier in Ferrara."

„Nein, ich weiß mich in Gottes Schutz." Er kicherte. „Sie haben erst gestern versucht mich festzunehmen. Aber ich habe sie wieder einmal übertölpelt, meinen Verfolger gefesselt und mich in seinem Mantel davongemacht. Um mich brauchst du keine Angst zu haben. Aber dich – dich lasse ich ungern zurück, denn du brauchst jemanden, der dich ermutigt. Du darfst dich nicht in deine Selbstzweifel hineinwühlen, wie du es tust."

„Wenn ich schreibe, bin ich mit mir zufrieden, aber wenn ein Text fertig ist, falle ich in ein schwarzes Loch. Ich kann es nicht ändern."

„Gott hat dich zum Schreiben geschaffen. Glaub mir das. Ich habe lange genug bei deinem Vater gelebt, um das beurteilen zu können. Meinst du, ein berühmter Dichter und Gelehrter wie Calganini hätte einer jungen Frau eigenhändig geschrieben, wenn er von ihrem Talent nicht überzeugt wäre? Wie den Hofdichter hast du alle Gelehrten auf deine

Seite gezogen, als du öffentlich eine Probe deines Talentes gegeben hast. Eine Vorlesung über Cicero!"

„Das war nur eine Übung, zu der mich die Prinzessin Anna gezwungen hat."

„Eine Übung, die den Meister erkennen ließ. Dein bescheidener Vater war außer sich." Ihr wurde allmählich heiß in Curiones Griff, aber er zog die Arme noch fester um sie herum. „Du solltest mehr auf Gott vertrauen. In der Bibel könntest du Hilfe finden und übrigens auch literarische Anregungen. Warum willst du dich nicht mit dem Buch der Bücher beschäftigen? Gott wird deine Ängste vertreiben, wenn du dich an ihn wendest. Du musst deshalb nicht von der griechischen und römischen Literatur lassen, denn die Antike und das Christentum bilden eine Einheit."

Sie löste sich entschlossen aus seinen Armen, um ihn anzusehen. Ernst zitierte er den Vers der Sappho: *„Nun aber unter Lydiens Frauen ragt sie heraus, wie nach Sinken der Sonne der rosenfingrige Mond alle Sterne übertrifft."* Unvermittelt beugte er sich zu Olympia hinunter und küsste sie auf den Mund. Verwundert spürte sie den Druck, den sein Fleisch auf ihres ausübte und schämte sich, weil sie hölzern dastand. Curiones Mund verharrte lange auf ihren Lippen, tastete sich an ihren Konturen entlang bis zum Mundwinkel, liebkoste sie dort vorsichtig, bevor der Verbannte sich wieder aufrichtete und Olympia ein Stück von sich schob.

„Du musst gehen, sonst wird man dich im Saal vermissen. Ich werde mich durch die Unterkünfte der Soldaten davonstehlen. Wir werden uns lange nicht sehen, Olympia, vielleicht nie mehr. Vertraue dir endlich. Alles andere wird sich finden."

Sie nickte, krächzte ein „Lebewohl" heraus und „Gott behüte dich", dann verließ sie die Bibliothek, eilte durch lange Gänge zurück, kämpfte mit den Tränen. Celio, der väterliche Freund, genauso unerschrocken und respektlos wie fromm und gottesfürchtig, wie sehr würde er am Hofe fehlen!

Erst kurz vor dem Saal fiel ihr wieder ein, warum sie offiziell die Gesellschaft verlassen hatte und ging noch einmal zurück, um ihr Kleid zu wechseln.

Besuch des Papstes

Februar 1543

Die Karnevalszeit: Feste, Umzüge, Turniere, Maskenbälle und Theateraufführungen forderten jeden bis an seine Grenzen. Ein paar Stunden Schlaf in den frühen Morgenstunden, das musste reichen.

Olympia stürzte sich mit ganzer Kraft in den Trubel. Sie liebte die Auftritte im rauschenden Ballkleid mit Maske, genoss die kunstvolle Bewegung im Einklang mit der Musik. Auf leichtem Fuß dahinschweben, jede Faser ihres Körpers fühlend, sich zu spannen, *pavoneggiarsi,* sich stolz zu strecken wie ein Pfau, zu verweilen und erneut auszuschreiten! Sie verzählte sich nie, war eine gefragte, manchmal auch gefürchtete Tänzerin, weil sie zudringliche Partner mit einer spöttischen Bewegung oder geschliffenen Bemerkung auf Abstand hielt.

Ein Herz aus Stein! Im letzten Sommer hatten Gliceras Worte Olympia schlaflose Nächte beschert. Aus Stein! Weil sie ihre Keuschheit bewahrte, ihre körperliche Reinheit nicht höfischem Spiel zum Opfer bringen wollte.

Eins, zwei nach links, ein Bein gestreckt und Sprung in die Kadenz. Graziös landen, die Füße versetzt hintereinander. Nicht rohe, fleischliche Lust, dieser Trieb ist verachtenswert, verbannt den Menschen auf die Stufe eines Tieres. Den Körper zu beherrschen, eine innere Kraft aufzubauen, die Möglichkeit zu spüren, ihr aber nicht nachzugeben.

Wenn es nur immer so gewesen wäre! Sie schämte sich noch heute, nach vier Monaten. Ausgerechnet Celio, dieser durch und durch vernünftige, moralische Mensch! Sie hatte sich wahrhaftig eingebildet, Celio liebe sie, und zwar auf triebhafte Weise. Und das Schlimmste: Sie hatte sich nichts sehnlicher gewünscht. Wie eine marmorne Säule hatte sie vor ihm gestanden – zum Glück! Wie peinlich, wie ganz und gar unmöglich wäre es gewesen, wenn er bemerkt hätte, was sich in ihr regte.

Eine leichte Drehung, eine angedeutete Verbeugung zum Publikum hin, sich gerade halten. Das Gewicht verlagern, ohne das Gleichgewicht zu verlieren, zählen, sich konzentrieren. Zum Glück tritt der nächste Tänzer heran – wieder einmal eine – Einhornmaske, denn dieses mythische Wesen ist ein beliebtes Tier am Hofe –, verbeugt sich, führt das schlanke Bein zierlich nach außen. Als er die Hand nach ihr streckt, sich ihr zuneigt, ohne sie zu berühren, spürt sie einen Schauer über den Rücken hinabstreichen. Das Spiel beginnt. Zurückweichen, auseinandergehen, sich wieder finden, berauschende Nähe atmen, den Kopf heben, Augenpaare voller Glut, die sich einen Takt lang in ihren verlieren, sie innerlich erbeben lassen. Und weiter geht es ohne Aufenthalt.

In der Nacht nach Curiones Abschied hatte sie im Traum auf einer Lichtung im Park am Rand eines Brunnenbeckens gesessen und im Gebüsch einen weißen Schatten erblickt, der zu einem Einhorn heranwuchs. Es schnaubte furchterregend, scharrte mit den Hufen und schlug beängstigend seinen Kopf hin und her. Sie wusste, dass dieses wilde Fabeltier gefährlich war, sich aber von einer reinen Jungfrau zähmen ließ. Doch war sie das? Hatte sie nicht in Gedanken gesündigt? Das Tier würde sie zur Strafe für ihre bösen Wünsche mit seinem Horn durchbohren.

Vor lauter Angst war ihr heiß geworden, so heiß, dass jeder Pulsschlag sie zu verbrennen drohte. Wie gelähmt hatte sie dagesessen, bis ein fremder Wille sie zwang, den Hals des Einhorns zu umschlingen und ihren Kopf in das kühle, weiche Weiß seines Fells zu betten. Sie hatte zwar mit aller Kraft darum gerungen, den Kopf zu heben und ihre Arme vom Hals des Tieres zu lösen, aber es war ihr nicht gelungen. Sie hatte sich wochenlang nach Curione gesehnt, ein unerträgliches, schmerzhaftes Ziehen im ganzen Körper verspürt – sie mochte nicht daran denken, es war zu lächerlich.

Getuschel, Geraune, Warten. Ein Saltarello, fröhlich, heiter, geführt von den Bläsern. Ein paar Hüpfer, während ihr Tänzer sich von ihr entfernt, sie ihm folgt. Die Musik bricht ab, setzt unvermittelt erneut ein. Sie ist langsamer geworden und dunkler. Die Laute gibt den Tenor an, wie ein Schleier senkt sich die Melodie über den Saal und zwingt die Tanzenden an den Boden. Fast lauernd gleiten sie dahin, jeden Tritt exakt setzend, während Olympias linke Hand die Schleppe auffächert oder mit einer kleinen Bewegung zusammenschiebt. Einzeln, gemeinsam, sich immer wieder distanzierend mit einer winzigen schnippischen Bewegung der Schulter. Ripetizione.

Sie spürt den Rücken der Einhornmaske hinter sich. Während sie zur Drehung ansetzt, durchzieht sie die Furcht, dass die Bewegung des Mannes nicht ihrer entspräche. Doch er dreht sich wie sie, verhaltenen Schrittes eilen beide vorwärts, wobei sie sich fast unmerklich einander entgegenstrecken. Als er ihr die Hand zur Reverenz reicht, überträgt sich einen Moment lang die Spannung seines Körpers. Erleichtert sinkt sie in den Applaus.

April 1543

„Was soll dieser Krach zu nachtschlafender Zeit?"

Paolo, der ehemalige Gehilfe Dosso Dossis, der seit dem Tod des Meisters die Werkstatt allein führte, rappelte sich aus dem Bett hoch und schlüpfte in seine Hose. Schimpfend stieg er die Treppe hinunter. „Reicht es nicht, dreimal zu klopfen? Was glaubst du, wer du bist? Ein Abgesandter des Herzogs?"

„Ja", grinste der Junge draußen, der eine rote Hose, eine weiße Jacke und ein schwarzes Barett trug.

Paolo fuhr zurück. „Seit wann schickt der Herzog Knirpse als Boten?"

„Seit heute", antwortete der Junge und sah plötzlich älter aus. „Hüte deine Zunge, du weißt nicht, wie weit mein Arm reicht."

„Habt Ihr mir etwas auszurichten?", fragte Paolo vorsichtig.

„So gefällst du mir schon besser. Ich überbringe einen Auftrag des Herzogs." Der Junge versuchte seiner Stimme einen amtlichen Anstrich zu geben. „Papst Paul III., Lehnsherr über Ferrara, hat dem herzoglichen Hause seinen Besuch angekündigt. Ihr habt die Ehre, für den Schmuck der Stadt ausersehen zu sein."

„Daher weht der Wind. Und was soll ich tun?"

„Zwei Triumphbögen errichten und das Tor des San Giorgio bemalen."

„Das ist ein Riesenauftrag. Und was sagt Ihr, wann kommt der hohe Gast?"

„In ungefähr einer Woche."

„In einer Woche kann man keine Triumphbögen bauen, hochaufragend über der Straße. Also geht es um Pfusch; rasch zusammengezimmerte Holzgestelle, die mit Tuchen und Kartons verhängt werden."

„Genau so etwas ist gefragt."

„Gib mir den Vorschuss."

„Die Ehre ..."

„Mit der Ehre kann ich mir den Magen nicht füllen. Ich verzichte."

Blitzschnell hatte der Junge einen Fuß in die Tür gestellt. Laut brüllte er, aber in seiner Stimme schwang jetzt ein zaghafter Unterton mit: „Es ist ein Befehl."

Paolo zog die Brauen hoch und musterte das Bürschchen genauer. „Ich weiß, du kannst nichts dafür. Und ich kann es mir nicht leisten, irgendeinen Auftrag des Hofes auszuschlagen, selbst wenn ich mein Geld nie bekomme. Doch ohne einen zusätzlichen Gehilfen schaffe ich es nicht. Ausgeschlossen."

Das Gesicht des Boten hellte sich auf. „Vielleicht kann ich dir einen meiner Brüder bringen. Ich muss jetzt zu meiner Familie aufs Land. Jeder Bürger muss eine Extrasteuer wegen des Papstbesuches zahlen. Die Bauern ..." Die Angst machte ihn wieder zu einem Kind. „Bei meinem Vater soll ich eine Ziege holen. Er wird mich verprügeln. Aber wenn ich einen Dienst für Francisco habe ..."

„Dann lauf."

In der Werkstatt wartete der Lehrjunge schweigend. „Wir brauchen Holz, lange, feste Bretter, etliche Stangen, Draht, so viel du bekommen kannst, Nägel, jede Größe, was es gibt. Hier, mehr als diese Münzen habe ich nicht. Aber ohne eine Anzahlung wirst du gar nichts bekommen. Du musst darauf bestehen, dass es sich um einen offiziellen Auftrag des Hofes handelt. Mach es so wie der Kleine eben."

Sehr lange hat der das auch nicht durchgehalten, dachte Fabio. Aber er sagte nichts. Bloß den Meister jetzt nicht reizen.

Paolo blieb im Atelier und zeichnete Entwürfe. Mit raschen Strichen fuhr er über ein großes Tuch, das er an die Wand gehängt hatte. Götter, Nymphen, Tiere, Drachen und Ritter, Motive, die teilweise von seinem Meister stammten, die er bereits bei anderer Gelegenheit ausgeführt hatte und von denen er wusste, dass sie dem Herzog zusagten. Eine Illusion von Glanz und Fülle. Eine sinnlose Arbeit. Der erste Regenguss würde alles zerstören, wenn nicht bereits am Ende des Festumzuges die Bürger alles in Fetzen rissen, um sich ein Andenken zu bewahren.

Am Nachmittag meldete sich ein winziger Bub. Fast hätte Paolo ihn wieder fortgejagt. Er tobte, das Kind heulte, es nützte nichts. Verdreckt und verrotzt, wie der Junge war, konnte man ihn nicht an die Farben lassen. Zu irgendetwas musste er doch taugen! Fabio fragte ihn schließlich. Da zeigte er zitternd auf das Holz und die Nägel und schlug geschickt einen Nagel ein. Paolo atmete auf, jagte ihn ein paarmal die Leiter rauf und runter und ließ ihn anschließend Wasser holen, damit er sich waschen konnte. In einem alten Kittel von Fabio wirkte er danach etwas appetitlicher.

Sie sparten einiges an Material, indem sie den Winzling die Gerüste hochschickten. Während die beiden unten den Atem anhielten, wenn das Gestell bedrohlich schwankte, verzog der Junge keine Miene, sondern schlug exakt und gerade überall dort Nägel ein, wo Paolo Kreuze auf die Bretter gezeichnet hatte. Als er am Abend eine große Portion Suppe erhielt, strahlte der Kleine. Ob er wirklich keine Angst habe dort oben?

„Doch, sehr“, antwortete er schüchtern. „Aber ich habe noch viel mehr Angst, dass Ihr mich wieder heimschickt. Mein Vater würde mich totschlagen.“

Fabio nickte verständnis-, Paolo würdevoll. „Dann sieh zu, dass du deine Arbeit ordentlich machst, sonst ...“, erklärte er mit ernstem Gesicht, brach dann zusammen mit Fabio in Gelächter aus, während der Kleine ihnen ängstlich und verständnislos zusah. Paolo schlug ihm auf die Schulter. „Nun iss, damit du stark wirst, aber nicht zu viel, damit das Gerüst nicht unter dir zusammenbricht“, brachte er schließlich, noch immer lachend, hervor.

Ein Schiff nach dem andern legte vor dem Castello an, Hunderte von Trägern schleppten Säcke und Fässer hinein, Schafe blökten, Flüche erfüllten die Luft über dem Po, weil wieder einmal ein Kalb beim Ausladen neben die Planken getreten war und sein Führer fast mit ihm in den Fluten versunken wäre. Laut schnatternd wehrten sich die Gänse gegen ihren Transport in die Küche. Das Castello gebärdete sich als ein Vielfraß, dessen Bauch unersättlich schien.

Der Herzog rüstete zur Jagd, um im Marschland Hirsche und Wildschweine zu erlegen. Dabei hatte er es besonders auf die wilden Pfauen abgesehen, die den Höhepunkt der berühmten ferraresischen Küchenkunst darstellten. Dreißig Köche in schwarzen Baretts, roten Hosen und weißen Leinenjacken würden auf riesigen silbernen Schüsseln feuersprühende Pfauen präsentieren, gebratene, vergoldete Tiere, die ungeheure Schwanzschleppe wie balzend zum Rad geschlagen, wobei im Feuerschein Dutzende ihrer Federaugen blau-schwarz-braun-golden aufleuchteten.

Küchenjungen und Mägde, die Stapel von Silbertellern putzten. Schachteln mit Zuckerwerk für die Gäste und eine Streitmacht von Konditoren mit seiner Herstellung beschäftigt. Die Schneider fanden überhaupt keinen Schlaf mehr, denn natürlich wollte jeder am Hof den Besuch in neuen Kleidern empfangen, von der fürstlichen Familie bis hinunter zu den Hoffräulein. Von denen wurde allerdings erwartet, dass sie gebrauchte Kleider mit eigener Hand veränderten, und das des Nachts, wenn sie, todmüde von Theater-, Chor-, Instrumental- oder Tanzproben, von dem Wunsch erfüllt waren, ins Bett zu fallen.

Manchmal hörte Olympia vor einer Tür in den Fluren des Castellos in den frühen Morgenstunden eines jener Schoßhündchen winseln, die zu anderen Zeiten von den Damen am Hofe gehätschelt, jetzt über den aufregenden Pflichten vergessen wurden. Als Olympia endlich die Augen schloss und in den Schlaf hinüberdämmerte, wehte flüchtig der Gedanke an ihr vorüber, wie es dem neuen Äffchen Annas ging. Ob sich in diesem Trubel jemand fand, der es fütterte oder gar mit ihm spielte? Nun ja, irgendwann würde es so oder so zu groß für Anna sein und im Tierpark untergebracht werden.

Olympia wurde zum Herzog gerufen. Zum ersten Mal durfte sie die Räume betreten, über die am Hofe anzügliche Bemerkungen gemacht wurden. Sie hatte beim Durchqueren der Säle zwar auch einen Blick an die Decke geworfen, die mit bunten Szenen aus der griechischen Mythologie und Bildern von miteinander ringenden Männern im sportlichen Wettkampf bedeckt war. Aber viel aufregender als diese Fresken war das Gefühl, Ercole II. in seinem Arbeitszimmer allein gegenüberzutreten! Einem Feldherrn, vor dessen herrischem Blick der gesamte Hof zitterte.

Breite Schultern, auf denen ein weißer Hermelinpelz ruhte, ein rotes Seidenhemd, am Hals und an den Ärmeln mit weißen Spitzen abgesetzt. Eine schwere goldene Kette, an der ein gefasster Rubin hing. Die kurzen Kopfhaare ließen eine hohe, eckige Stirn frei. Eine schmale, leicht gebogene Nase verstärkte den hoheitlichen Ausdruck der Stirn, während der Mund von üppigem, gelocktem Barthaar bedeckt war. Die Stimme des Herzogs tönte angenehm voll. Mit einer auffordernden Bewegung der ringgeschmückten Hand bot er Olympia einen Stuhl an, gab sich freundlich, sie umwerbend. Sie glaubte zu spüren, wie unangenehm ihm der Besuch des Papstes war. Er tat nur, was höfische Diplomatie von ihm verlangte.

„Ich brauche deine Hilfe in einer etwas delikaten Angelegenheit. Der Besuch Seiner Heiligkeit scheint den Hof komplett auf den Kopf zu stellen. Was er will, dass es um Heiratsverhandlungen und um Prinzessin Anna geht, wirst du wie jeder Stallknecht und Küchenjunge in Ferrara wissen. Dich habe ich wegen der Theateraufführung gerufen. Mein Leibarzt Johannes Sinapius hat den Text des römischen Autors Terenz ausgewählt. Er wird die Rollen der Erwachsenen besetzen. Du sollst dich um die Prinzen und Prinzessinnen kümmern. Anna soll die Hauptrolle spielen, von den jüngeren Kindern soll auch jedes eine Rolle erhalten. Aber die Hauptrolle ist für Anna reserviert, das möchte ich betonen.“ Ein Lächeln, das ihm entglitt.

„Ich will offen mit dir reden. Ihre Mutter wird alles tun, um Annas kindliche Bedenken gegen den Papstenkel zu schüren. Aber Rom ist kein unangenehmer Ort, der Papstenkel eine gute Partie. Anna wird nichts Ungebührliches abverlangt. Selbst in religiösen Fragen ist Paul III. nicht kleinlich, was Anna gleichgültig sein wird. Ihrer Mutter dagegen nicht. Du weißt also, was es zurechtzurücken gilt. Ich kann mich auf dich verlassen?"

Natürlich nickte sie. Doch ahnte der Herzog, was er von ihr verlangte? So viel Offenheit war eine gefährliche Verpflichtung, denn letztlich gehörte sie zum Gefolge der Herzogin.

Wenige Tage später sollte Olympia dort vorsprechen. Noch einmal betrat sie mit ihrem Vater zusammen das Vorzimmer der Herzogin Renata. Die Fürstin war gestern in die Stadt zurückgekehrt und hatte die beiden an diesem Morgen zu sich bestellt. Diesmal wurden Vater und Tochter sofort vorgelassen.

Renata wirkte noch feiner als sonst, das weiße Gesicht durchsichtig. Nervös und zerfahren hielt sie sich nicht mit langer Begrüßung auf, sondern wies die beiden mit einer knappen Handbewegung auf Stühle neben sich.

„Durch diesen Besuch der römischen Eminenz scheint Ferrara aus den Fugen zu geraten." Ihre Stimme klang leise, doch war hinter der Schwäche eine große Anspannung zu spüren. „Was erzählt man sich am Hofe?"

„Ursprünglich wollte Papst Paul III. wegen Heiratsverhandlungen zu Kaiser Karl V. nach Genua."

„Die beiden Füchse haben sich also nicht verstanden. Und nun glaubt der Römer, sich in dem kleinen, ungeschützten Ferrara eine Prinzessin mit einem lupenreinen Stammbaum angeln zu können. Lächerlich. Ich habe schon in Frankreich Gespräche führen lassen. Dort zeigen die bedeutendsten Geschlechter des Landes aus uraltem Adel Interesse." Sie zögerte einen Augenblick, bevor sie fortfuhr: „Ich sage Euch das, Morato, weil ich Euch als verlässlich kenne. Die Zeiten sind gefährlich. Die Inquisition erhält ständig mehr Macht, auch wenn der Papst nicht begeistert davon sein soll. Aber ich werde es nicht zulassen, dass meine Tochter in die Höhle des Löwen gerät. Wie können wir das verhindern?"

Morato erwiderte vorsichtig: „Fürstin, ich würde mir niemals herausnehmen, Euch in einer solch hochpolitischen Angelegenheit raten zu wollen."

„Natürlich, Eure Loyalität gegenüber dem Herzog würde das nicht zulassen." Die Stimme der Herzogin schraubte sich höher. „Ihr habt ja Eure Fürstin, die Euresgleichen Schutz gewährt, während unsereiner, wenn es ernst wird, allein bleibt. Das hätte ich bedenken sollen, als ich freimütig meine Hilfsbereitschaft anbot. In Zukunft wird nicht mehr jeder Flüchtling in Ferrara Zuflucht finden. Wenn ich jetzt keinen Weg finde, meine Person gegen die Inquisition abzusichern, wird das für euch alle Auswirkungen haben. Doch lassen wir das. Im Augenblick geht es um anderes."

Sie schaute an Morato vorbei zu seiner Tochter hinüber, die Mühe hatte, ein Zittern zu unterdrücken. „Ich habe gehört, dass der Herzog dem Kirchenfürsten nicht nur seine Gärten und allen weltlichen Prunk dieses Hofes vorführen will, sondern auch die Bildung seiner Kinder." Mit einer Handbewegung gab sie Olympia die Erlaubnis zu sprechen.

„Sie führen ein Theaterstück auf. Eine Komödie des Terenz."

„Eine Komödie! Und welche Rolle spielt meine Anna darin?"

Olympia erschrak. Die Herzogin durfte unter keinen Umständen erfahren, dass Anna auf Wunsch ihres Vaters die Hauptrolle spielte. „Prinzessin Anna stellt einen jungen Mann dar, der seinem leiblichen Bruder selbstlos hilft, dessen Braut, eine versklavte Zitherspielerin, freizukaufen."

„Nun ja. Eine Sklavin ... aber das wird nicht alles sein. Nur heraus mit der Sprache."

Olympias Stimme wurde zaghaft. „Eine typische Verwechslungskomödie, mit den bekannten Motiven, aber letztlich geht es um die Erziehung zu Verständnis, Großzügigkeit, besonders Mäßigung."

„Das nennt man nun an einem Hof wie diesem moralische Erziehung." Renata spie ein heiseres Lachen aus, unter dem sich Olympia am liebsten geduckt hätte. „Eine Sklavin freikaufen! Wobei du mir die besten Stellen wahrscheinlich unterschlagen hast. Hat sie sich vorher für Geld angeboten? Herrlich! Aber vermutlich gerade das Richtige, denn ohne einen vulgären Zug würde das Stück den Herren kaum gefallen."

„Prinzessin Anna und Prinz Alfonso spielen liebende Brüder, die einander helfen. Es ist eine Freude mit anzusehen, wie freundlich die beiden miteinander umgehen." Rasch fügte Olympia noch hinzu: „Auch die Jüngeren tun mit. Leonora trägt den Prolog vor, der die Herkunft des Stückes erklärt. Ganz ernsthaft ist sie dabei, voller Eifer."

„Und Lucrezia?"

„Sie muss in ihrer Rolle nichts sprechen. Aber sie steht mit solcher Anmut auf der Bühne, dass jeder betroffen sein wird. Der kleine Luigi spielt den Kämpfer für die gute Sache." Olympias Stimme war fast unhörbar geworden. Wenn die Herzogin jetzt nachfragte, musste sie erklären, dass Luigis gute Tat in einer Prügelei bestand.

„Nun, die Herren werden zufrieden sein. Hoffen wir es."

Jetzt war kein Ausbruch mehr zu erwarten. Im Gegenteil, es entstand ein aufmunterndes Lächeln im Gesicht der Fürstin. Mit einem Kopfnicken waren sie entlassen, wurden an der Tür jedoch zurückgerufen: „Ihr habt einen Sohn bekommen, Morato?"

„Ja, Fürstin, meine Frau und ich sind überglücklich."

„Meinen Glückwunsch." Renata di Francia winkte ihn näher heran. Im Flüsterton fragte sie: „Wie geht es Curione?"

„Er lehrt an der Universität von Lausanne. Seine Familie ist bei ihm."

„Gott sei Dank. Grüßt ihn von mir, wenn Ihr ihm schreibt. Oder nein, unterlasst es, das ist sicherer. Und – Morato, habt Ihr Sorge getragen, dass während des Besuches jeder die Messe besucht? Und am Mahl teilnimmt? Wir dürfen auf keinen Fall provozieren! Auch zur Beichte sollte jeder gehen. Während dieser Zeit werden keine Abendgottesdienste in meiner Kapelle stattfinden. Meinen geistlichen Berater habe ich vorsichtshalber nicht in die Stadt mitgebracht."

„Wieso ausgerechnet Terenz?"

„Weil er genügend *docere* für den Gebildeten bietet und *delectare* für jeden."

„Während unsere monatlichen Lebensmittellieferungen noch ausstehen."

„Das Stück ist wirklich gut."

„Ich bin es leid, jedes Stöckchen zu apportieren, das der Fürst wirft; auf der Bühne als Sklave aufzutreten, der als Einziger das Geschehen durchschaut und alle Fäden in der Hand hält, über den jedoch jeder lachen und den jeder treten darf. Wie im richtigen Leben. Wo ist da das *docere*?"

„Nun werdet endlich ernst."

„In allem Ernst: Sollen andere den Affen spielen. Wir haben zur Zeit andere Sorgen."

„Sei mit solchen Äußerungen vorsichtig, mein Lieber. Es soll vor gar nicht langer Zeit jemand vom Affenwärter zum Kardinal aufgestiegen sein."

„Hört auf. Oder wollt ihr uns alle hinter Gitter bringen?"

„Diese Sorge ist unberechtigt. Von Papst Paul III. haben wir nichts Schlechtes zu erwarten."

„Und das wagst du zu sagen, nachdem er das Heilige Offizium gegründet hat und die besten Männer Italiens – Vermigli, Ochino und nicht zuletzt unser Curione – ihr Heimatland verlassen mussten? Auch hier in Ferrara hat es Verhaftungen gegeben. Wir haben allen Grund, uns von diesem Besucher fernzuhalten."

„Die Inquisition ist das Werk Carafas. Dem Papst geht es einzig um das Wohlergehen seiner Familie. Vielleicht interessieren ihn darüber hinaus die freizügigen Bilder im Appartamento des Herzogs – Tizians Bacchanal oder Dossis Venusfest – "

„Die Giraffen und der Leopard im Park von Belvedere!"

„Und die antike Literatur."

„Jetzt hört auf. Die Situation ist ernst genug. Ich möchte mich nicht unter der Folter wiederfinden."

„Übertreib nicht. Also gut, vernachlässigen wir, die Gelehrten des Hofes und der Universität, wieder einmal unsere wissenschaftlichen Studien, um als Einlage zwischen zwei Moriskentänzen Terenz die Ehre zu erweisen, wozu den Damen und Herren des Hofes Konfekt gereicht wird."

Paul III., ein imposanter Herr von hoch aufragender Gestalt, feingliedrig, mit edlen Gesichtszügen und nachdenklichen Augen, gebildet und allseitig interessiert, war nicht die Schreckensgestalt, die manch einer am Hof erwartet hatte. Die Fürstin war ihm in ihrer schwarzen Sänfte entgegengereist, siebzig Frauen, unter ihnen Olympia, in schwarzen, mit Silberfäden bestickten Kleidern im Gefolge.

Mit angehaltenem Atem sah Olympia zu, wie Renata di Francia vor dem Kirchenfürsten das Knie beugte und ihm den Pantoffel küsste. Was mochte er ihr gewährt haben, dass ihre Züge sich in so kurzer Zeit glätteten? Sie wirkte während des gesamten Besuches entspannt und zufrieden. Und als er ihr auf einem der abendlichen Bälle einen diamantenbesetzten weißen Lilienzweig überreichte, bildete sich in ihren Augenwinkeln ein kleines triumphales Lächeln. Von einer Hochzeit der Prinzessin Anna war nicht mehr die Rede.

Die Aufführung des Terenz fand im riesigen, prachtvollen Saal des Palazzo della Ragione statt, der mit weißem, rotem und blauem Tuch ausgeschlagen und verschwenderisch von Hunderten von Kerzen erhellt war. Paul III. genoss, zusammen mit dem Herzog und der Herzogin unter einem Baldachin auf der Galerie thronend, ein vielfältiges Programm. Moriskentänze, fantastische allegorische Szenen aus der Geschichte in aufwendigen Kostümen darstellend, leiteten den Abend ein. Es folgte, von der Kapelle musikalisch prachtvoll umrahmt, das Stück des Terenz mit den Gelehrten des Hofes und den herzoglichen Kindern als Darstellern. Der Applaus wollte nicht enden.

Nun war der römische Herrscher mit seinem riesigen Gefolge wieder aufgebrochen, der gesamte Tross unter Fanfarenklängen in Schiffe verladen worden. Jeder in der Umgebung der Fürstin, der dem neuen Glauben zugetan war, atmete auf, in dem Gefühl davongekommen zu sein. Auch wenn dieser Papst an der Inquisition nicht sehr interessiert war, einer Ausweitung ihrer Kompetenzen hatte er sich nicht widersetzt. Die treibende Kraft hinter dem Gericht zur Bekämpfung der Ketzerei war Kardinal Carafa, der überallhin seine Spione sandte, auch nach Ferrara.

Kurz darauf verließen die Herzogin und der Herzog die Stadt – mit entgegengesetzten Zielen. Anna und ihre Schwestern reisten mit der Mutter. Die Prinzessin verabschiedete sich nicht oder bat Olympia um ihre Begleitung. Sie war und blieb beleidigt, denn es war ihr nicht entgangen, warum sie ihrem Bruder bei der Besetzung der Hauptrolle vorgezogen worden war. Von diesem Augenblick an hatte sie jegliches Interesse an dem Spiel verloren.

Wie ein Spuk hatte die Stadt sich geleert. Übrig blieben der Nebel, die Feuchtigkeit, die durch die Kleider hindurchzog und das Bettzeug klamm werden ließ, und das unablässige liebestolle nächtliche Quaken der Frösche in den Burggräben.

Olympia fror. Obwohl für den Hof während der Festlichkeiten das Fastengebot aufgehoben war, hatte sie kaum etwas gegessen, denn die Komödie des Terenz lag ihr schwer im Magen. Die alte Schwäche. Während der Mahlzeiten im überhitzten Speisesaal neben Gesichtern, die von Schweiß und Fettspuren troffen, drehte sich alles vor ihr. Das Glitzern der Schüsseln und Karaffen im Licht von Hunderten von Kerzen, die mit Gold überzogenen Ferkel und Fische auf silbernen Platten, das feuersprühende goldene Kalb, das auf seinen Beinen stehend hereingetragen wurde, bis der Koch es mit blitzendem Messer zerteilte, das Auflodern der Flammen beim Servieren der Pfauen.

Kaltes Blau, metallenes Silber, erstarrendes Rot. Wie ein Eispalast schimmerte der Saal, so kalt, dass sie fürchtete, selbst zu Eis zu werden, wenn sie von diesen Speisen aß. Sogar die Musik in der Kirche, die mit aller Pracht dargeboten wurde, ließ sie frösteln. Engelsgesang, rein, klar und erhebend, der Tenor, der die Melodie festlegte, der Sopran, in Sphären außerhalb dieser Welt aufsteigend, und die Instrumente, Himmel und Erde verbindend. Wenn die Stimmen die Höhe erreichten und das „*Vivat Dux Ferrariae*“ den Kirchenraum füllte, jagte jeder einzelne Ton einen Schauder ihren Rücken hinab. –

Die Luft war feucht und kühl. Nebelschwaden stiegen vom Wasser hoch, drangen durch die Ritzen der Fenster, setzten sich in den Tapeten fest, den Kleidern, den Haaren. Da nützte das Kaminfeuer an der entgegengesetzten Seite der Wand wenig. Es war fast herabgebrannt, glühte leicht vor sich hin. Aber niemand würde auf den Einfall kommen, für ein Hoffräulein, eine Lehrerin, die nach Einbruch der Dunkelheit in der Bibliothek arbeitete, das Feuer erneut anzufachen. Fröstelnd rieb Olympia sich die Arme. Sie wollte schreiben und dies war eine der seltenen Gelegenheiten dazu.

Über den Flur jaulte ein Hund, die Tür der Bibliothek wurde aufgerissen und wieder zugeschlagen; die Schritte auf dem Flur entfernten sich zusammen mit dem Hundegebell, das vom Geschnatter etlicher Mädchen abgelöst wurde. Ruhe gab es in diesem Gebäude nie. Und die letzten Wochen waren aufreibend gewesen. Der Trubel, die Sorge um die Zukunft hatten Olympia weit entfernt von der ersehnten inneren Einkehr der Fastenzeit.

Sie hielt die klammen Finger einen Augenblick in die Nähe ihrer Lampe, um sich an der Flamme zu wärmen. Johannes Sinapius hatte ihr Geschichten aus dem *„Decamerone"* des Giovanni Boccacchio hingelegt, die sie ins Lateinische übertragen sollte. Diese Arbeit werde sie zum Lachen bringen und von Bedrückung befreien.

Eine Geschichte von dem Juden, der Rom als Brutstätte des Teufels erlebt, wo die Geistlichkeit mit allen Mitteln versucht, die Kirche zu zerstören. Respektlose, freche Geschichten. Selbst Olympia fiel es schwer, lateinische Wörter zu finden für all die Sünden, die darin vorkamen. Dann die ironische Brechung: Der Jude sieht, dass all diesen Verbrechen zum Trotz die römische Kirche wächst und blüht. Und lässt sich taufen. Ein Simpel oder ein Weiser, der mit der Macht sein eigenes Spiel treibt?

Das wunderbare Gefühl darauf zu warten, wie die Wörter in ihr aufstiegen ... sie aneinanderfügen zu Sätzen, die Musik wurden! Die immer wiederkehrende Freude, wenn sich die Feder über das Papier bewegte, gleichmäßig dahinfließende Buchstaben, nach oben und unten verlaufend und doch immer eine Einheit bildend.

Entschlossen wärmte sie die Finger an der Flamme, tauchte die Feder in die Tinte, setzte an, schrieb, schrieb, lächelte vor sich hin, vergaß die Kälte und ließ die Welt rings um sich her versinken.

Im Kerker

Ferrara, 1545

„Die Gräfin Orsini."

„Immerhin eine Prinzessin della Rovere."

„Gewesen!"

„Wie muss eine Prinzessin della Rovere aussehen, die sich mit einem Grafen Orsini di Mentana hat verheiraten lassen?"

„Ein solcher Abstieg!"

Jedermann wartete auf den ersten Auftritt der neuen Hofdame, die ihr Ehemann heute zu seinen Verwandten am Hofe von Ferrara gebracht hatte. Er selber war Heerführer im Dienste Venedigs und reiste ohne Aufenthalt weiter.

Als die Gräfin den Saal betrat, waren alle Blicke auf sie gerichtet. Hochaufgerichtet schritt sie neben der Herzogin einher, während ein Raunen durch den Raum wogte. Kein nachgezogenes Bein, kein Schielen; die junge Frau wirkte makellos. Zierlich, zart, eine ebenmäßige Nase, ein voller Mund, hervorragende Manieren.

Sie saß neben der Herzogin, lächelte kalt. Nach zwei Wochen wurde sie ein paar Plätze weiter unten an die Tafel hinter ihre Schwiegermutter und Schwägerin versetzt. Auch dort blieb sie schweigsam. Musste sie sich, um ihre Aufgaben zu erfüllen, in den Kreis der Hofdamen begeben, redete sie das Nötigste, blieb reserviert. Nur ihre Augen waren überall. Verspürte eines der Edelfräulein ein unangenehmes Gefühl im Rücken, konnte sie sicher sein, dass die Gräfin sie beobachtete. Das Urteil war einhellig: eine arrogante Gans, kalt und unnahbar.

Als Olympia eines Morgens das Vorzimmer der Herzogin betrat, um mit ihr den Lehrplan für die beiden jüngeren Töchter zu besprechen, öffnete sich die Tür ein zweites Mal. Die Gräfin della Rovere Orsini trat ein. Olympia erhob sich, versank in eine Reverenz, nahm auf den Wink der della Rovere hin wieder Platz. Sie wirkte leicht verärgert. Verlegen sah Olympia weg, beschäftigte sich wieder einmal intensiv mit dem Muster der Fliesen des Fußbodens.

Plötzlich hörte sie ein Flüstern: „Du solltest dir aus den dummen Scherzen Gliceras nichts machen. Sie kann nicht anders, sie muss intrigieren und verletzen. Wir sind aus anderem Holze." Und etwas spitz: „Es wäre schön, wenn du das endlich bemerktest."

Hatte sie sich verhört? Die Gräfin hatte „wir" gesagt. Eine Adlige aus einem der ältesten Geschlechter Roms. Und woher wusste sie von Gliceras Feindschaft? Olympia wagte zu der anderen aufzuschauen. Ungläubig, unsicher. Doch die della Rovere blickte sie direkt an und ergänzte: „Glaubst du, mir geht es besser als dir?" Dann wurde sie aufgerufen, nickte kurz und verließ den Raum.

Von nun an trafen sich die Blicke der beiden Frauen manchmal: in der Kapelle der Fürstin, bei Tisch, wo sie der Rangfolge entsprechend etliche Plätze voneinander entfernt saßen. Manchmal glaubte Olympia, dass die Gräfin müde aussehe, traurig, nur mit Mühe eine Maske aufrecht halte und in ihrem Lächeln etwas Bittendes liege. Oder war das Einbildung, und sie hatte auch die Szene im Vorzimmer der Herzogin nur geträumt?

Zwischen zwei Aufführungen, mitten im Trubel einer um sie herum schnatternden abendlichen Gesellschaft, sprach die Gräfin Olympia erneut an. Sie erkundigte sich nach ihren Studien und nach ihrer Stellung am Hofe.

„Ich beobachte dich seit Längerem und bewundere, wie du es schaffst, einen Weg zu finden, die gegensätzlichen Wünsche des Herzogs und der Herzogin miteinander zu vereinbaren, sodass schließlich selbst Prinzessin Anna zufrieden ist. Der Umgang mit der Prinzessin scheint mir nicht leicht zu sein. Dir gegenüber ist sie besonders launisch."

Als Olympia nicht antwortete – es hatte ihr die Sprache verschlagen –, fuhr sie fort: „Ich hoffe, du hältst mich nicht wie die meisten anderen für hochmütig. Ich – als ich noch eine Prinzessin war, habe ich mich nicht viel besser betragen als Anna, aber ich litt häufig an Fieberanfällen, die mit starken Schmerzen verbunden waren. Ich hatte Zeit, dem Leben der anderen zuzusehen und mir Gedanken zu machen. Für meine Familie war ich eine Last, vor allem, als es Zeit wurde, mich zu verheiraten. Alle edlen Familien suchen starke, gesunde Frauen, die gesunde Kinder gebären, etwas anderes zählt bei einer Eheschließung nicht – außer natürlich die Mitgift."

„Und warum erzählt Ihr das gerade mir?"

„Habe ich das nicht bereits erklärt? Weil du dich aus dem Intrigenspiel heraushältst – und weil du es gut meinst mit denen, für die du verantwortlich bist." Sie senkte die Stimme: „Ich suche einen wirklichen Menschen, eine Freundin, mit der ich offen reden kann und die ehrlich zu mir ist."

„Ich danke Euch für so viel Vertrauen", erklärte Olympia, mehr verwirrt als überzeugt. „Aber im Augenblick ruft mich die Pflicht. Ich muss gleich als Sängerin auf die Bühne."

„Natürlich." Die Gräfin konnte ihre Enttäuschung schlecht verbergen. „Du würdest in Schwierigkeiten geraten, wenn du nicht pünktlich wärst."

„Wirklich, es tut mir leid." Olympia rang sich ein entschuldigendes Lächeln ab und eilte durch die Menge davon. So etwas war ihr noch nie passiert. Irgendwie schmeichelhaft. Aber wahrscheinlich war auch die della Rovere nur eine Adlige, die eine Laune ausleben wollte: Freundschaft mit einem bürgerlichen Mädchen. Angenehm für die Gräfin, anstrengend für sie, Olympia. Und wenn die della Rovere genug von ihrer Laune hatte, würden einige Leute am Hofe feixen, sie wusste schon, wer dafür in Frage käme. Nein, es reichte, wenn Anna anstrengend war, die seit dem Besuch der römischen Eminenz tat, als hätte Olympia sie persönlich verschachern wollen.

In den folgenden Tagen begegneten sich die beiden Frauen nur ein paarmal im Vorübergehen. Olympia lächelte möglichst unverbindlich, aber auch wenn sie es nicht wahrhaben wollte: Das Lächeln der della Rovere wirkte ehrlich. Als Olympia sie das nächste Mal sah, waren drei Wochen vergangen. Die Gräfin war plötzlich verschwunden gewesen, ohne dass sich am Hofe herumgesprochen hätte, wo sie geblieben war. Sie wirkte bei ihrer Rückkehr zerbrechlicher als sonst, hatte dunkle Ringe unter den Augen, zog sich oft zurück. Als es hieß, sie sei krank, und sie vier Tage nicht erschien, ließ Olympia sich bei ihr melden.

Die Freude der Gräfin entwaffnete sie, sodass Olympia es wagte zu fragen, was ihr fehle. „Nichts, nichts", antwortete die Kranke. Dann brach sie in Tränen aus. „Ich tauge zu nichts", schluchzte es aus ihr heraus. „Du solltest die Blicke meiner Schwiegermutter sehen. Ich halte das nicht aus. Drei Wochen war ich in Venedig, drei Wochen lang hat sich mein Ehemann mit mir abgegeben. Er behandelt mich nicht schlecht, er ist ein guter Mensch. Aber natürlich hat er sich eine andere Frau gewünscht. Er ist Soldat, Heerführer, ein breiter, durchtrainierter Mann, ein Wesen wie ich ist ihm unheimlich. Und jetzt bin ich nicht einmal schwanger."

„Darf ich Euch offen fragen?"

„Ja, natürlich. Ich bitte darum."

„Warum hat er Euch geheiratet?"

„Warum? Seine Familie wollte die Verbindung zu den della Roveres. Die Ehe war ihm, glaube ich, ziemlich gleichgültig, aber jetzt wäre er mich gerne wieder los."

„Sagt er das?"

„Nein, nein, ich sage ja, er ist ein höflicher Mensch. Aber ich bin ihm lästig. Seine Mätresse hat ihm bereits mehrere Kinder geschenkt. Die Erbfolge ist also gesichert, denn ..." Die Schluchzer erstickten ihre Stimme. Als sie sich wieder beruhigt hatte, fuhr sie fort: „Alle paar Monate wird mein Ehemann mich als braver Sohn seines Vaters nach Venedig bestellen, ich werde zurückkommen, die Familie meines Mannes wird mich eingehend befragen, mustern. Aber selbst wenn ich Söhne gebären würde, würden sie den Söhnen der Mätresse nachgeordnet sein. Wer zuerst da ist, zählt. Eine legitime Geburt ist kaum von Wert, nicht in Ferrara. Also, wozu bin ich nutze? Hier denken alle, es mache mir etwas aus, nur noch den Grafentitel zu führen. Aber das ist mir egal. Schlimm ist, dass ich ein völlig überflüssiger Gegenstand der Familienpolitik bin."

Auch Olympia liefen die Tränen über das Gesicht. Ihre Bedenken gegenüber dieser Frau waren verflogen. Sie hätte sie gerne getröstet, da sie jedoch nicht wusste wie, schwieg sie weiter.

„Du könntest mir eine große Freude machen, indem du mich *Lavinia* nennst."

„Das geht nicht."

„Nein? Schade. Glaubst du, du würdest Ärger bekommen? Wenn du dir selbst gegenüber ehrlich bist, dann gibst du zu, dass du dich ebenbürtig mit mir fühlst. Zu recht. Du hast viel mehr zu bieten als die meisten Leute hier am Hof. An Seelenadel."

Nach all den Jahren, in denen sie sich am Hofe ganz den Wünschen der herzoglichen Familie unterworfen hatte – wobei so ziemlich alles, jedoch nie Ehrlichkeit von ihr verlangt worden war –, entwaffnete sie diese Bemerkung völlig. So etwas hatte sie nie zu denken gewagt. Sie wollte auffahren.

„Bitte, ich möchte dich nicht kränken. Ich bewundere dich. Deine Bildung, deine feine Art; auch wenn du es nicht immer zeigen darfst, so weißt du doch, wer du bist und was du willst. Während ich ... Nun, das habe ich dir ja bereits erzählt."

„Bitte lobt mich nicht zu sehr. Lasst mir ein paar Tage Zeit, dass ich mich mit dem Gedanken vertraut machen kann, Euch als Freundin zu sehen."

Lavinia della Rovere Orsini lächelte. „Ich möchte dir nicht noch mehr aufbürden, als du schon tragen musst. Aber ich glaube, wir verstehen uns."

Olympia nickte, dann verabschiedete sie sich, versprach wiederzukommen. In ihr stritten sich die unterschiedlichsten Gefühle miteinander. Aber sie nutzte von nun an jede

Gelegenheit, mit Lavinia della Rovere ein paar Worte zu wechseln.

Viel Zeit füreinander blieb ihnen nicht. Olympia war von früh bis spät in ihren Dienst eingespannt, denn wenn Anna Olympia nicht beschäftigte, so musste sie Lucrezia und Laura unterrichten, als Sängerin üben oder sich mit eigenen Texten auf eine Aufführung vorbereiten.

Mit der Zeit wurden sie vertrauter miteinander. Als Lavinia della Rovere Orsini das Hoffräulein Olympia Morata zum ersten Mal bat, im Theater neben ihr Platz zu nehmen, gab es erstauntes Getuschel, später ein paar gemeine Bemerkungen. Aber das war keine der delikaten Angelegenheiten, über die es sich zu schwatzen lohnte. Solange Prinzessin Anna das akzeptierte.

Die beiden Freundinnen verstanden jetzt, wovon in der Literatur die Rede war, wenn griechische Helden den Bund ihrer Gefährten rühmten. Sie wussten übereinander Bescheid, teilten ihre Ängste, Sorgen und Nöte. Ein Blick genügte, um zu wissen, was die andere gerade dachte. Gemeinsam bestiegen sie ihren Olymp, genossen aus unerreichbarer Höhe die Aussicht auf den Ameisenstaat zu ihren Füßen, auf die eitel herumwimmelnde Hofgesellschaft. Besonders liebten sie die Sommerabende im Palazzo Schifanoia, den Aufenthalt in seinen kühlen Sälen mit den anmutigen Fresken, die das höfische Leben priesen, oder die Spaziergänge in den Arkadengängen des Gartens. Beide nicht in höfische Liebesaffären verstrickt, hatten sie großen Spaß daran, sich heimlich die unmöglichsten Konstellationen auszudenken. Wenn ihre Voraussagen eintrafen, amüsierten sie sich umso mehr.

Wie dämlich sich die Dämchen gebärdeten, wenn sich ein Gockel vor ihnen aufplusterte. „Sieh mal, wie dieser Zyklop dort seine kleine Nymphe anschmachtet. Der soll nur aufpassen, dass …"

„Da hinten, ein alternder Pfau, der seinen Federschmuck für Argusaugen hält. Ob Merkur schon bereitsteht, ihm den Kopf abzuschlagen?"

„Der Pfau sollte aufpassen, dass die Göttin Latona ihn nicht in einen Frosch verwandelt."

„Das würde ihm das Leben retten."

„Vielleicht."

„Ohne Ovids Metamorphosen hätten wir nur halb so viel Spaß. Wir sollten dem Dichter ein Dankopfer darbringen."

Sie zogen die Blicke auf sich. Jeder konnte sehen, wie die beiden jungen Frauen aufblühten. Olympia genoss ihre Erfolge als Sängerin in der Kirche, spielte in etlichen Theateraufführungen mit oder trug eigene Verse vor. Immer bewundert, aber auch kritisiert von der Freundin. Zudringlich zu werden, traute sich niemand mehr. Prinz Alfonso, der Bastardbruder des Herzogs, zeichnete Olympia des Öfteren als seine Solotänzerin aus. Eine große Ehre, die sie gleichzeitig amüsierte. In welchen Spekulationen sich Glicera heute Abend vor ihren Freundinnen ergehen würde!

„Doch auch jetzt noch zerreißen sie ihre Schandmäuler mit Geschimpfe und, wiewohl unter Wasser, setzen sie unverschämt ihr quäkendes Quengeln noch fort." Wie gut die Worte des römischen Dichters Ovid über die in Frösche verwandelten missgünstigen Bauern auf die Hofleute passten!

Sommer 1547

„Die Inquisition hat jemanden verhaftet! Hier in Ferrara!"

„Den Prediger Fanino Fanini. Er ist in den Verliesen des Castello eingekerkert."

„Dass der Herzog das zugelassen hat!" Renata di Francia war außer sich. In der abendlichen Runde mit ihren Vertrauten wurde der Fall des Predigers heftig diskutiert.

„Fanini ist ohne Schutz von Dorf zu Dorf gezogen und hat bei jeder Gelegenheit den Papst beschimpft. Fast scheint es, als hätte er es darauf angelegt, verhaftet zu werden."

„Hat er. Er war schon einmal in Haft und hat aus Angst um seine Frau und Kinder widerrufen. Das lastet nun auf seiner Seele."

„Was sie wohl mit ihm machen werden?"

„Wird man ihn foltern?"

„Die feuchte Kälte und die Ratten sind schrecklich genug."

„Schluss. Kein weiteres Wort mehr. Ich ertrage das nicht." Die Herzogin war bleich geworden. „Ich werde mich zurückziehen, nach Comacchio. In einem Castello, in dem man Prediger einkerkert, die den rechten Glauben vertreten, kann ich nicht leben." Ihre Stimme wurde unsicher. „Was schaut ihr so? Ich kann nichts tun. Ja, wenn ich ein Mann wäre ..."

Auffordernd blickte Renata die bürgerlichen Gelehrten an, die ihr den ganzen Abend lang aus ihren literarischen Werken vorgelesen hatten. Die senkten die Köpfe.

„Ihr müsst euch um ihn kümmern. Jemand muss nach ihm sehen. Ich werde Anweisungen geben, dass ein Korb mit Lebensmitteln für ihn bereitgestellt wird. Ich bin sicher, wenigstens einer von euch weiß, was seine Pflicht ist. Und nun gute Nacht."

Die Teilnehmer der Abendgesellschaft blieben betroffen auf dem Balkon der Herzogin zurück. Ein feiner Abendwind breitete den Duft der exotischen Rosensorten, der Orangen-, Zitronen- und Feigenbäumchen, die in großen Kübeln aufgestellt waren, über sie aus. Niemand sagte ein Wort, einer nach dem anderen verabschiedete sich mit einem kurzen Nicken, auch Olympia und Lavinia. Die Worte der Herzogin drehten sich in ihren Köpfen: „Wenn ich ein Mann wäre ..."

In den nächsten Tagen sprachen sie immer wieder davon. „Ein Besuch im Kerker bei Fanini, das wäre eine edle Tat, die Mut erfordert. Ob sich jemand findet, der sich auf diese Weise zu ihm bekennt?"

„Das kann ihn die Gunst des Herzogs kosten."

„Wieso können nur Männer so etwas zustande bringen? Mildtätigkeit, Kranke pflegen, Gefangene besuchen, sind das nicht insbesondere die Aufgaben von Frauen?“

Olympias Augen begannen zu leuchten. „Du meinst ... wir sollten ...? Das ist eine wunderbare Idee; wenn wir nicht wie ein Mann im Kampf unseren Mut unter Beweis stellen, hier können wir zeigen, wie furchtlos wir sind. Den Besuch eines Gefangenen wird man uns nicht verwehren.“

„Du glaubst, dass man uns zu ihm lassen wird?“

„Einer Prinzessin della Rovere wird sich ein Kerkermeister kaum widersetzen. Außerdem können wir uns auf die Herzogin berufen.“

Es war ein Abenteuer, das sie in große Aufregung versetzte. Sie mussten sich einen günstigen Zeitpunkt überlegen, denn sie durften nicht während eines Verhörs kommen. Aber dunkel sollte es auch noch nicht sein. Sie wollten sich einfach kleiden und doch den Wärter beeindrucken. Würde es sehr kalt sein dort unten? Und wie würde der Gefangene auf sie reagieren?

In der Küche händigte man ihnen ohne weiter nachzufragen den bereitstehenden Korb aus. Dann machten sie sich frühmorgens auf den Weg die Treppe hinunter. Die Wächter schauten erstaunt, ließen sie jedoch durch.

Die Treppe wurde schmaler. Sie rochen den dumpfen, säuerlichen Moder, der aus den Verliesen aufstieg, fühlten die nassen, meterdicken Mauern, schauten durch die winzigen Scharten darin auf das dunkle Wasser des Burggrabens. Eine Leiter hinunter, gebückt durch einen niedrigen Gang, plötzlich schien ein Feuer auf, dessen Qualm ihnen den Atem nahm. Um die Gefängniszelle zu erreichen, mussten sie durch ein Loch in der Mauer hineinkriechen.

Zuerst sahen sie nur Schatten, dann bildeten sich Umrisse heraus. Ein großer Raum ohne Fenster, die Luft stickig und schwer. Vor ihnen unter hohem Gewölbe lag Fanini. Es stank unerträglich scharf, der Gefangene auf dem Stroh starrte den beiden vornehmen Hofdamen, die ihn besuchten und sich in dieser Umgebung wie eine überirdische Erscheinung ausnehmen mussten, ungläubig entgegen. Sie breiteten ihre Geschenke aus: Wein, Brot, Fleisch, Käse, sogar Süßigkeiten enthielt ihr Korb.

Was sollten sie sagen? Zu diesem Gespenst? Zerschunden, mit wirrem Haar, vor Schmutz starrend.

Er kam ihnen zuvor. Mit leiser, rauer Stimme, die in diesem Gewölbe jedoch so laut zu tönen schien, dass sie sich am liebsten die Ohren zugehalten hätten, erklärte er ihnen: „Ich habe mit meinem Widerruf große Schuld auf mich geladen. Jetzt darf ich für Gott leiden, nein, das ist nicht richtig, ich leide nicht, Gott erfüllt mich mit seiner Kraft."

Er richtete sich auf, die Arme erhoben, sein Blick war stählern geworden: „Der Teufel und alle Mächte des Antichristen können mir nichts anhaben. Dies hier ist das wahre Leben, alles weltliche Streben eitler Tand. Keine Qualen der Tortur können daran etwas ändern. Ich bitte euch, alle Freunde zu grüßen. Meine Frau, sie soll sich nicht um mich sorgen. Ich bin von tiefem Glauben und Glück erfüllt."

Die beiden Frauen standen starr. Damit hatten sie nicht gerechnet. Fanini brauchte keinen Trost. Sie hatten ihm nichts zu geben. Sie mussten all ihren Mut zusammennehmen, um stehen zu bleiben, ihm zu antworten und zu versprechen, seine Worte so weiterzugeben, wie er sie geäußert habe.

„Ja", antwortete er schlicht, „tut das." Als er sie schließlich bat zu gehen, atmeten sie unwillkürlich auf und krochen, so rasch sie konnten, in den Gang zurück.

„Fliehet das Reich der Finsternis, verlasst diesen unglücklichen Fürstenhof, sucht Zuflucht, irgendwo, weit fort." Die Stimme schallte ihnen nach, tönte durch die Gänge, sprang hinter ihnen her die Leiter hoch. In ungebührlicher Hast eilten sie davon, begleitet von dem Grinsen des Wärters.

Zurück im Castello fehlten Lavinia und Olympia die Worte, um über dieses Erlebnis zu sprechen. Sie sahen sich an, fassten sich an den Händen, hielten sich gegenseitig fest; nichts half: Es blieb ein Spuk, der auf ihren Seelen lastete, ein glimmendes Feuer in der Nacht, das ihre Körper nicht zur Ruhe kommen ließ.

Abschied vom Vater

Ferrara, 1548

„*Babbo*."

„*Mia cara*. Endlich."

„Ich habe mir von der Fürstin Urlaub geben lassen. Ich bleibe, bis du genesen bist."

„So schlimm steht es mit mir?"

„Johannes Sinapius behauptet anderes. Aber eine von uns Schwestern muss schließlich für dich und die Mutter sorgen. Das ist die Pflicht der Ältesten."

„Nur die Pflicht?"

„Auch meine Freude, Herr Vater. Das wisst Ihr doch."

„Liegt Lukrezia?"

„Ja, aber es geht der Mutter heute etwas besser."

Fulvio Morato seufzte. „Seit Jahren ist sie leidend und kommt nicht zu Kräften. Und nun ich."

„Du wirst wieder gesund."

Der Kranke in den Kissen schüttelte den Kopf. „Setz dich zu mir, meine Tochter. Wir müssen miteinander reden. Wer weiß, wie oft dazu noch Gelegenheit sein wird." Er schwieg.

Olympia wartete einen Augenblick, reichte ihm den Becher mit gewürztem Wein.

„Danke. Manchmal frage ich mich, ob es richtig war, dich so früh an den Hof zu geben."

„Aber natürlich war es das. Es geht mir gut."

„Und wie oft denkst du an Gott?"

„Ich ... ich bete jeden Tag."

„Liest du in der Bibel?"

„Es ist so vieles zu lesen. Die Literatur ..."

„Siehst du, das meine ich. Das Leben am Hof folgt den Regeln der Welt. Die Lektüre des Wortes Gottes wird dagegen vernachlässigt. Erst durch Curione ist mir dieser Mangel aufgegangen. Er hat mich in das Geheimnis Christi eingeweiht. Wirst du mit mir zusammen in der Bibel lesen?"

„Wenn Ihr es wünscht, Herr Vater."

„Deine Stellung bei Hofe, ist die gesichert?"

„Ihr macht Euch unnötig Sorgen, Vater. Die Fürstin vertraut mir so wie Euch. Sie gibt mir ständig Zeichen ihrer Huld. Sie hat mich porträtieren lassen als ein Mitglied ihrer *famiglia*. Ich bekam Orangenblüten ins Haar gesteckt, und Herzogin Renata hat mir ein Kleid geschenkt, worin jede adlige Dame sich sehen lassen könnte: schwarzer Samt, darunter weiße Seide, mit geschlitzten Ärmeln, die goldfarben unterfüttert sind, und ein Kragen mit aufwendiger Spitze! Sobald du wieder gesund bist, musst du es anschauen."

„Das ist nicht der Erfolg, den du suchen solltest. Durch den Tod von François I. von Frankreich besteht Gefahr, dass sich der Wind am Hofe dreht. Die Stellung der Herzogin ist – wie du weißt – nicht unumstritten. Johannes Sinapius hat erzählt, dass es wieder diplomatische Verhandlungen um die Prinzessin Anna gibt. Merkwürdigerweise mit Frankreich."

Olympia nickte, verschwieg dem Vater jedoch, wie sehr die Fürstin sich gegen diese Heirat stemmte. Wahrscheinlich vergebens. Eine ferraresische Ehe mit Frankreich, wie Renata di Francia es sich gewünscht hatte, aber unter falschem Vorzeichen: Der Bewerber um Annas Hand war der Herzog von Lothringen, François de Guise, Führer der katholischen Partei. Der Wind hatte sich wirklich gedreht.

„Ich habe eine Freundin gefunden. Lavinia della Rovere Orsini. Ihr müsst sie kennenlernen. Eine Hofdame, eine *cortigiana*, wie Castiglione sie nicht besser beschreiben könnte. Aus einem der vornehmsten Geschlechter Roms. Von äußerem und innerem Adel. Wir haben zusammen im Auftrag der Herzogin ..."

„Ihr habt Fanini im Gefängnis besucht. Ja, ich habe davon gehört. Und bin stolz auf meine Tochter. Dein edles Herz erkenne ich wieder. Das hast du dank Gott dem Hofleben nicht geopfert. Wie geht es ihm?"

„Vater. Es war ... Er ist zufrieden, obwohl er hungert. Aber seine Seele hat Ruhe gefunden. Wir sollen alle Freunde und Gleichgesinnten grüßen. Er wünscht ihnen Kraft, dem Bösen zu widerstehen." Sie schwieg, konnte nicht weiter. Wie der Vater redete. Sie wollte das nicht hören, nicht von Fanini berichten, sich nicht erinnern. Sie holte tief Luft, wartete ängstlich auf die Fragen des Vaters, aber der sagte nichts. Er war erschöpft eingeschlafen. Die ungeheure Anstrengung, die ihn dieses Gespräch gekostet hatte, zeichnete sich deutlich im Gesicht des Kranken ab.

Es war ein langer Abschied. Die Gespräche mit dem Vater; ihm den Schweiß abzuwischen, ihm Löffel für Löffel die Mahlzeiten einzuflößen wie einem Kind; das altvertraute Aufleuchten seiner Augen, wenn sie das Zimmer betrat. Aber es hatte sich vieles geändert zu Hause. Auf dem Pult lag nicht mehr der Vergil, sondern der Römerbrief aufgeschlagen, den sie dem Vater wieder und wieder vorlesen musste, Sätze über die Güte Gottes, aber vor allem Drohungen, deren Härte sie schaudern ließen:

„Siehe also Gottes Güte und Strenge: gegen die Gefallenen die Strenge, gegen dich die Güte Gottes, sofern du bei seiner Güte verharrst; sonst wirst auch du ausgehauen."

Der kleine Emilio, meist auf dem Bett des Vaters hockend, blickte während dieser Lesungen ehrfurchtsvoll zu der großen Schwester auf, wich jedoch wie vor einer Fremden zurück, wenn sie ihn umarmen wollte. Sie gab der Magd Anweisungen, kontrollierte die Vorräte, tröstete die Mutter und bewirtete Gäste, die den Kranken besuchten. Geschäftiges Tun von früh bis spät. Lange unruhige Nächte.

Sie suchte Zuflucht in der Bibliothek des Vaters, auf die sie sich so gefreut hatte, konnte sich nicht konzentrieren, saß verloren da, verbrauchte nutzlos Kerzen. Auch nur an den nächsten Tag zu denken, wagte sie kaum. Drei Schwestern in Stellung am Hofe, die Mutter weiter bettlägerig; der Vater hatte ihr das Versprechen abgenommen, Emilio zu unterrichten. Aber wovon sollten sie leben? Und was noch schlimmer war – dieses Haus war ihr fremd geworden.

Sollte sie auf eine reiche Ehe hoffen, die die Fürstin vermittelte? Die Antwort im Gebet suchen?

An Gott hatte Olympia lange nicht mehr gedacht, er schien so weit fort, hatte die Welt offensichtlich sich selbst überlassen. Hatte nicht Curione gesagt, alles sei vorherbestimmt? Dass sie auserwählt war, nun, daran hatte sie keinen Augenblick gezweifelt.

In den Augen der Mutter sah sie die gleichen Fragen um ihre Zukunft und die Angst davor, sie auszusprechen. Und Lavinia, die Freundin und Vertraute, war für längere Zeit nach Rom gereist. In Familienangelegenheiten.

Dann hielt Emilio ihr schüchtern einen Brief hin. Aus Rom. Ein langer Brief von Lavinia, der den Tag erhellte. Die Freundin bedauerte, ihr nicht zur Seite stehen zu können. Sie hoffe bald zurückzukehren.

Der Vater war langsam verglüht. Von Tag zu Tag fühlte er sich schwächer, während das Fieber stieg. Johannes Sinapius – ständig in Begleitung seines Vetters Andreas Grundler, der die Behandlung übernehmen sollte, wenn Sinapius in Kürze nach Deutschland zurückkehrte – brachte ihm stärkende Mittel, erklärte sich aber letztlich für machtlos. Gott leite die Geschicke der Menschen und lasse sich von keinem Arzt dreinreden. Er sah selbst krank aus. Fragen nach seinem eigenen Befinden wehrte er jedoch ab.

Oft gingen die beiden Deutsche nach kurzer Zeit wieder, weil der Patient sich gegen die Außenwelt abschloss, auch gegen gute Freunde, seine Kinder oder gegen seine Frau, die sich manchmal an sein Bett schleppte. Er lag dann mit geschlossenen Augen da, fast bewegungslos. Und doch sah Olympia am Zucken seiner Augenlider und dem Stöhnen, welches ihn durchlief, dass ein Kampf in ihm stattfand. Nach ein paar Tagen legte sich der Sturm. Er duldete ihre Anwesenheit wieder, suchte nach Olympias Hand.

Einmal schluchzte er plötzlich auf: Mit Gott handeln zu wollen, gegen den Tod aufzubegehren, sei Hoffahrt, schwere Sünde. Er müsse Gottes Ruf annehmen, obwohl er seine Sache auf Erden ungeordnet hinterlasse. Vier unversorgte Töchter und einen kleinen Sohn, dazu eine kränkelnde Frau – es sei viel, was Gott ihm abverlange. Zu viel. Doch seien Gottes Wege unergründlich, er bestimme. Es heiße ein letztes Mal, sich fügen.

Schließlich hatte Olympia die Mutter und die Geschwister herbeigeholt, um mit ihnen gemeinsam bei dem Sterbenden zu wachen. Es war schwer gewesen, unsagbar schwer.

Die Trauer verwandelte das Elternhaus in ein Grab. Niemand wagte laut zu reden, eine Tür zuzuschlagen oder gar zu lachen. Olympia schleppte sich durch den Tag. Jeder Handgriff war ihr zur Qual geworden. Die Mutter forderte, dass sie an ihrer Aussteuer nähte und stickte. Die Pflichten einer Frau! Ihre Zukunft! Keinen Gedanken konnte sie fassen. In ihrem Kopf waberte trübes Grau.

Hin und wieder stieg einer der Sätze des Vaters in ihr auf, ein vergessen geglaubter Satz – *die Tochter ist des Vaters höchstes Gut* –, der sie die Zügel spüren ließ, die er ihr angelegt hatte. Nie hatte der Vater ihr einen Fehler durchgehen lassen, weder in der Sprache noch in ihrer Körperhaltung oder in ihrem Benehmen. Er sparte nicht mit starken Worten der Kritik, die manchmal in ein befreiendes Lachen einmündeten, denn das kleine Mädchen wollte keine *„hässliche Krähe"* sein, *„die mit lauter Stimme boshaft den Regen heraufbeschwört!"* Und auch keine *„surrende Hornisse!"* So lernte sie bei ihm, dass der Mensch ein Kunstwerk sei, in dem sich alle Teile harmonisch zusammenfügen sollten. Sünden waren für ihn ein Angriff auf die Harmonie des Himmels. Selbst Vergehen, von denen sie nicht einmal sicher wusste, ob sie sie begangen hatte, ahndete er. Wie damals, als sie das Gespräch zwischen Curione und dem Vater unfreiwillig belauscht hatte. Er hatte ihre Entschuldigung, dass es unhöflich gewesen wäre, das Gespräch zu unterbrechen, nicht gelten lassen und zwei Tage lang nicht mit ihr gesprochen. Obwohl auch er die Unterrichtsstunden liebte.

Ihr Dienst am Hofe war schwierig gewesen: der Umgang mit der Herzogin, mit Prinzessin Anna. Aber sie hatte dort im Laufe der Jahre ihren eigenen Weg gefunden. Das hatte sie zumindest geglaubt. Es gab die Brüder Sinapius, ihre Bücher und – Lavinia. Heute erschien ihr die Zeit am Hofe wie der Traum eines Kindes, unwirklich und voller Wunder, wenn auch nie unbeschwert. Die Fürstin, Anna… Und sie hatte all ihren Verstand und viel Kraft gebraucht, um nicht in das Netz höfischer Fallstricke zu geraten. Den Vater hatte sie zuletzt selten gesehen. Über seine Bedenken hätte sie in jener Zeit gelächelt.

Und jetzt, hier? Überall Enge. Nirgendwo ein Ausweg. Sorgen um die ganze Familie. Die kleine tatarische Sklavin, welche sie zur Entlastung der treuen Antonella gekauft hatten, hatte die Gelegenheit genutzt, sich eines Nachts aus dem Staub zu machen. Sie fehlte an allen Ecken und Enden. Ob das Mädchen wusste, wie hart das Leben in einer Bande Entflohener in den Bergen war?

Dazu dieser Grundler. Unaufgefordert besuchte er sie fast täglich, richtete sich dreist bei ihnen ein, las aus der Bibel vor über den Trost, den Gott schenkt. Versuchte sie ständig zu belehren. Beim Studium dürfe sie Gott nicht vergessen. Auch wenn die Gelehrten der Antike in ihrer

Lebensauffassung das Wort Gottes bereits vorweggeahnt hätten, so sei das Eigentliche die Lehre Christi, welche sie in ihrer reinen Form kennenlernen dürfe – durch die Lektüre der Bibel.

Welche Anmaßung!

Eines Tages ermahnte er sie ernst, sich nicht zu sehr der Trauer hinzugeben. Auch sie könne zu einer Art der Ausschweifung werden. Gott habe ihr Leben erhalten, und darin liege eine Pflicht. Ob sie sich um Emilio kümmere? Wo er denn sei – sie müsse endlich mit dem Unterricht beginnen.

Olympia hätte Grundler gern die Meinung gesagt, setzte dazu an, dann zerfiel der Impuls in ihr. Es war sinnlos. Alles in ihr sträubte sich gegen ihn, obwohl – das musste sie ihm lassen – nicht alle seine Ermahnungen unberechtigt waren. Sie suchte Emilio, fand den Jungen im hintersten Winkel des Gartens mit einem Buch auf den Knien, tränennass.

Dann stand der Läufer der Herzogin vor der Tür: Olympia solle an den Hof zurückkehren. Die Mutter schaute bedenklich.

In der jungen Frau löste dieser Ruf ein Band um ihre Brust, sie fühlte Leben in sich zurückströmen. Am liebsten hätte sie laut gejubelt und wäre im Zimmer herumgetanzt. Der Hof, das war trotz allem ihre Welt, nur dort konnte sie atmen. In der bürgerlichen Ordnung würde sie verdursten. Aber das musste sie verschweigen. Stattdessen bedenklich schauen, hin und her überlegen, vorsichtig andeuten: Mit einer Stellung am Hofe würde sie die Familie ernähren können. Eine zweite Magd würde vieles erleichtern. Der Unterricht für Emilio müsste nicht unbedingt ausfallen. Irgendein Weg würde sich finden. Schließlich das entscheidende Argument: sich dem Unmut der Herzogin auszusetzen, berge unkalkulierbare Gefahr in sich.

Grundler, den die Mutter zu Rate zog, war natürlich dagegen. Der Hof sei nun mal kein Pflaster für eine tugendhafte Jungfrau. Schlimm genug, dass die Schwestern dort ihren Dienst versähen. Nein, Olympia brauche ihm nichts über die Fürstin zu erzählen, an einem Hof sei es gefährlich für Leib und Leben, besonders aber für den rechten Glauben. Vielleicht unmerklich, durch Ablenkung und Zerstreuung. Ein Mädchen wäre kaum in der Lage, das zu überblicken. Sie brauche Anleitung. Das weibliche Geschlecht sei nun einmal schwach. Und der Ort für die Frau daheim bei den Ihren.

Sie brannte in heller Empörung. Was wusste er in seiner kleinen Welt vom Leben am Hofe und seinen Gefahren. Nur weil er ein paarmal den Herzog behandeln durfte. Von diesem Grundler würde sie sich ihr Leben nicht zerstören lassen! Und selbst wenn sie anders wollte, welcher Weg stünde ihr denn offen?

Sie antwortete ihm auf Griechisch. In klarem, schönem, klassischem Griechisch, weil er sich auf seine Kenntnis dieser Sprache so viel einbildete. Wozu Gott ihr diese Talente gegeben habe und eine fromme, freigebige Fürstin, deren Vertrauen sie besitze? Er sei derjenige, der sich nicht Gottes Willen füge. Verstand habe Gott nicht jedem Mann gegeben, sondern hin und wieder Frauen damit bedacht. Sie könne sehr wohl ihre Lage einschätzen und werde ihre von Gott gegebenen Talente nicht vergeuden.

Grundler war einen Augenblick lang sprachlos. Dann erklärte er, er habe nicht gewusst, wie gebildet sie sei, obwohl Sinapius ihm von ihren Fähigkeiten berichtet habe. Sie spreche ein wunderschönes Griechisch. Ein solches Können sei für eine Frau ungewöhnlich, auch die Stärke ihrer Willenskraft.

Vielleicht in seinem kalten Land hinter den Bergen ... hier jedoch nicht. Fast tat es ihr leid, aber ihr Ton blieb hart. Sie durfte ihm in keinem Punkt nachgeben. Der Deutsche schwieg. Wartete darauf, dass sie etwas sagte. Sie schaute ihn weiter böse an.

Brautwerbung

1548

Sie war mit der Sänfte der Herzogin durch Ferrara gereist, demutsvoll gegrüßt von den Bürgern, die nicht ahnten, dass sich nur ein unbedeutendes Hoffräulein hinter den Vorhängen verbarg. Diesmal eilte sie den vertrauten Weg über die Brücken und die Torgänge in das Castello und lächelte den Putten und Kakadus im Blattwerk der Flurdekoration verschwörerisch zu. Die Fürstin empfing Olympia in ihrer Kapelle, einem kühlen Raum ohne Bilder, welcher der inneren Einkehr dienen sollte. Ein Farbenspiel rötlich schimmernden Marmors, die Einfassungen und Friese an den Wänden und dem Altar gefüllt mit geometrischen Formen, die in vielen Farben und Schattierungen schwelgten.

Die Herzogin erwähnte weder den Tod Moratos noch erkundigte sie sich nach der Mutter. Stattdessen beklagte sie ihr eigenes Schicksal. Gott habe sie zum Leiden bestimmt, die unwiderrufliche Trennung von ihrer Anna stehe bevor. Annas Heirat mit François de Lorraine, Herzog von Guise, dem Führer der katholischen Partei in Frankreich, sei beschlossen. Ihre kleine Anna. Sie könne es nicht glauben.

Ihre Tochter sei jetzt siebzehn und eine Eheschließung nicht mehr lange aufzuschieben. Aber diese Wahl des Herzogs könne Gott nicht zulassen. Gerade sie, Renée de France, habe Gott vieles geopfert, sich mit ihrer ganzen Kraft dem papistischen Irrglauben widersetzt.

Zuletzt schwamm sie in Tränen und befahl der jungen Frau, für die Prinzessin zu beten. Das sei alles, was sie für das unglückliche Kind tun könnten. Sie solle gehen und Anna zur Seite stehen. Sie möge vorsichtig mit der Prinzessin umgehen, denn Annas Seele sei in Gefahr.

Sollte sie als Begleitung Annas bestimmt sein? Die Frage wagte sie nicht zu stellen, aber sie beunruhigte

Olympia von diesem Augenblick an. Auf der anderen Seite: Wäre diese Aufgabe nicht eine Möglichkeit, alle Streitigkeiten hinter sich zu lassen? Sie, Olympia, war bereits zweiundzwanzig Jahre alt. Wenn die Fürstin ihr eine Mitgift hätte zukommen lassen wollen, hätte sie dies längst getan.

In Annas Appartamento stapelten sich Kisten und Ballen, ihre Mädchen packten, Diener trugen Pakete hinaus und herein. Anna stand am Fenster vor einem Tisch mit Stoffballen, die sie mit den Fingern ausführlich prüfte. Als Olympia sie begrüßte, schaute sie kurz auf. „Ach, du lässt dich wieder einmal blicken? Kannst im unteren Stockwerk den Schneiderinnen sagen, dass ich wegen der Anprobe auf sie warte. Und hier, eine Liste der Tiere, die ich mitnehme. Die zwei Geparden sind das Wichtigste. Aber natürlich auch die bunten Vögel aus dem Land jenseits des Ozeans. Sag dem Tierwärter, ich erwarte, dass sie in Belvedere auf einem Boot verpackt bereitstehen, wenn der Hochzeitszug dort vorbeikommt."

Erst spät am Abend hatte Olympia Gelegenheit, Anna vorsichtig zu fragen, wie sie sich fühle. „Gut. Wunderbar. Mein Bräutigam ist der zweitmächtigste Mann Frankreichs. Er soll prachtvoll Hof halten, und dort wird die neueste Mode gemacht, die in Zukunft *ich* bestimmen werde."

„Eure Mutter grämt sich."

„Ph, die. Die kann nichts anderes als beten und den Teufel an die Wand malen. Ich bin froh, wenn ich ihre Grämlichkeit hinter mir lassen kann. Mein Vater hat ihr mit dieser Heirat ganz schön eins ausgewischt, nicht wahr? Nun habt ihr alle, was ihr wolltet: Ich gehe meiner politischen Bestimmung entgegen und festige durch diese Ehe die Beziehungen zwischen Frankreich und Ferrara. Darauf haben die Intrigen der Herzogin doch abgezielt, während du mich ohne mit der Wimper zu zucken an diesen Papstbastard verkauft hättest. Aber jetzt hat mein Vater euch beide überlistet."

„Prinzessin, Ihr seid ungerecht."

„Zum Glück muss ich mir deine ewigen Nörgeleien nicht länger anhören. Denn falls du gehofft hast, dass ich dich mitnehmen würde, so hast du dich getäuscht. Du kannst in Zukunft anderen auf die Nerven fallen oder die Herzogin trösten. Wenn du ein paar Wochen lang mit ihr in Comacchio mit deinen Knien die Marmorstufen ihrer Kapelle geschrubbt hast, wird dir dein Hochmut vergehen. Und keine Aussicht auf Änderung. Mein Vater will seine Frau nämlich auf Dauer dorthin verbannen. Der ist es genauso leid wie ich."

Es gelang Olympia, Anna während der folgenden Tage aus dem Weg zu gehen, denn die Fürstin überschüttete sie mit Aufträgen. Sie musste den Prinzessinnen Laura und Leonora Unterricht erteilen, Herzogin Renata Gesellschaft leisten, sich stundenlang ihre Klagen anhören, ihr vorlesen oder sie zum Gebet in ihre Kapelle begleiten.

Für die Festivitäten sollte Olympia Oden dichten, reimlose, breit ausgeschmückte Verse. Auf Anna, das fürstliche Haus, ihren zukünftigen Gatten. Festlich und schwungvoll nach außen, sollten sich darin Hinweise für Anna finden, in ihrer neuen Heimat das Heil ihrer Seele nicht leichtfertig zu verspielen. Eine Aufgabe, an der selbst ein Herkules verzweifelt wäre. Olympia versuchte die Herzogin darauf hinzuweisen, dass Anna zurzeit nicht bereit sei, auf sie zu hören und eher Gefahr bestehe, dass sich Herzog Ercole II. oder der Brautwerber, Kardinal de Guise, provoziert fühlten.

Noch nie hatten sich Worte und Rhythmus Olympia so widersetzt, obwohl sie nächtelang am Schreibtisch Kerzen verbrannte. Die Chor- und Theaterproben, die sich endlos hinzogen, schienen dagegen unschuldiges Spiel.

Die feierliche Vertragsunterzeichnung, die Zeremonie, bei der Anna mit dem Kardinal de Guise als Stellvertreter des Ehemannes die Ringe tauschte, die Überreichung der Geschenke, Turniere, Wettkämpfe, Festessen, Feuerwerk,

Theaterstücke, Schautänze der Edelfräulein des Hofes, Allegorien, ein kurzes Gedicht Olympias zu Ehren der jungen Herzogin – mehr hatte sie nicht zustande gebracht –, Loblieder der Professoren der Universität auf Annas Bildung: Der Hof entfaltete seine Pracht, überbot sich selber, ließ im Umzug mit Fahnen und Fanfaren alle Stadtviertel daran teilnehmen.

„Vivat Dux Ferrariae! Vivat Duchessa Anna! Vivat Lorraine! Vivat Francesco di Lorena!"

Unter Glockengeläut, Kanonendonner und dem Jubel der Bevölkerung setzte sich schließlich eine lange Reihe von Schiffen, von bunt geschmückten Pferden gezogen und von Trompetern angeführt, durch die Kanäle der Stadt in Bewegung. Auf dem Bucintoro, der goldenen Barke, saßen unter dem Baldachin winkend der purpurgekleidete Kardinal von Lothringen und Herzogin Anna in einem grünen Samtmantel, der mit Leopardenfell gefüttert war. Um das Haar war ein schimmerndes, mit Edelsteinen durchsetztes Netz aus Goldfäden geschlungen. Hinter ihnen grüßten der Herzog und seine Söhne stehend das Volk, während die Herzogin Renata in ihrem Sessel mit einem starren Lächeln ihre kleinen Töchter an sich presste.

Außerhalb der Stadt tauchte der Zug in das Nebelgespinst ein, in das sich die Sumpflandschaft hüllte. Da erhoben sich, von der Reisegesellschaft aufgeschreckt, einige Nachtreiher aus dem Schilf neben dem Kanaldamm. Gedrungene graubraune Vögel, die mit ihrem hässlichen „Quoack-quoack" die festliche Musik der Hofmusiker übertönten, bevor sie sich flügelschlagend entfernten. Ein schlechtes Omen!

Während ein Raunen durch die Hofgesellschaft ging, drückte Anna ihren Mantel mit einer furchtsamen Gebärde an ihrem Hals zusammen und schaute sich ängstlich nach ihrer Mutter um, sodass die Herzogin aufstand und ihre Hände auf die Schultern ihrer Tochter legte.

Kurze Zeit später kehrten der Fürst und seine Söhne nach feierlichem Abschied, bei dem Anna zum ersten Mal Tränen vergoss, in die Stadt zurück; Renata und ihre Damen reisten bis Mantua mit. Anna hatte ihren starren Hochmut verloren, saß jetzt neben der Mutter und weinte mit ihr zusammen.

Auch in Olympia stiegen Tränen auf. Spät in der Nacht, wenn sie Mantua erreichten, würde noch einmal ein anstrengendes Zeremoniell auf sie warten. Im Morgengrauen musste Anna sich endgültig verabschieden und dann allein durch die graue, kalte Winterlandschaft reisen, jeden Abend in einer anderen Stadt einen feierlichen Empfang ertragen, lächeln, den Gastgebern danken. Wochenlang, auch wenn sie von der Tagesstrecke auf ihrem Pferd oder im ruckelnden Wagen erschöpft war. Ihre kleine Anna, die verwöhnte Prinzessin, die gewohnt war, jeden ihrer Wünsche sofort erfüllt zu bekommen.

Und was erwartete sie in Frankreich? Ein fremdes Land, ein Ehemann, den sie noch nie gesehen hatte. Der Anhänger des wahren Glaubens ermordete. Würde er gegenüber seiner Frau duldsam sein, ihr Gefolge akzeptieren? Oder würde sie wie ihre Mutter leben müssen?

Beim Abschied zerflossen alle in Tränen. Die Herzogin sprach auf dem Rückweg kein Wort. Und das sollte sich auch im Castello nicht ändern. Stundenlang in sich versunken, mied die Fürstin Zusammenkünfte, verweigerte öffentlich den Besuch der Messe, den Empfang der Sakramente und forderte dies auch von den Damen ihres Gefolges. Angst und Unsicherheit schlichen durch Flure und Säle. Die Zukunft schwebte als dunkle Wolke am Horizont.

Die Prinzessinnen Laura und Lucrezia zeigten sich in den Griechischstunden zwar eifrig bemüht, blieben jedoch einsilbig. Auf Befehl des Herzogs durften sie die Mutter nur eine Stunde täglich besuchen. In ihrer freien Zeit scharten sie sich still um die Nonne Susanna, die Renata für den Handarbeitsunterricht aus einem Kloster geholt hatte. Erstaunt beobachtete Olympia, mit welcher Langmut die Prinzessinnen den dünnen Faden durch ein Nadelöhr steckten, die Nadel dann von unten durch den Stoff im Stickrahmen führten, sie vorsichtig mit der Hand von oben ergriffen und daran zogen, bis der Faden sich gestrafft hatte. Der gleiche Vorgang wiederholte sich von oben her, ein ums andere Mal, von oben nach unten, von unten nach oben, unablässig. Doch die Prinzessinnen blickten nicht auf, sondern bedeckten mit ihren gleichförmigen Bewegungen den Stoff mit einem komplizierten Muster, als hinge ihr Leben davon ab.

Während der Unterrichtsstunde betrat plötzlich einer der Herren Ercoles II. unaufgefordert das Zimmer und erteilte Olympia knapp den Befehl, den estensischen Hof unverzüglich zu verlassen. Olympia glaubte sich verhört zu haben. Laura und Lucrezia starrten den Mann in Panik an. Der wiederholte seinen Befehl. Jetzt. Augenblicklich. Sie dürfe nichts mit sich nehmen. Bücher, Kleider und alles andere, was ihr der Hof zur Verfügung gestellt habe, müsse sie zurücklassen. Ausdrücklicher Befehl.

Olympia schwankte, hielt sich am Pult fest, ließ sich schließlich von ihm aus der Tür drängen. Wie einen Verbrecher eskortierten sie die Wächter, die vor der Tür des Schulzimmers gewartet hatten, durch die endlosen Gänge, Stufen hinunter, in den Hof. Man würde sie in das Verlies des Castellos bringen! Zu Fanini, der dort seit Monaten eingekerkert saß. Schickte ihr denn niemand Hilfe?

Oh, Vater, hilf mir, komm zurück, du durftest mich nicht allein lassen. Andreas! – Vor ihr wurde die Zugbrücke herabgesenkt. Ein letzter Stoß, damit sich die Erstarrte in Bewegung setzte. Hinter ihr Stimmen, deren Worte sie nicht verstand.

Die junge Frau wurde aus dem dunklen Castello in die gleißende Sonne gespien, taumelte und wäre in den Graben gefallen, wenn ihr nicht jemand unter die Arme gegriffen und sie gehalten hätte. Man reichte ihr einen Becher mit Wein; ein Schemel war plötzlich da. Aber sie wollte jetzt nicht mitten in Ferrara sitzen, hinter sich das Castello, die Fenster des Palastes, aus denen unsichtbare Blicke voller Schadenfreude auf ihren Rücken herunterbrannten. Sie kannte die Triumphe des Hofgeschmeißes, das dieses Mal verschont geblieben war.

Sie riecht den dumpfen, säuerlichen Moder, der aus den Verliesen aufsteigt, fühlt die nassen, meterdicken Mauern, schaut durch die winzigen Scharten darin auf das dunkle Wasser des Burggrabens. Eine Leiter hinunter, gebückt durch einen niedrigen Gang. Vor ihr unter hohem Gewölbe liegt der Gefangene. Es stinkt unerträglich scharf. Soll auch sie dort vermodern?

Später wusste sie nicht, wie sie am Tag ihrer Entlassung nach Hause gekommen war. Das blanke Entsetzen der Mutter. Die Schwestern, die am gleichen Tag ebenfalls nach Hause geschickt wurden, weinten hemmungslos und schauten Olympia fragend an. Aber sie hatte keine Antworten. Sie saß da, hilflos, planlos, ohne Zukunft. Gott hatte sie alle geschlagen.

Sie weigerte sich, Grundler zu empfangen, obwohl er täglich nach der Familie sah. Als sie ihm schließlich begegnete, setzte er sich an den Tisch ihr gegenüber, sagte nichts.

Wenigstens kein falscher Trost in seiner herablassenden Art. Wenn er jetzt anfinge sie belehren zu wollen! Er habe ihr ja vorausgesagt, wie es kommen würde. Aber sie habe nicht hören wollen, nicht auf ihn, nicht auf Gottes Wort. Und dies sei die verdiente Strafe ...

Doch musterte er sie ernst, sprach kein Wort. Eine unmögliche Situation. Irgendetwas musste man reden. Wenn sie nur wüsste, was. Schließlich konnte sie ihm nicht sagen, dass ihr ausgerechnet jetzt auffiel, wie schön seine Augen waren, groß und ausdrucksvoll, fast weich, ganz im Gegensatz zu seiner Stimme. Welch ein Unsinn. Sie errötete bei diesen absurden Überlegungen.

Und dann fragte er sie einfach, in seiner unmöglich sicheren Art, ob sie seine Frau werden wolle. Weiter nichts. Seine Frau.

Was bildete dieser Deutsche sich ein? Sie, Olympia Morata, heiraten als Werk der Barmherzigkeit. Aus Mitleid. Er hatte sie erkoren, um seine Güte zu erproben, wollte sie bekehren und damit vor Gott glänzen. Eine Welle von Zorn schlug über ihr zusammen. Nur mit Mühe zischte sie ihm das „Nein, niemals!" entgegen. Auf seine Mildtätigkeit könne sie verzichten.

Doch blieb Grundler ruhig. Er schätze sie, vom ersten Besuch an sei ein Funke von ihr zu ihm übergesprungen. Ihr Bund sei von Gott gesegnet, vielleicht bereits geplant, als Gott ihn nach Ferrara schickte. Auch bewundere er ihre Begabung. Wenn er diese nicht sofort bemerkt habe, so wolle er sich dafür in aller Form entschuldigen. Ihre Talente seien von ungewöhnlicher Natur. Er verspreche feierlich, niemals der Entfaltung ihrer Liebe zur Literatur der Antike entgegenzustehen, denn er sei ihr in herzlicher Liebe zugetan.

Olympia starrte ihn sprachlos an. Mit allem hatte sie gerechnet, nur nicht damit. In seinen Augen stand echte Zuneigung. Was sollte sie jetzt sagen?

Er beruhigte sie. Sie solle sich bedenken. Er wisse, dass einige Missverständnisse zwischen ihnen stünden. Doch die Zeit dränge. Er werde sie jetzt in Ruhe lassen und morgen mit ihr sprechen. In dieser Stadt sei sie in Gefahr. Als Frau eines Deutschen drohe ihr jedoch höchstens die Ausweisung. Aber vermutlich würden sie bis zu seiner Promotion unangetastet bleiben. Bis dahin könne man vielleicht auch die Zukunft ihrer Schwestern regeln. Dann werde er sie nach Deutschland heimführen, wo sie sicher sei. Seine Heimatstadt habe sich dem neuen Glauben angeschlossen. Von dort aus würden sie für ihre Mutter sorgen, und Emilio könnten sie einfach mitnehmen. Dann sei seine Ausbildung nicht gefährdet.

Hatte sie eine Wahl? Ein deutscher Arzt. Er war die Lösung für alle Probleme. Wollte sie mitnehmen nach Deutschland, nach Schweinfurt. Ein unaussprechlicher Ort. – Sie schlief schlecht in dieser Nacht. Das Bett schien durch das Zimmer hindurchzufahren; Laken und Decke beschützten sie nicht länger, machten sich selbstständig und rutschten vom Bett. Am Morgen lag der Stuhl, auf dem ihre Kleider lagen, umgestürzt im Zimmer. Ohne Begeisterung sagte sie Grundler zu und erntete ein dankbares Lächeln.

In korrekter Form, knapp und sachlich, bat Andreas Grundler anschließend die Witwe Lukrezia Morata um die Hand ihrer Tochter und erhielt ohne Zögern ihre Zustimmung. Das war mehr, als Lukrezia noch vom Leben erhofft hatte. Ihr Sorgenkind verheiratet, in guten Händen, mit einem Mann, der allen Ansprüchen, die Fulvio Pellegrino gegenüber einem Schwiegersohn hätte haben können, gerecht wurde. Gebildet, fromm, wandelnd auf den Pfaden der Auserwählten und sich furchtlos dem Fürstenhaus entgegenstellend; der auf eine Mitgift verzichtete, da ihm das fromme Herz und die Tugend seiner Frau wichtiger waren als weltliches Gut oder Ansehen. Ein Bund, den Gott segnen würde ... Wie sich herausstellte, war Grundler nicht einmal unbegütert. Man durfte wirklich nicht zu früh verzweifeln, Gott führte die Seinen auch in scheinbar aussichtsloser Situation nicht in die Irre.

Lukrezia Morata spürte erleichtert, wie die Lebenskraft in sie zurückströmte. Sie verließ wieder das Bett, jeden Tag nur für kurze Zeit, aber es war ein neuer Anfang. Grundler würde die Tochter in Sicherheit bringen. In ein fernes Land, ja, leider, das war der Haken an der Geschichte. Doch war es der rechte Weg, von Gott vorgezeichnet, das hatte Grundler ihr klargemacht. Dem konnte sie sich nicht widersetzen.

Aber dass die beiden Emilio mitnehmen wollten! Der Gedanke war schmerzhaft und gab ihr für einen Augenblick ihre Mutlosigkeit zurück. Ihren Emilio! Wie sollte sie auf ihn verzichten? Doch hatte Grundler recht. Gegen seine klaren Argumente, seine folgerichtigen Erklärungen gab es keinen Widerspruch. Sie musste sich ergeben. Seufzend ihm danken. Emilio, dem in Ferrara die Zukunft verstellt war, würde seine Ausbildung bekommen und unter Olympias und Grundlers Fittichen seinen Weg gehen können. In Deutschland hatte der neue Glaube gesiegt, dort würde er in Sicherheit leben, denn keine Inquisition, kein Fürstenhaus würden ihn bedrohen. Schweinfurt sei eine kleine, aber freie Reichsstadt, hatte Grundler ihr erklärt, in der die Bürger sich selbst regierten, nicht reiche adlige Familien. Konnte es so etwas geben?

Blieb der Weg dorthin. Die Kälte. Die Gefahren auf den Straßen. Krankheiten. Alles, was eine Mutter in Furcht versetzen konnte. Aber Grundler war nicht zu erschüttern. Gott halte seine Hand über ihnen. Außerdem seien die Straßen in den Alpen in gutem Zustand und bestens bewacht. Und die Luft im Norden sei vielleicht kälter, aber auf jeden Fall klarer und gesünder als in Ferrara. Die Deutschen seien nicht häufiger von Krankheiten befallen als die Italiener.

Was sollte sie gegen Grundlers Vernunft einwenden?

Auch Olympia wollte dankbar dafür sein, wie Grundler ihr Leben in die Hand nahm und Wege ebnete, aber es führte zu nichts. Sie blieb dem Geschehen in ihrem Elternhaus fremd gegenüber, war eine leere Hülle, die sich mechanisch wie ein Mensch bewegte. Des Nachts schlief sie schlecht, morgens lag sie lange untätig im Bett, durchrieselt von Schwäche. Sie konnte sich eine Zukunft nicht vorstellen, nicht die Ehe mit Grundler, nicht das Land, in das er sie bringen wollte. Stattdessen fühlte sie sich bedrängt, zuerst zeigte sich das als ein körperliches Unwohlsein, ein Ziehen in ihr, das sich immer mehr als eine Kraft von außen offenbarte.

Die Schwestern beobachteten sie argwöhnisch. Besonders die zweitälteste. Dass Vittoria Grundler ohne Zögern folgen würde, war nicht zu übersehen. Sie zeigte sich als Hausfrau von ihrer besten Seite, organisierte und erledigte alles. Besonders mit ihrer Kochkunst versuchte sie zu bestechen, sonnte sich in Grundlers Lob ihrer Mahlzeiten. Aber wenn Olympia ein gutes Essen nach wenigen Bissen stehen ließ, weil es ihr zu viel sei, wurden Enttäuschung und verhaltene Wut übermächtig in Vittoria, und sie knallte beim Abtragen die Teller und Schüsseln unwirsch aufeinander. Die große Schwester, stets vom Schicksal begünstigt, immer heikel, alles Mitleid auf sich ziehend. Blieb denn nie etwas für die anderen? Sie, die drei jüngeren Schwestern, mussten zurückbleiben und waren einer unsicheren Zukunft ausgesetzt, ohne Ehemann und eine neue Heimat.

Olympia spürte den Groll, aber sie war unfähig, darauf zu reagieren oder etwas zu ändern. Ihre Gebete verhallten im Leeren. Gott, auf den Grundler seine Hoffnung setzte, blieb ihr gegenüber stumm. Stattdessen waren da Dämonen, die sie umtanzten, Schatten, die mit Krallen nach ihr griffen, sich schwer auf ihre Brust setzten. Manchmal wünschte sie sich an den Hof zurück, obwohl sie wusste, dass dort der Antichrist wütete. Aus diesem Albtraum aufzuwachen, mit Anna und den anderen Mädchen am Wasser zu sitzen und zur Laute zu singen! Schönheit zu trinken! Aber auch diese Bilder blieben unscharf.

Näher kamen ihr die Bilder aus dem Verlies. Fanini, ein Skelett, frierend, hungernd und doch triumphierend. Erwartete Gott von ihr, dass sie litt wie er?

Andreas Grundler besuchte sie täglich, fragte nach ihrem Befinden, drängte nicht weiter, wenn er ihren Unwillen spürte. Manchmal erzählte er vorsichtig von seiner Vaterstadt, dem Fluss, der sie durchzog, den Kaufmannszügen, die den Marktplatz bevölkerten, den braven gottesfürchtigen Handwerkern.

Warum er nach Italien gekommen sei?

Einmal natürlich aus Liebe zur Literatur der Antike. Aber auch um seines großen Vorbilds aus Kindertagen willen, dem Vetter Johannes Sinapius. Seinen Donatus, die lateinische Grammatik, habe er als kleiner Lateinschüler von Johannes geerbt. Dadurch habe er sich ausgezeichnet gefühlt und sei dem Vetter später in seinen Studien nach Heidelberg und schließlich nach Ferrara gefolgt. Der Ruf von Ferraras Universität und vor allem der medizinischen Fakultät sei ausgezeichnet. Sie werde die Heimat zuerst schmerzlich vermissen. Schweinfurt sei ein kleiner, nicht besonders schmucker Ort, in dem einfache Leute wohnten, es fehle all der Luxus, den sie vom Hofe gewohnt sei.

Als er das finstere Gesicht sah, mit dem sie ihm antwortete, setzte er vorsichtig neu an. Nein, nein, er wisse, dass das Hofleben für sie alle Faszination verloren habe. Doch die deutschen Speisen könnten ein echtes Problem werden für ihren an verfeinerte Genüsse gewöhnten Magen, übrigens ebenso für ihn selbst. Auch seien sie nicht sehr schmackhaft. Aber letztlich blieben das alles Äußerlichkeiten. Gott dagegen würden sie dort eher finden.

Er bat sie, mit ihm zu beten. Sie nickte und sah verwundert, wie das Gebet ihn ergriff. In ihr blieb es stumm.

Ein paar Tage später las er ihr aus der Bibel vor. Aus den Psalmen. Zuerst hörte sie gleichgültig zu. Dann begann die Schönheit der Verse sie anzurühren. Sie lauschte. Verspürte eine Beruhigung.

Seinen Vorschlag, Psalmen ins Griechische zu übertragen und neu zu fassen, nahm sie dankbar an. Sie müsse ihren Olymp ja nicht fahren lassen, auch dort sei Gott, erklärte er ihr verschmitzt lächelnd.

Die Idee gefiel ihr, sodass sie später, als er gegangen war, die Bibel hervorholte. Wieder sprachen die Psalmen und ihre Bilder sie unmittelbar an. Doch als sie sich daranmachte, sie zu übertragen, blieb sie lange vor einem weißen Blatt Papier sitzen, bis sie endlich zu ihrem eigenen Erstaunen den ersten Vers niederschrieb. Die Worte formulierten sich zwar nur stockend, zögerlich, aber die Quelle hatte wieder zu fließen begonnen.

Das Einhorn

Schließlich bekam Olympia Besuch von Lavinia della Rovere. Klein, zierlich, edel gekleidet, wirkte die Dame wie ein Fremdkörper im Bürgerhaus. Vittoria, Flavia und die Jüngste, Lavinia, fielen in einen tiefen Knicks. Olympia dagegen umarmte die Freundin, die sie liebevoll küsste, bevor sie aufgeregt hervorstieß: „Mein Gott, warum musste das Schicksal mich gerade auf Reisen schicken, als es dir furchtbare Prüfungen auferlegte? Ich wusste nichts von deinem Unglück. Ahnungslos saß ich in Rom bei meiner Familie. Ich hätte mich niemals weiter nach Parma schicken lassen. Manchmal bin ich einfach zu gutgläubig. Oder zu schwach. Aber dann hat mich wieder das Fieber niedergestreckt und mir meinen Willen geraubt. Was genau ist geschehen?"

Lavinia musterte Olympias Gesichtszüge besorgt: „Komm, dir ist nach Weinen zumute. Lass deinen Tränen freien Lauf."

Olympia, die bereits während der Rede Lavinias mit den Tränen gekämpft hatte, schüttelte den Kopf. „Es ist so viel passiert. Ich weiß gar nicht, womit ich anfangen soll. Sie haben mich rausgeworfen."

„Was war denn geschehen?"

„Nichts, einfach nichts. Das ist das Furchtbare. Ich ließ gerade die Prinzessinnen den Horaz aufschlagen, als sich die Tür öffnete und ... und ..." Sie begann zu schluchzen.

Die Schwestern fielen in ihr Weinen ein und schließlich konnte sich auch Lavinia nicht zurückhalten. Stotternd, sich gegenseitig unterbrechend, versuchten die Schwestern in Worte zu fassen, was sie bisher nicht verstanden hatten, nicht verstehen konnten.

Auch Lavinia della Rovere fürchtete sich. „Ihr müsst fort von hier, alle. Am Hofe bangt jeder um sein Leben. Es wird mir etwas einfallen, für eure ganze Familie. Ich bin durch meinen Namen geschützt. An ein altes römisches Adelsgeschlecht traut sich niemand heran. Trotzdem will ich auch fort. So schnell wie möglich. Die Fürstin gewährt niemandem mehr Schutz, da Herzog Ercole ihr hart zusetzt. Keiner von uns hat dem Fürsten solch unbarmherzige Haltung zugetraut."

Olympia schüttelte den Kopf. „Die Fürstin hat oft um ihres eigenen Vorteils willen geschwankt. Aber so viel Undankbarkeit, das hätte ich nie für möglich gehalten. Sie hat sich sehr verändert. Nach dem Abschied von ihrer Tochter hat sie sich darauf verlegt, einen kleinen Mohren zu erwerben. Ich musste einen Brief für sie nach Venedig schreiben, an einen Sklavenhändler, der bereits verschiedene Fürstenhäuser mit schwarzen Säuglingen versorgt hat und dafür Unsummen verlangt. Für das Schicksal Faninis interessiert sie sich überhaupt nicht mehr."

Fanini. Bei der Nennung des Namens erschauerten sie alle fünf. Die feuchten Rattenlöcher des Castellos. Lieber redeten sie über Curione, der inzwischen in Basel unterrichtete. Lavinia war in Parma erzählt worden, er sei mithilfe dunkler Mächte in einer Nacht über die Alpen geflogen. Sie lachten unsicher auf. Curione verfügte über ungeheure Kräfte, nur stand er nicht mit dem Teufel im Bund. Gott hatte ihn erwählt! Aber vielleicht würden sich auch ihre eigenen Sorgen in Luft auflösen und Gott ebenso für sie sorgen.

„Dir hat er bereits seinen Engel geschickt", scherzte Lavinia. Natürlich wollte sie den Mann kennenlernen, der unerschrocken um die Rettung ihrer Freundin kämpfte.

Als Grundler am Spätnachmittag erschien, setzte er sich zu ihnen und plauderte unbefangen mit der Gräfin, wurde jedoch rasch ernst. „Seht Ihr ganz konkret Möglichkeiten, die Schwestern Morata unterzubringen, Gräfin? Ihr kennt viele einflussreiche Persönlichkeiten."

„Andreas, bitte, du darfst Lavinia nicht bedrängen." Olympia protestierte, peinlich berührt. „Siehst du nicht, wie erschöpft die Gräfin von der Reise ist? Da kannst du nicht einfach Forderungen stellen. Die Gräfin della Rovere Orsini muss auf sich selbst acht geben."

„Nein, nein, Olympia, Gott hat uns diese Dame geschickt, und er tut nichts ohne Grund. Eine Freundschaft ist dazu da, dass man sich in der Not hilft."

Lavinia bedankte sich lächelnd für das Vertrauen, während Olympia ihrem Verlobten einen bösen Blick zuwarf, der sich erst aufhellte, als Lavinia sie darum bat. „Dein Verlobter hat recht, und es ehrt mich, wenn meine Freundschaft von der ganzen Familie angenommen wird. Ihr überschätzt vermutlich meine Möglichkeiten, lieber Grundler, doch werde ich mich umhören. Was in meiner Macht steht, soll geschehen."

Bei seinem Besuch am nächsten Tag trug Andreas seine Laute in der Hand. Olympias fragendem Blick begegnete er mit geheimnisvoller Miene, setzte sich und begann eine einfache, unkomplizierte Melodie zu spielen. Schließlich forderte er sie auf, ihre Psalmen dazu zu singen, denn er habe die Verse für sie vertont. Zuerst sang sie allein, dann wiederholten die beiden das Lied gemeinsam, schließlich fanden sich fast alle Stimmen im Haus dazu ein: die der Schwestern und des kleinen Emilio, der bereits bei den ersten Tönen ins Zimmer geschlichen war. Mühelos erreichte seine helle Stimme die Höhen, während die Lippen bedächtig die Worte formten.

Olympia staunte. Das war ein anderer Knabe als der, den sie kannte. Wie groß sein Leid war, ob er sich fürchtete, mit Grundler und ihr nach Deutschland zu reisen, sich von der Mutter zu trennen, nachdem er gerade den Vater verloren hatte? All das hatte sie sich bisher nicht gefragt. Nur mit dem eigenen Kummer war sie beschäftigt gewesen und hatte die Sorge um andere vergessen. Das musste sich ändern. Entschlossen stimmte sie ein bekanntes italienisches Lied an, in das alle einfielen und zu dem Grundler rasch die Begleitung fand.

Olympia verlängerte die Unterrichtsstunden mit Emilio, was er dankbar akzeptierte. Auf Grundlers abendliche Besuche freute sie sich jetzt, summte schon am frühen Nachmittag seine Melodien vor sich hin und überraschte ihn mit fertigen Versen für ein neues Lied.

Andreas' Begeisterung für die Wissenschaft! „Nach dem Studium in Heidelberg habe ich an der berühmten Universität von Paris studiert, aber in Ferrara erst gelernt, dass ein guter Arzt ein guter Philosoph sein muss. Die Platoniker – und die sind hier durch die Schüler des Marnardus reichlich vertreten – sehen die menschliche Seele als den Vermittler zwischen der Materie und Gott, die zur Erkenntnis Gottes aufsteigen kann. Und dazu muss der Arzt dem Menschen verhelfen. Er darf ihm durch seine Behandlung auf keinen Fall seine Würde nehmen."

„Die menschliche Würde! Weißt du, dass dieser Begriff von Cicero stammt, der ein durch und durch moralischer Mensch war? Bevor es das Christentum gab! Ich bin mit Cicero aufgewachsen, denn er war das Vorbild meines Vaters. Sogar eine Büste Ciceros stand in seiner Bibliothek."

Andreas Grundler lächelte. „Der Dichter Giraldi hat mir von einem Vortrag eines sehr jungen Edelfräuleins, einer gewissen Olympia Fulvia Morata, über Cicero erzählt. Noch jetzt, Jahre später, konnte ich ihm seine Begeisterung für den geschliffenen Vortrag anmerken."

Nun waren sie bei Cicero angekommen. Sie vergaßen die Zeit und ihre Umgebung und hätten glatt Vittorias Ruf zum Essen überhört, wenn Emilio ihn nicht handgreiflich überbracht hätte.

Grundler war zu Johannes Sinapius gen Norden gereist. Um eine Anstellung für sich zu suchen. Mit Empfehlungsbriefen und mit Gedichten, die Olympia für seine Gönner verfasst hatte. Um die er sie gebeten hatte.

Kaum vorstellbar, dass er ihr vor wenigen Monaten unsympathisch gewesen war. Dass sie seine Anwesenheit kaum ertragen konnte ... Jetzt fehlte er ihr schrecklich, die Tage ohne ihn waren unausgefüllt, leer, dehnten sich ins Endlose. Sie spürte wieder den Teufel, den er vertrieben hatte, war Beklemmungen ausgesetzt, die längst ausgestanden waren. War sie einmal der eigenen Person sicher gewesen? Hatte das Leben am Hofe genossen, ohne sich mit Zweifeln zu quälen? Was hatte sie getan, was dieses Wüten im Innern rechtfertigte? Wer schickte diese Heimsuchung und warum? Weil sie zu sicher gewesen war, von Stolz erfüllt? Sich gedankenlos von der Woge des Lebens hatte tragen lassen?

Andreas hatte den Aufruhr in Olympia beruhigt und ihr den Stolz zurückgegeben. Diesen habe Gott verliehen, und er gebe auch Kraft, solange der Stolz nicht zur Hoffahrt werde. Heimsuchungen seien das Werk des Widersachers, der seine Macht an jedem zu erproben suche. Wenn sie ihm widerstehe, werde seine Macht schwinden. An Grundler hatte sie Halt gefunden, denn er war so unbeirrbar, dass allein seine Anwesenheit den Raum um sie her ordnete.

Jetzt hatte er sie allein gelassen. Befand sich auf gefährlichem Wege nach Norden. Was konnte ihm dort alles widerfahren? Unwetter, Kälte, Steinschlag – das waren noch die harmlosesten Dinge. Auf den Gebirgsstraßen drohten Überfälle, Räuberbanden und nicht zuletzt marodierende Soldaten.

Er fehlte ihr sehr. Sein ernstes Gesicht, der offene Blick, sein Lächeln, das alle Bedrückung vertrieb. Seine Worte und seine Musik.

Sobald er ihre Zukunft geregelt hatte, würde er zu ihr zurückkehren. Das hatte er fest versprochen. Um mit ihr den Bund zu schließen, den sie jetzt mit Verstand *und* Herz wünschte. Der ihr inzwischen mehr bedeutete als nur Rettung aus ihrer Not. Sie beide verband eine reine, von Gott gesegnete Liebe. Und doch ...

Manchmal glaubte sie das Getuschel der Hofgesellschaft zu hören. Wie die Hoffräulein sich über die stolze Olympia belustigten, die endlich der Pfeil Amors getroffen habe, sodass Amor, der Sohn der Venus, sie in Ketten legen konnte und sie sich einreihen musste in den endlosen Zug der von ihm Gebundenen.

Das nächtliche Geklapper von Schuhen auf den Fluren des Castellos, das leise Einklicken der Türen, verhaltenes Gekicher; die lüsternen Blicke, die niemanden verschonten, verstohlene Gebärden, schamlose Berührungen beim Tanz. Wie weit war sie jetzt von alldem entfernt. Aber warum bedrängten sie Bilder? Mal war es das beliebte Emblem am ferraresischen Hof, jenes schnaubende, ungeduldig mit den Hufen scharrende Einhorn, dessen Horn sie bedrohte; dann waren es die freizügigen Fresken im Palazzo Schifanoia: der Wagen der Venus, gezogen von weißen Schwänen, vor der Göttin kniend ihr Opfer, ein Krieger in voller Rüstung und in Ketten. Daneben der Hofstaat: Paare, verstrickt in Umarmungen, Liebkosungen, Küssen.

Sie verfasste ein Epigramm, um sich durch die Sprache von diesen Bildern zu befreien. *„Wenn eine jungfräulich ist und ihr Geist nicht keusch wie ihr Körper, dann gebührt ihr kein Lob ob ihrer Jungfräulichkeit. Wenn eine jungfräulich ist und nicht allein Christus ergeben, bleibt diese Jungfrau ganz Venus' Geschöpf und Besitz."*

Wenn sie nur wüsste, wie es in Andreas aussah? Was sie erwartete im Brautbett? Was wühlte in den Menschen, das sie nicht zur Ruhe kommen ließ? Warum hatte Gott ihnen diesen schwachen Leib gegeben, in dem der Teufel Unterschlupf suchte? Wie hart hatte der große Michelangelo mit sich gerungen, bis er zur Beherrschung fand? Aber mehr als einmal hatte sie gesehen, wie Scheu und Tugend von einem Menschen abfielen, wenn er glaubte zu lieben, weil er begehrte.

Sie kannte Andreas, er war immer beherrscht, ließ sich von seinem Verstand und seinem Glauben leiten. Ihm konnte sie sich anvertrauen. Und doch. Auch in ihm musste sich anderes verbergen. Wenn er sie einen Augenblick lang in seine Arme schloss, spürte sie eine Spannung in seinem Körper, dass sich in ihm ein Trieb regte, der etwas in ihr aufwühlte und ihr Angst machte. Doch das Brautbett war eine Pflicht, die Gott den Menschen auferlegt hatte. Zu ihrer Prüfung! Und damit sie Nachkommen zeugten. *„Wachset und mehret euch!“* So lautete sein Auftrag. Die Unvollkommenheit des Einzelnen ablegen und eins werden. Ein Fleisch, ein Leib.

Und wieder bedrängte sie der Freskenzyklus Francesco del Cossas, wunderschön zart gemalt. Schild und Schwert auf dem Boden vor dem Bett. Daneben auf der einen Seite eine Rüstung, auf der anderen ein Kleid, leblose Hüllen, die nicht mehr gebraucht werden. Im Bett zwei Menschen, zwei Köpfe, der zarte, blondlockige einer Frau und der braune Schopf eines Mannes. Sie liegen nebeneinander – die Frau hält mit ihrem Arm den Hals des Mannes umschlungen – und schauen sich an. Wie selbstverständlich ruht der Blick des Mannes in dem der Frau. Von einer Decke verhüllt, sind die Umrisse jedes Einzelnen nicht mehr auszumachen, fließen die Linien ineinander. Das sind nicht wilde Tiere, die übereinander herfallen, sondern sie sind eins: ein Fleisch, eine Gestalt, ein Wesen.

Und dann? Was folgte in immer wiederkehrendem Rhythmus? Der Körper der Frau rundete sich, ihre Bewegungen wurden langsam und würdevoll, aber mit jedem Tag beschwerlicher. Schließlich die Geburt eines Kindes unter Krämpfen und Schmerzen. Wie oft hatte sie im Castello Frauen schreien gehört, manchmal tagelang, wobei die unheimliche Ruhe von Momenten totaler Erschöpfung bereits den nächsten Schmerzensschrei ankündigte. Und oft genug stand am Ende dieses Kampfes der Tod. Wenn er fernblieb, war der Lohn für all dies das Kind, ein neues Geschöpf, die Vollendung des Glückes der Eltern. Das hatte sie oft genug erlebt. Wenn der Vater seine Hände auf die Schultern der Mutter legte und ihr einen Kuss ins Haar drückte und beide verliebt auf das Schwesterchen in den Armen der Mutter hinabblickten, das sich schmatzend an den Brüsten nährte.

Dann: Schlafen, Schreien, Schreien, Trinken. Die Pflege des Kindes, Fiebernächte, Sorgen, das waren von nun an die Pflichten der Mutter. Die hatte immer blasser ausgesehen, immer öfter liegen müssen; die Töchter hatten sie ausgezehrt, der späte Sohn ihr den Rest ihrer Kraft geraubt.

Das wird ihr Schicksal sein. Sie konnte es sich nicht vorstellen, nicht für ihr Leben. Lesen, Schreiben, die Musik, würde ihr dafür keine Zeit bleiben? Oder wenigstens für den Unterricht. Reichte ihre Kraft so weit? Gottes Talente vergraben, aufgelöst in die Alltäglichkeit des Lebens, geopfert den Pflichten einer Frau.

Sie stöhnte auf. Durfte sie so denken? War das Kind nicht Lohn genug? Konnte sie denn keine Ruhe finden? Die Sorge um den Geliebten in der Ferne. Warum wurde sie gequält? Meldete sich wieder der Teufel, der sie in Verwirrung zu stürzen versuchte? Lass ab von mir, ich flehe dich an, lass mich. Andreas, warum bist du fort?

Und immer wieder kreisten die Bilder in ihr: *Rüstung und Kleid, leblose Hüllen, die nicht mehr gebraucht werden. Mann und Frau eins geworden: ein Fleisch, eine Gestalt, ein Wesen.*

Schachspiel

Würzburg, Sommer 1549

„Was ist mit dir los, Andreas? Noch ein paar solch unüberlegter Züge, dann setze ich dich schachmatt. In Ferrara haben wir *alla rabioso* gespielt und du warst mein härtester Gegner."

Andreas Grundler fröstelte, obwohl ein wärmendes Feuer im Kamin prasselte. Die beiden Männer saßen auf breiten, mit dicken Kissen belegten Holzsesseln. Zwischen ihnen, auf einem kleinen Tisch, stand das Spiel, das eigentlich durch seine Schönheit bestechen musste: ein Rahmen aus fein gemasertem Walnussholz, die hellen Schachfelder aus weißem Marmor, der von einem feinen rosigen Schimmer überzogen war; die dunklen aus schwarzem Onyx; darauf rote Figuren aus Carneol und die der Gegenseite aus grünem Malachit. Jede einzelne ein kleines Kunstwerk, wie zum Beispiel das Pferd, das er gerade hatte aufnehmen wollen. Es stellte ein Fabelwesen dar, eine Mischung aus Pegasus und Hermes, halb Mensch, halb Pferd, mit Flügeln, die merkwürdigerweise aus den Oberschenkeln herauswuchsen.

„Du hast etwas. Komm, rück damit heraus. Irgendetwas passt dir nicht."

Andreas zögerte. „Ich habe mir dein neues Zuhause etwas anders vorgestellt."

„Wie denn?"

„Du verlässt Italien, weil dir der Boden dort als Anhänger des neuen Glaubens zu heiß geworden ist. Jetzt sitzen wir hier in der Festung eines Fürstbischofs, deren bloßer Anblick jeden das Fürchten lehrt. Dazu tafeln wir fast üppiger und wohlschmeckender als in Ferrara. Wildbret und Datteln mit feinen orientalischen Gewürzen."

„Wäre dir Gerstenmus mit Äpfeln lieber gewesen?" Johannes Sinapius grinste seinen Vetter amüsiert an. „In einer Festung haben wir auch in Ferrara gelebt, und Melchior Zobel von Giebelstadt hat einen italienischen Chefkoch, der es mit jedem dort aufnehmen kann. Seit wann hast du etwas gegen guten Geschmack?"

„Johannes, du und ich, wir gehören zur evangelischen Partei. Wir haben uns lange genug am Hofe von Ferrara von der dortigen Pracht und Herrlichkeit einlullen lassen ..."

„Du erschreckst mich. Ich habe mich nie ‚einlullen' lassen, sondern wusste und weiß eine kultivierte Lebensart jederzeit zu schätzen. Der Fürstbischof ist zwar Anhänger des alten Glaubens, aber er setzt sich für eine Reform der Kirche ein und sorgt auf seinem Gebiet für Ordnung. Du weißt nicht, wie viele Schwärmer es hier inzwischen gibt und aufsässige Bauern und, und, und ..."

„Doch der Bischof ist und bleibt Papist."

„Ist das so schlimm? Der von uns geschätzte Erasmus von Rotterdam ist auch bei den Römern geblieben."

„Weil er letztlich feige war."

„Vorsicht, mein Lieber. Ich sehe darin eher Klugheit. Anstatt den Konflikt hochzuspielen, hat er versucht auszugleichen. Wir brauchen viel mehr solcher Leute. Was bringt es, wenn beide Seiten beim Gegenüber immer gleich den Teufel am Werk sehen? Wir sind alle Menschen. Der Zobel hat mehrere evangelische Räte und lässt sich durch uns sogar beim Kaiser vertreten. Wenn das den Friedensprozess nicht voranbringt!"

„Der Luxus hier spricht eine andere Sprache. Ich mag das nicht mehr."

„Mein Gott, Andreas. Verleugne dich nicht selbst. Warum müssen wir Deutschen immer übertreiben? Das Land ist von Kriegen überzogen. Von Glaubenskriegen, in denen nicht nur eine Horde von Landsknechten zu fürchten ist, die irgendwann wieder abzieht, wenn sie genug getötet und geplündert hat! In diesem Krieg kämpft jeder gegen jeden, der Bäcker gegen seinen Nachbarn, den Fleischer, der Sohn gegen den Vater, im Namen Gottes zünden sie sich gegenseitig das Dach über dem Kopf an."

Wie sich Johannes' Gesichtsausdruck verändern kann, dachte Andreas Grundler. Eben noch hat er mich mit seinem geistreichen Lächeln aufgebracht, das unvermittelt mit tiefem Ernst wechselt. Dabei glaubte ich ihn zu kennen. In Ferrara haben wir uns an ihm aufgerichtet, wenn wieder einmal alles verfahren schien. Aber jetzt zeigt er Seiten ...

„Wenn ich ehrlich bin", Sinapius zögerte, „ich war, als ich damals Heidelberg verließ, ziemlich resigniert. Als Lehrer für das Griechische haben mir Altgläubige und Protestanten nur Steine in den Weg gelegt, die Letzteren sogar noch mehr. Vor allem die Angst vor diesen deutschen Eiferern hat mich getrieben. Ich war mir von Anfang an nicht sicher, ob die Reformer nicht etwas anrichten, was wir alle noch bedauern werden. Du weißt, dass ich mit Calvin – einem der Schützlinge unserer Fürstin – immer noch im Briefwechsel stehe. Aber vor dem Gottesreich, das er in Genf aufrichtet, graust es mir. Eine Gefängnisstrafe für eine Brautjungfer, die die Braut zu bunt geschmückt hat! Und jetzt soll er sogar ein Kind hingerichtet haben, weil der Knirps gegen seinen Vater die Hand erhoben hat, als dieser ihn verprügelte. Das ist nicht fromm, das ist lebensfeindlich. Gott hat die Welt nicht so schön erschaffen, beglückt uns nicht mit der rosenfingrigen Morgenröte, damit wir uns das Leben zur Hölle machen. Zu einem menschenwürdigen Leben gehört auch, die Schönheit der Welt zu sehen und zu genießen."

Vorsichtig hob er mit zwei Fingerkuppen eine Figur aus dem Schachspiel und legte sie auf seine ausgebreitete Hand. „Wie wundervoll diese Dame geschnitzt ist. Ein Abschiedsgeschenk der Herzogin."

„Schön ist dein Spiel wirklich. Herrliche Steine und eine kostbare Arbeit. Aber ich sehe in seiner Schönheit einen Bestechungsversuch der Herzogin, mit dem sie ihre Undankbarkeit verschleiern will."

„Eher eine Entschuldigung. Schon gut, ich weiß, was sie Olympia angetan hat. Aber die Menschen sind nun einmal schwach. Eine Fürstin so wie andere, vielleicht noch mehr. Nach der Heirat ihrer Tochter war Renatas Kraft verbraucht, während Ercole immer stärker wurde. Das war lange abzusehen. Und natürlich ist sie eine verwöhnte Adlige, die immer zuerst an sich denkt. Das habe ich oft genug zu spüren bekommen. Trotzdem ... sie hat sich häufig überwunden und im Rahmen ihrer Möglichkeiten mich als Freund geschätzt. Deswegen ist mir dieses Brett lieb. – Mit meinem deutschen Fürstbischof kann ich übrigens viel offener reden. Er schätzt ein direktes Wort."

„Das habe ich bei Tisch bemerkt."

„Du bist bleich geworden vor Schreck."

Hinter den beiden öffnete sich die Tür. „Störe ich?"

„Nein, nein, Françoise, mit dem Spiel sind wir für den Augenblick fertig, und deine weibliche Gesellschaft kann uns nur gut tun."

Johannes Sinapius stand auf, um seiner Frau seinen Stuhl an den Kamin zu rücken. Dann zog er sich einen weiteren Stuhl heran, füllte sein Glas erneut und schob es zu Françoise hinüber, die auf das Wohl des Gastes trank.

„Ein feiner Tropfen, der hier seit Römertagen wächst. Er wärmt von innen. Leider ist es in Deutschland im Mai noch recht kalt", kommentierte Johannes den Trinkspruch, woraufhin ihm Françoise verständnisvoll lächelnd das Glas zurückreichte.

„Danke. Vielleicht solltest du unserem Vetter erklären, warum es dir hier gefällt. Denn deine Rechtgläubigkeit ist sicher auch für ihn über jeden Zweifel erhaben, während er sich bei mir gerade fragt, ob er mich nicht zu den Ketzern zählen soll."

Andreas wollte etwas erwidern, aber Françoise kam ihm zuvor. „Es gefällt mir hier. Der Fürstbischof ist ein angenehmer Mann. Vor allem nicht der Vasall eines anderen, dem er sich ständig beugen muss. Stell dir vor, als Johannes ihm den Treueid schwur, hat er ihm ausdrücklich gestattet, auf ‚Gottes heilige Worte' zu schwören, anstatt auf ‚Gott und seine Heiligen'."

Andreas fuhr auf: „Hat er auch den Vertragstext geändert?"

„Natürlich nicht. Aber es zählt, was jemand sagt, in aller Öffentlichkeit vor Zeugen sagt."

„Na, ja."

„Niemand fordert von mir, die Messe zu besuchen. Und weißt du, was mir am besten gefällt? Du wirst lachen. Dass es an diesem Hof keinen Hofstaat einer Fürstin gibt. Ja, schau nur entgeistert, aber ihr Männer habt wahrscheinlich nie mitbekommen, welch eitlen Kleinkrieg die Hofdamen miteinander führen. Um die Rangfolge in der Kirche oder bei Tisch, um das schönste Kleid, um den elegantesten Liebhaber. Und ich wurde immer beargwöhnt als Fremde. Die Französin, die die Herzogin ihrem deutschen Gelehrten aufgeschwatzt hat. Wie lange die es wohl schafft, sich hier zu halten?"

„Du hast auch Freundinnen dort gehabt, vernünftige, moralische Frauen. Olympia ..."

„Weißt du, Olympia lebte damals in einer anderen Welt. Wir standen uns nicht sehr nahe. Sie konnte ... Ach was, das spielt jetzt keine Rolle mehr. Ich würde mich freuen, sie hier zu sehen. Die Frauen an diesem Hof sind ordentliche, bürgerliche Ehefrauen, von denen die meisten der evangelischen Lehre anhängen. Denn die altgläubigen Räte sind Priester und haben keine Frau."

„Soweit das am Hofe zu sehen ist", warf Johannes ein.

„Im Ernst", fuhr Françoise fort, „eheliche Konflikte eines Fürstenpaares brauchen uns nicht zu bekümmern. Hier würde es Olympia besser gehen."

Andreas Grundler, der erstaunt auf Françoises Ausführungen reagiert hatte, schüttelte den Kopf. „Das glaube ich nicht. Olympia hat mit jeder Art von Hofleben abgeschlossen. Für uns kommt nur eine bürgerliche Stadt in Frage."

Johannes Sinapius seufzte. „Wenn du dich da nicht verschätzt. Der Hof ist Olympias Leben, auch wenn sie zurzeit unter Schock steht. Mein Gott, mit welcher Anmut hat dieses Mädchen immer die Balance gehalten, ein ganz moralischer Mensch zu sein und voller Lebenslust. Wie habe ich sie dafür bewundert. Du wirst sie zerstören, wenn du sie in eine brave kleine Reichsstadt wie Schweinfurt entführst."

„Du machst mich wütend. Wie sich das Blatt am Hofe gewendet hat, hast du nicht mehr mitbekommen. Die Fürstin gibt den Anweisungen ihres Mannes nicht nur nach, sie behandelt uns, als ob wir ihre Feinde wären. Olympia und ihre Schwestern sind vom Hof verjagt worden, durften nichts mitnehmen, und Olympia hat man eine Abfuhr erteilt, als sie höflich um eines ihrer Kleider gebeten hat. Kannst du dir das vorstellen? Jungen Frauen, die gerade ihren Vater verloren haben, schutzlos sind und nicht wissen, was sie morgen essen sollen, so mitzuspielen. Solche Undankbarkeit, ach was, Grausamkeit! Nach Jahren treuer Dienste, oft unter schwierigsten Bedingungen. Und jetzt nicht einmal mehr ein Kleid."

„Ja, ja, ja. Aber das zeigt nur, dass die Fürstin am Ende ist. Zermürbt, voller Angst. Sie ist auch ein Mensch."

„Der seinen eigenen Vorteil immer wahrt. Weißt du, was sie beim Besuch von Papst Paul mit Seiner Heiligkeit ausgehandelt hat? Nein, weißt du nicht, damit hat sie sich erst vor Kurzem gebrüstet. Dass sie persönlich nicht unter Beobachtung der Inquisition steht und folglich auf dem Gebiet der Glaubensüberwachung immun ist. Sie allein, nicht etwa auch ihre Entourage, von der sie immer entschlossen Gefolgschaft verlangt hat."

Mit Genugtuung sah er, dass seine Rede den beiden Tränen in die Augen getrieben hatte.

Sie schwiegen, bis Françoise aufstand und sich verabschiedete. „Ich wünsche dir und Olympia eine Zukunft, Andreas, in der die Wunden der letzten Monate verheilen. Auch wenn es Zeit braucht. Ich werde für euch beten. Gute Nacht."

Die Männer starrten weiter in die verlöschenden Flammen des Kaminfeuers. Schließlich stand Johannes auf, legte ein paar Scheite nach und blies kräftig in die Glut. Dann wandte er sich um.

„Trotz allem, was euch angetan wurde, Andreas – Olympia wird sich erholen. Im Augenblick musst du in ihr eine Kranke sehen. Wenn die Narben verheilen, wird sie ins

Leben zurückkehren wollen. Ein frommes Leben führen, frommer vermutlich und ernsthafter als in ihrer Jugend am Hofe von Ferrara, aber kein weltabgewandtes. Das entspricht Olympias Wesen nicht."

„Ich bin mir sicher, dass das richtig für uns ist."

„Du weißt, wie lange und wie gut ich Olympia kenne. Sie neigt zu Extremen und dazu, sich zu überfordern. Bitte, geh vorsichtig mit ihr um. Ihre Briefe, selbst die an mich, ihren Lehrer, zeigen mir eine leidenschaftliche Frau. Eure Liebe wird sie heilen. Versteckt euch nicht hinter Gebeten."

„Tun wir nicht. Die Literatur lieben wir beide. Die braucht Olympia wie die Luft und wahrscheinlich auch den Unterricht. Wenn wir Emilio mitnehmen, wird sie ihn erziehen und unterrichten. Aber wir wollen und brauchen ein bürgerliches Leben, fernab von einem Hof."

„Wenn du meinst."

„Ja, das meine ich."

Schweigen.

„Wartet Françoise nicht auf dich?"

„Doch, das tut sie. Obwohl es hier in Deutschland angenehm warme Federbetten gibt, die einen Ehemann zeitweise ersetzen könnten. Aber eben nur eine Zeit lang. Vetter, runzele nicht schon wieder die Stirn ob meiner Frivolitäten. Im Grunde bin ich brav und gottesfürchtig. Und wie Odysseus nach langer Odyssee – auch manchen Irrwegen – an den Herd im heimischen Ithaka zurückgekehrt. Und nun rück endlich mit der Frage heraus, die dir seit dem Reichstag in Augsburg auf den Nägeln brennt. Meinst du, ich habe nicht bemerkt, wie betroffen dich die Frage von Menrad Molther nach meiner Lues gemacht hat? Seitdem bist du mir gegenüber verändert."

„Als du nach Ferrara gingst, schwirrten in Schweinfurt Gerüchte herum, dass du an der Lustkrankheit erkrankt seist und dich mit dem Teufel eingelassen hättest, um sie loszuwerden. Das habe ich damals für verleumderisches Geschwätz gehalten."

„Und solltest inzwischen so lebenserfahren sein, diese alte Geschichte nicht wichtig zu nehmen – wenn man einmal vom medizinischen Aspekt absieht. Ich habe sie dir nicht bewusst verschwiegen. Wenn es das ist, was dich kränkt."

„Und warum hast du sie verschwiegen?"

„Sollte ich mich damit brüsten? Aber wenn es dich interessiert, ich habe nichts zu verbergen ... Ja, ich bin in meiner Studentenzeit hin und wieder nach einer durchzechten Nacht mit meinen Freunden im Frauenhaus gelandet. Besonders erfreulich fand ich es jedoch nicht. Schon der schwere Moschusgeruch, welcher den in allen Räumen hängenden Schweißgeruch überlagerte, war widerlich. Dann die Mädchen, die sich abgebrüht gaben! Am Tag danach habe ich mich scheußlich gefühlt. Erleichtert zwar, aber scheußlich.

Die Kur, die mein Freund Lotzer an mir ausprobierte, als mich die Krankheit erwischt hatte, war noch scheußlicher. Sie könnte wirklich vom Teufel erfunden sein, da hat das Gerücht recht. Schwitzen, schwitzen, vierzehn Wochen lang. Die arme Frau, die mich während der Kur bei sich aufgenommen hatte, musste wie im tiefsten Winter heizen. Dazu die Diät. Ich konnte die Hühnchen kaum zählen, und mir wurde bereits schlecht, wenn ich die Brühe roch. Rohe Eier, aufgeschlagen in Buttermilch, ein schleimiger Aufguss von der Hibiskusblüte. An bestimmten Tagen brachte die Aufwärterin in Butter gekochten Absinth. Aber das Schlimmste: der ölig-trübe, süßlich schmeckende, lauwarme Absud von gemahlenem Franzosenholz, dieser Wundertrank, den ich zweimal täglich schlucken musste. Eine ganze Fuhre Guajakholz, das unglaublich hart war und im Hof mühselig zerkleinert werden musste, habe ich verbraucht. Es hat ein Vermögen gekostet. Zum Glück zahlte mein Vater, ohne zu murren."

„Und? Hat es genutzt?"

„Immerhin siehst du mich gesund und munter vor dir sitzen. Vielleicht ein bisschen anfälliger als vorher. Damals habe ich mich allerdings des Öfteren gefragt, ob ich diese Kur überleben würde. Aus allen Körperöffnungen verließen mich die schlechten Säfte. Vierzehn Wochen lang! Hin und wieder hat Lotzer mich zur Ader gelassen. Schließlich fühlte ich mich unglaublich schwach, aber – die Pustulae heilten ab, die quälenden Knochenschmerzen hörten auf, Haare verlor ich kaum noch, auch wenn die Kopfhaut wie von Motten zerfressen aussah. Nur war der Kopf völlig leer und von einem wabernden Netz durchzogen, in dem sich jeder Gedanke verfing.

Erst als die Freunde mich wieder besuchen durften, begannen einzelne Gedanken sich aus der weichen Masse dieses Nebels zu lösen und konkrete Formen anzunehmen. Seltsamerweise stolperte ich zuerst über Bilder von den Mädchen im Frauenhaus. Die lange, magere Sophie tauchte auf, die unaufhörlich plapperte, während die hübsche, runde Magdalena wortlos und grob ihr Geschäft besorgte. Dann begann mich das Gerumse und Gestöhne des ganzen Stockwerks zu verfolgen. Und obwohl das Zimmer nicht überheizt war, begann ich wieder zu schwitzen und mich vor mir selbst zu ekeln. Ganz Europa leidet inzwischen an der Lustseuche.

Ich habe gelobt – und mich daran gehalten –, in Zukunft einen Bogen um die leichten Frauen zu machen, nur aus dem Geist zu leben. Habe Oden gedichtet, sah mich im Dichterwettstreit mit den Freunden von Nymphen umschwebt. Aber solche lichten, luftigen Wesen gedeihen an einer deutschen Universität nicht gut. Außerdem merkte ich, dass man als Professor in Deutschland ein Hungerleben führt. Die Kur hatte mein Interesse an der Medizin angeregt. Da war Ferrara die erste Adresse."

„Und du hast es nie bereut!?"

„Nein, nie. Weder die Medizin noch die Griechischstudien haben mir Anlass dazu gegeben. Übrigens, meistens auch nicht das Leben am Hofe. Vor allem habe ich dort meine Frau gefunden."

„Du führst eine zufriedene Ehe."

„Ja, Andreas, und ich wünsche dir und Olympia ebenfalls solche Harmonie. Apropos: Länger sollte ich Françoise nicht unter dem Federbett allein lassen. Sicher finden wir in den nächsten Tagen Zeit, über die Wirkung des Guajakholzes zu reden."

„Ja, manche halten es für nutzlos."

„Zu denen gehöre ich nicht. Und jetzt: eine gute Nacht."

„Gute Nacht denn."

Aufmerksam suchte er den Waldrand mit den Augen nach verdächtigen Bewegungen ab. Dann holte er tief Luft und trieb sein Pferd an. Dieses dunkle Waldstück wollte er rasch durchqueren, zumal es bereits dämmerte, wodurch sich die verdächtigen Schatten im Wald vermehrten. Hätte er bloß heute Morgen die Einladung der Kaufleute mit ihrer Wagenkolonne nicht ausgeschlagen! Die waren von vier bewaffneten Reitern begleitet gewesen. Zehn Menschen bildeten eine weitaus schlechtere Zielscheibe für einen Überfall als ein Einzelner.

Und weswegen ritt er allein? Weil er auf dem Pferd schneller vorankommen wollte. Weil ihn die Unruhe trieb. Doch wenn er erschlagen im Straßengraben lag, würde er nirgendwo mehr hinkommen. Diese vermaledeite Eile. *„Liebe ist ein Gefühl von beklemmender Furcht."* Ach, Olympia, du ängstigst dich zu Recht und hast mir eindringlich zur Vorsicht geraten!

Ein Brief von ihr, ein leidenschaftlicher, voller Sorge um ihn und ihre gemeinsame Zukunft. Liebe – er wagte das Wort kaum zu denken. Dieser Brief trieb ihn voran. War das möglich, ein solches Glück? Er hatte es nicht zu hoffen gewagt. Diese schöne junge Frau am Hofe von Ferrara hatte er lange aus der Ferne bewundert; aber sie war für einen Studenten wie ihn unerreichbar gewesen. Erst später, als sie ihren Vater pflegte, war sie ein reales Wesen für ihn geworden. Und doch unirdisch ...

Dann hatte sich das Blatt gewendet und sie brauchte Hilfe. Die Ehe mit ihm bot sich an. Er hatte ihre Zurückhaltung, ja sogar Abneigung gespürt, da brauchte er sich nichts vorzumachen. Aber sie musste aus Ferrara fort. Bei ihm war sie sicher, wenn er sie in eine protestantische Stadt brachte. Er hatte sich darauf eingestellt, dass diese Ehe für Olympia die vernünftige Lösung war, und gehofft, dass im Laufe der Zeit ihre Gefühle ihm gegenüber wachsen würden.

Und jetzt ein Brief, in dem *sie* von Liebe sprach! Dieses Wort hätte sie vor wenigen Wochen nicht einmal gedacht, nicht in Bezug auf ihn. Doch jetzt sprach sie es aus, sorgte sich um ihn, und die Sorge war getragen von Sehnsucht. Er sah ihr Gesicht vor sich, den kleinen entschlossenen Mund, der die Worte Senecas flüsterte, während sie diese niederschrieb: *„Wahre Liebe, sie hasst Aufschub, erträgt ihn nicht.“*

Dass Olympia über starke Gefühle verfügte, das hatte er bislang hauptsächlich in ihrer Abwehr zu spüren bekommen. Aber nach seiner Rückkehr würde er in ihren Augen etwas anderes finden. Welches glückliche Geschick hatte ihn nach Ferrara gesandt, damit er dort dieses Juwel aufspürte – seine Frau, die er lieben durfte und die diese Liebe erwiderte? Die sein Leben mit ihm teilen würde. Und er, Andreas Grundler aus Schweinfurt, war der Erwählte, der sie heimführen durfte.

Laut schrie er sein Glück in den Abend. Am liebsten wäre er losgestürmt, in einer Nacht über die Alpen geflogen, getragen vom Wind, dem Boreas, der ihn in den Süden blies, in die Arme der Geliebten.

Er hörte Hufschlag hinter sich, der rasch näher kam. Gottlob, nur ein einzelner Reiter. Trotzdem suchte er mit der Hand den Griff seines Degens.

Der Mann preschte an ihm vorbei, zog grüßend den Hut. „Wenn Ihr das Stadttor von Augsburg noch geöffnet finden wollt, so müsst Ihr Euch beeilen.“

„Ja, ich weiß." Er versuchte nicht, dem Fremden zu folgen, ließ einen Abstand, lächelte in sich hinein. So war das. Gerade noch träumte er davon zu fliegen, und schon zwang ihn die Vernunft zur Vorsicht, wenn er sein Ziel erreichen wollte. Er trug jetzt schließlich auch die Verantwortung für Olympia und ihre Familie.

Die Gespräche mit Vetter Sinapius hatten ihn mehr beunruhigt, als er sich bisher eingestanden hatte. Weniger die Geschichte seiner Krankheit. Da ärgerte er sich einfach, dass Johannes sie ihm nicht früher erzählt hatte, fühlte sich als Mediziner und Freund nicht ernst genommen. Johannes' Lebensstil regte ihn weit mehr auf. Würde es sich nicht rächen, wenn er einem Führer der päpstlichen Partei diente?

Aber auch er, Andreas Grundler, sah jetzt auf der Heimreise dieses Land mit anderen Augen. In Deutschland schwelte nach dem Krieg Kaiser Karls V. gegen den Schmalkaldischen Bund und auch nach dem Versprechen des Kaisers, die Rechte der Protestanten zu regeln, der Zwist weiter. Das war im alltäglichen Misstrauen der Menschen untereinander spürbar. Er war so vielen Entwurzelten auf der Straße begegnet wie noch nie. Am Eingang eines Ortes wurde jeder Fremde einem akribischen Verhör unterzogen, und wenn er weiterzog, hörte man die Einheimischen geradezu aufatmen.

Welches ist deine Religion? So wurde an jedem Gasthaustisch gefragt und der Humpen nur gemeinsam geleert, wenn alle in gleicher Weise antworteten. Was gar nicht mehr einfach war, weil es inzwischen viele Religionsgründer gab. Dass Luther und Calvin oder Zwingli einmal Konkurrenten werden könnten, damit hatte er nicht gerechnet. Und die beiden waren längst nicht mehr die Einzigen.

Mit Olympia befand er sich auf dem richtigen Weg, da konnte Johannes sagen, was er wollte. Für ihn und Olympia war eine evangelische Stadt richtig. Sie mussten beide zur Ruhe kommen. An einem Ort leben, in dem ihr

Gewissen nicht ständig bedrängt wurde. Sie wollten keine Bücklinge mehr machen, vor keinem Menschen, nur vor Gott sich beugen. Doch wusste Olympia nicht, wohin sie kam. Konnte sie dieses Land verkraften? Würde man in Deutschland in Zukunft wirklich in jedem Dorf Gott in anderer Weise verehren? Eine furchtbare Vorstellung. Da hatte Sinapius recht, das entsprach dem Christentum nicht. Aber wie konnte er so locker über alles, selbst über den Glauben, reden und seinen Witz daran schleifen? Sah er die Gefahr nicht?

Er war von anderer Art als Sinapius. Das war ihm bei diesem Besuch klar geworden. Sein großes Vorbild. Er war ihm dankbar. In Ferrara hatten sich für ihn als Verwandtem der Brüder Sinapius die Türen schneller geöffnet als jedem anderen, das wusste er wohl. Und Johannes hatte ihn mit Olympia bekannt gemacht.

Hatte Johannes zu lange an einem Fürstenhof jenseits der Alpen gelebt? Der Freund hatte einen solchen Gedanken weit von sich gewiesen. Er war sich sicher und hatte in geschliffenen Worten jedes Problem heruntergespielt. Überzeugend. Grundler konnte nur hoffen, dass der Vetter sich wirklich auf dem Weg befand, auf dem er sich glaubte, einem Weg des Ausgleichs. War das möglich, ohne in zentralen Fragen des Glaubens zurückzuweichen und an der eigenen Seele Schaden zu nehmen?

Inzwischen wurde es dunkel. Die tief eingefahrenen Wagenspuren auf der Straße konnte er noch erkennen, trotzdem musste er den Schritt des Pferdes verlangsamen. Das Stadttor war geschlossen, was nicht schlimm war. Er wusste von Hörmann, in dessen Haus er übernachten wollte, dass man auch zur Nachtzeit eingelassen wurde.

Grundler brauchte eine Weile, bis er die unauffällige Pforte in der Mauer gefunden hatte. Daneben hing eine Eisenkette, an der er zog. Er wartete. Nichts war zu hören: keine Glocke im Innern, keine Schritte, wie von Geisterhand bewegt, sprang die Tür auf. Innen folgte er der Brücke über den Stadtgraben, trieb sein Pferd in einen offenen dunklen Raum auf der anderen Seite. Hoffentlich war das keine Falle.

Endlich trat ihm ein Pförtner mit einer Fackel entgegen, fragte, wer er sei und wo er übernachten wolle. Dann zog sich der Mensch schweigend zurück. Erneutes Warten. Plötzlich krachte es, eine Schranke vor ihm schnellte hoch. Die große Zugbrücke, die wie ein Tor den Weg versperrt hatte, begann sich knirschend zu senken. Ein weiterer Graben, eine Holztür, die sich ebenfalls ohne erkennbare menschliche Tätigkeit öffnete und hinter ihm wieder ins Schloss krachte. Langsam wurde das unangenehm. Immerhin war der Saal vor ihm beleuchtet.

Plötzlich ertönte eine Stimme von weiter oben, er solle die zwei Batzen Einlassgeld in den eisernen Korb an der Seite legen. Dann entschwand der Korb vor seinen Augen nach oben. Kurze Zeit darauf öffnete sich die nächste Tür und entließ ihn auf eine Straße innerhalb der Stadt.

Er atmete auf. Das hätte auch anders ausgehen können! Bei der nächsten Reise würde er diesen Weg nicht ohne Not wählen. Es war nicht nur schade um die zwei Batzen, sondern auch recht unheimlich gewesen. Vor allem wenn er bedachte, dass Karl V. erst kürzlich den Päpstlichen das Stadtregiment anvertraut hatte, der Großteil der Bürger aber Anhänger von Zwingli oder Luther war. Wer weiß, was passiert wäre, hätte er sich zu Calvin bekennen müssen. Im Hause Hörmann würde man ihn hoffentlich auf etwas menschlichere Art begrüßen!

In der Fremde

Auf dem Brennerpass, Frühjahr 1550

Einen Augenblick lang wusste sie nicht, wo sie sich befand. Sie war nicht zu Hause – so viel war klar –, Ferrara weit weg. Es gab dort keine Familie mehr. Die Schwestern lebten an verschiedenen Orten Italiens. Und die Mutter?

Ihre Haut spannte am ganzen Körper. Wie ein Kleid, aus dem sie herausgewachsen war. Sie hatte geträumt. Doch kein Bild war mehr fassbar. Im Kopf waberte wieder einmal ein unbestimmtes Grau. Hatte der Teufel sie erneut heimgesucht? Er plagte sie beständig, schlich sich in der Nacht in die Kammer, quälte sie, ohne dass sie erkannte, was er wollte.

Stück für Stück kehrte die Orientierung zurück. Sie war irgendwo in den Alpen, in einem Gasthaus. Sie lauschte auf den Atem der beiden Menschen, die mit ihr im Bett lagen. Die raschen Atemzüge Emilios, hin und wieder unterbrochen von kleinen Seufzern oder glucksenden Lauten; die langsameren von Andreas, in die sich regelmäßige Schnarchtöne mischten.

Ihr eigener Atem kämpfte sich schwerfällig hervor. Auch wagte sie kaum, die stickige Luft in sich hineinzuziehen. Vorsichtig rutschte sie zur Seite, glitt aus dem Bett, tastete sich zum Fenster vor und öffnete die Läden, um die Nachtluft einzulassen, die angenehm kühl über ihre Haut strömte. Jetzt atmete es sich leichter. Wie würzig die Luft in diesen Bergdörfern schmeckte. Kalt und frisch. Der weite Nachthimmel, von dem die gleichen Sterne grüßten wie daheim in Ferrara.

Die Tage waren hell, voller neuer Eindrücke: die sprießenden, zart, fast durchsichtig grün leuchtenden Wiesen, die in weiße und rosa Blütenwolken getauchten Obstbäume; freundlich grüßende, wenn auch bärbeißige Menschen, schmucke Dörfer mit behäbigen, bunt bemalten Häusern; Gasthöfe, in denen sie gut versorgt wurden.

Sie war unterwegs mit ihrem Mann in seine Heimat. Mit Andreas Grundler, ihrem Ehemann, dem sie vor ihrer Abreise aus Ferrara das Jawort gegeben hatte. In aller Stille, damit sie in Ferrara kein Aufsehen erregten. Ihren Bruder Emilio hatten sie mit auf die Reise genommen; sie wussten sich in Gottes Schutz, es gab keinen Grund sich zu fürchten.

Wenn die Nächte nicht wären. Oft hielt es sie über Gebühr lange in der Gaststube, obwohl der Rauch des Feuers in den niedrigen Räumen stand, vermischt mit den Essensgerüchen und den Ausdünstungen der Menschen, die ungeheuer viel tranken – besonders die Kraxenträger, die halbe Schränke auf ihrem Rücken über die Berge trugen, und die narbenbedeckten Kerle, die die Kaufmannszüge durch die Berge führten und vor Überfällen schützen sollten. Je später der Abend, umso lauter knallten jene ihre Steinkrüge auf die Holztische und brüllten in ihrer knarrenden Sprache, die mit riesigen, harten Konsonanten durchsetzt war. Und trotzdem – das alles war leichter zu ertragen als das, was sie im Schlaf heimsuchte.

Hinter ihr bewegte sich etwas. Andreas stand plötzlich neben ihr.

„Was ist? Kannst du wieder nicht schlafen? Kein Wunder, die fetten Würste und der gebratene Speck liegen mir auch steinschwer im Magen. Da nützt selbst das saure Kraut wenig, das wir seit einer Woche täglich bekommen. Das ist für die Verdauung eigentlich gut, für deinen feinen Magen wohl eher eine Belastung."

„Ich habe von den Würsten und dem Speck gar nichts gegessen, sondern nur von den köstlichen Fischen, die wir bei der Ankunft im Bottich vor der Tür haben schwimmen sehen. Sie waren frisch gekocht und hervorragend. Nein, über das Essen kann ich mich nicht beklagen. Sogar an den Würzwein habe ich mich gewöhnt, obwohl er heute nach Salbei schmeckte."

„Die Gaststube muss ein furchtbarer Ort für dich sein."

„Manchmal. Die Menschen sitzen so eng aufeinander und lärmen grässlich."

„Hierzulande wird überall viel getrunken und herumgeschrien. Das gilt als männlich. Es tut mir leid, dass ich dich solcher Unbequemlichkeit aussetzen muss."

„Eine merkwürdige Sitte. Aber es ist nicht deine Schuld. Wo du mich hinbringst, ist es gut. Hoffentlich werden die Menschen dieses unmäßige Trinken einstellen, wenn die Reformation voranschreitet."

„Das bezweifle ich. Die Alpenbewohner sind sture Köpfe. Die Streitigkeiten um die Religion haben die Lage verschärft. Außerdem sind die meisten Papisten."

„In Trient habe ich mich gefürchtet. Man konnte die Scheiterhaufen riechen."

„Das kann nicht sein. Du weißt, dass das Konzil ausgesetzt ist. Die päpstlichen Gesandten sind zur Zeit nicht in der Stadt. Und verbrannt haben sie bislang nur Bücher."

„Trotzdem ..."

„Na, komm. Aber es ist fraglich, ob bei diesem Konzil je etwas herauskommt. Es hätte dreißig Jahre früher einberufen werden müssen. Von Papst Hadrian! Aber er war kein Römer und meinte es ernst, da hat sein Pontifikat nur ein gutes Jahr gedauert."

„Gestern sagte bei Tisch ein Kaufmann, der übrigens ein ausgezeichnetes Italienisch sprach, dass man um Innsbruck einen großen Bogen machen müsse, da der Kaiser dort Truppen zusammengezogen habe und die Soldaten marodierten."

„Macht dir das Sorgen?"

„Nein, eigentlich nicht."

„Was ist dann mit dir?"

„Der Teufel hat mich wieder bedrängt."

„Ach, Olympia. Der Teufel! Das ist ein großes Wort. Du hast viele Gründe, besorgt zu sein. Die Fremde, die ungewisse Zukunft."

„Nein, davor fürchte ich mich nicht. Auch die hohen Berge, die bedrohlich aussehen, und die steilen Wege machen mir Angst, aber die vergeht wieder. Ich genieße die Reise, vor allem weil ich mich auf unsere Zukunft freue. Nur die Nächte, in denen ich keinen Schlaf finde ..."

„Warte, bis wir in Augsburg sind. Dort wirst du endlich Zeit haben, Emilio zu unterrichten und wieder zu studieren.“

„Emilio macht mir Sorgen. Dauernd ist er verschwunden. Ich habe gesehen, wie er sich draußen mit einigen Jungen herumprügelte. Als ich nach ihm rief, sind sie auseinandergestoben. Er war verkratzt, hat geheult und ihnen in eurer Sprache etwas nachgerufen, was ich nicht verstehen konnte, sich aber verdächtig nach einem Fluch anhörte. Als ich ihn zurechtwies, hat er mit dem Fuß aufgestampft.“

„Lass ihn. Er hat eine schwere Zeit hinter sich. Dein Vater und deine Mutter haben den einzigen Sohn sehr behütet und vom Leben ferngehalten. Das will er nachholen. Er ist ängstlich und muss sich deswegen heftig behaupten.“

„Meine Eltern waren stolz auf seine guten Manieren und ich lasse ihn verwildern.“

„Na, na. Deine Schulzucht wird das wieder zurechtrücken.“

„Hoffentlich. Sag mal, wollen wir wirklich bei diesem kaiserlichen Rat vorsprechen und ihn um seine Gastfreundschaft bitten?“

„Ja, die Hörmanns sind sehr gastfreundlich und uns gewogen. Ich habe bereits mehrmals in ihrem Haus in Augsburg übernachtet. Jetzt werden wir in Schwaz erwartet. Wir werden noch vor Innsbruck die Reisegruppe verlassen und an der Pferdestation Maultiere mieten, die uns in ein paar Stunden hinbringen. Das große Gepäck kann ruhig nach Augsburg vorausreisen.“

„Und wenn der kaiserliche Rat Hörmann den Brief seines Sohnes nicht bekommen hat?“

„Wenn in Deutschland auf etwas Verlass ist, dann auf die Post Venedig–Innsbruck–Nürnberg. Hörmann arbeitet für den reichsten Kaufmann Deutschlands, den Fugger. Dessen Briefe gehen nicht verloren.“

Am Horizont zündete jemand eine fahle Lampe an. Die schwarzen Baumsilhouetten zeichneten sich nach und nach deutlicher vor den Bergen ab, die erst in dunkelgraues Licht getaucht waren, sich allmählich silbrig aufhellten, bis endlich das helle Grün der Wiesen die weite Landschaft beherrschte.

„Da zwitschert eine Schwalbe. Gleich werden die anderen Vögel erwachen und uns den Rest des Schlafes mit ihrem Gesang versüßen. Komm wieder ins Bett."

„Lass uns noch ein bisschen hier stehen. Die Kühle ist so angenehm."

Andreas legte seine Hand auf ihren Arm, zuckte, als er die Kälte ihrer Haut spürte.

„Du wirst krank werden, wenn du hier noch länger stehst." Mit beiden Händen begann er ihre Schultern und Arme zu reiben und schob sie zum Bett hinüber, was sie ohne Widerstand zuließ. „Schlüpf in die Mitte. Zwischen uns beiden wirst du dich am schnellsten aufwärmen."

Sie gehorchte und wehrte ihn auch nicht ab, als er nah an sie heranrutschte und seinen Arm um ihren Körper schlang.

Seine Wärme tat gut. Die Müdigkeit breitete sich vom Bauch her in ihr aus. Bevor sie in den Schlaf glitt, wunderte sie sich, wieso ihre Haut sich wieder zu angenehmer Größe gedehnt hatte.

Zu ihrem Erstaunen wurden sie im hoch aufragenden, herrschaftlichen Wohnhaus der Fugger in Schwaz erwartet. Helle, große Gastzimmer waren für sie hergerichtet. Georg Hörmann von und zu Gutenberg kam der Arzt aus Ferrara gerade recht. Hörmann war dabei, sich als Verwalter der Fugger'schen Bergwerke zur Ruhe zu setzen. Er fühlte sich seit Langem unpässlich, hatte den Schmerzen aber bislang keine Bedeutung zugemessen. Doch seit ein paar Wochen drückten sie ihn nieder.

Es begann eine ruhige, angenehme Zeit für Olympia, die sie hauptsächlich in der Bibliothek des Hauses verbrachte. Zu ihrem Erstaunen fand sie viele lateinische Schriftsteller und mehrere Bibeln, auf Deutsch und Lateinisch. Es war das erste Mal in Olympias Leben, dass sie als Gast in einem vornehmen Hause weilte, umsorgt von einer aufmerksamen Dienerschaft, ohne eigene Pflichten.

Doch blieb ihre innere Unruhe. Manchmal wartete sie geradezu darauf, dass die Tür sich öffnete und jemand ihr etwas auftrug ... Wie es Prinzessin Anna wohl in Frankreich erging? Ob ihr Mann wusste, dass Anna im rechten Glauben erzogen war? ... Die Herzogin würde jetzt in Comacchio sein. Würde ihr leid tun ...? Ach was. Das war vorbei. Aus und vorbei.

Olympia wusste, dass sie bei den Hörmanns sicher waren, da die sich auch der evangelischen Lehre zugewandt hatten. Sie selbst beeindruckte die Tischgesellschaft mit ihrem Latein, ihren geistreichen Bemerkungen und ihrer Bildung. Aber in ihr blieb eine Distanz. „Komm endlich von deinem Olymp zu uns herunter“, scherzte Andreas manchmal, wenn sie allein waren. Dann lachten sie beide. Doch vermied sie es, ihn dabei anzusehen.

Der spröde Geruch, der an manchen Tagen von der Stadt herauf bis zum Fugger'schen Haus drang, erweckte Andreas' Interesse. Er komme von den Bergwerken her, erklärte der alte Hörmann bei Tisch und warnte die Grundlers, den Gottesdienst in der Stadt zu besuchen. Die Bergleute neigten zur Aufsässigkeit und luden manchmal Aufruhr predigende Gestalten zu ihren Gottesdiensten ein. Und außerdem, fügte er mit einem Seitenblick auf Olympia hinzu, sei es für die Dame aus Italien kein einladender Anblick, Männern zu begegnen, die unter ihren Kapuzen und mit den am Rücken herabhängenden Lederschürzen aus dem Fels hervorgekrochenen Berggeistern ähnelten.

Olympia atmete auf, als Hörmann seinen Umzug nach Kaufbeuren auf den Tag genau mit Ablauf seines Vertrages am achten Juli festlegte und seinen Arzt bat, ihn mit seiner Familie zu begleiten. Von der Fahrt nach Augsburg riet er vorerst ab. Dorthin strömten von überall her die Fürsten mit ihrem Gefolge zum Reichstag. Es werde sicher Unruhe geben.

Kaufbeuren. In dem riesigen Anwesen verbrachte Olympia einen angenehm warmen Sommer ohne die drückende Hitze Ferraras. Mit der lateinischen Bibel saß sie an einem Tisch in der Gartenlaube, wohin man ihr regelmäßig erfrischende Getränke brachte. Oft leistete Andreas ihr Gesellschaft.

Unbeschwerte Tage, wenn ... ach, wenn ... Sie wartete jeden Tag auf die Post. Keine Antwort auf eines der zahlreichen Bewerbungsschreiben, die Andreas losschickte. Warten, warten. Wer stellte in diesen unsicheren Zeiten jemanden ein? Keinerlei Nachricht gab es aus der Heimat – nicht mal ein Brief von Sinapius, dass er auf dem Reichstag in Augsburg eingetroffen sei.

Sie schrieb Briefe nach Italien, an jede Schwester, an die Mutter. Keine Antwort. Sie mussten bereits mehrere Briefe von ihr erhalten haben. Vielleicht waren die Schwestern zu sehr von ihren Pflichten beansprucht ... aber eine kurze Nachricht? Waren neue Schwierigkeiten über sie hereingebrochen?

Und die Mutter! Während sie darüber grübelte, warum die Mutter nichts von sich hören ließ, ging ihr zum ersten Mal richtig auf, was sie der Mutter angetan hatte. Eine alte Frau, ohne den Schutz eines Mannes und ihrer Kinder. In Ferrara, der Stadt, deren Fürst das Unglück über ihre Familie gebracht hatte. Und sie, Olympia, hatte der Mutter den einzigen Sohn weggenommen, als wäre das selbstverständlich. Musste die Mutter nicht mit ihr hadern? Mit der Tochter, die schon als Kind ihren eigenen Weg gegangen war und der Mutter den schuldigen Respekt vorenthalten hatte?

Sie selbst hatte in den Sorgen der Mutter etwas wie Missgunst gesehen, dass die Mutter ihr das Leben am Hofe nicht gönnte. So hatte sie ihre liebevolle Fürsorge missachtet. Welch stolzer Eigensinn hatte sie getrieben, die häuslichen Pflichten zu verachten, um sich den weit ernsteren Pflichten der Dichterin zu widmen. Wie engstirnig war das gewesen! Jetzt in Deutschland würde sie Hausfrauenarbeit erledigen müssen.

Dieses müßige Leben bei den Hörmanns war ein Luftgebilde. Andreas hatte das von Anfang an begriffen. Aber wenn sie ihren Olymp, wie er es nannte, verließe: Wo würde sie landen? Wohin sie blickte, sie kam sich vor wie in der weiten Moorlandschaft der Poebene, in der sie bei jedem Versuch, sicheren Boden unter den Füßen zu finden, im Morast versank.

Endlich ein Brief! Von Lavinia della Rovere. Wenigstens die Freundin dachte an sie. Voller Liebe. Schrieb, dass sie in Kürze nach Rom abreisen würde. Und berichtete von Fanini, dessen Leben sehr gefährdet sei.

Fanini. Der säuerliche Moder der Verliese, die meterdicken Mauern. Der zu einem mit dünner Haut bedeckten Skelett abgemagerte Körper des Gefangenen; der stählerne, von seinem Bekenntnis erfüllte Blick. Wenn sie ihm helfen könnte! Sie musste schreiben, wenigstens schreiben – an jeden, der ihn noch retten konnte.

Herbst 1550

Schließlich erreichte sie die Einladung von Sinapius, zu ihm nach Würzburg zu kommen. Noch einmal eine lange Reise im holprigen Wagen. Als sie kurz vor Würzburg die hoch aufragende, graue Bruchsteinmauer der Marienburg erblickten, wäre Olympia am liebsten umgekehrt. Dann entdeckte Emilio an der Wagenstation Johannes Sinapius und die kleine Theodora, die aufgeregt winkten.

Emilio stürzte als Erster aus dem Wagen und begrüßte alle in seinem besten Deutsch. Sinapius schloss Olympia in seine Arme. Theodora zerrte an Olympias Rock, bis auch sie geküsst wurde. Atemlos fragte sie, ob sie jetzt Lateinunterricht bekäme. Sie freue sich seit Wochen darauf. Schließlich umarmte Françoise die Ankommenden herzlich.

Oben in der Festung hatte die Familie Sinapius in einem Nebengebäude eine großzügige, elegante Wohnung mit weitem Ausblick über Stadt und Land bezogen. „In unserem trutzigen Adlerhorst sind wir vor ungebetenen Gästen sicher", erklärte Sinapius mit einem gewissen Stolz. Sie waren endlich zu Hause bei Verwandten!

Doch wollte sich Olympias Appetit nicht einstellen, trotz der erlesenen Speisen. Sie fror, auch wenn die Herbstsonne warm schien, die Bäume und den rankenden Wein im Hof tiefrot und golden verfärbte. Häufig war ihr schwindlig. Als Johannes sie fragte, ob sie vielleicht in anderen Umständen sei, schüttelte sie traurig den Kopf. Wenn es das wäre. Aber in ihr flüsterte ein Dämon.

Hatte Andreas anfangs nicht Bedenken gegenüber diesem Ort geäußert? In dieser Burg residierte ein Fürstbischof. In den Kellern hatten Aufständische gelegen, über die der Bischof harte Urteile gefällt hatte. Die Verurteilten seien Unruhestifter gewesen, sagte Johannes, denen recht geschehen sei. Ihnen sei es nicht um die Religion gegangen, sondern um weltlichen Aufruhr, indem sie jegliche Obrigkeit abschaffen wollten.

Und Fanini? Der lag auch im Kerker eines Fürsten. Ein Aufrührer. Nannte Herzog Ercole ihn nicht so? Waren sie, die Grundlers und Johannes und Françoise, in den Augen eines römischen Bischofs nicht ebenfalls Aufrührer, die sich seiner Gewalt widersetzten? Fragen, welche sie nicht beantworten konnte, mit denen sich außer ihr niemand herumzuquälen schien.

Theodora half ihr. Sie wolle lernen, aber ihr Vater habe nur wenig Zeit für sie. Seit sie Ferrara verlassen hätten, habe sie keinen regelmäßigen Unterricht mehr gehabt.

Das änderte sich jetzt. Alle genossen diese Stunden, besonders als sich herausstellte, welch angenehmen Einfluss

Theodora und ihre Kusine Brigitta auf Emilio ausübten. Nicht nur, dass er sich als ihr Ritter fühlte, sondern er begann sich im Wettstreit mit ihnen wieder anzustrengen und Fortschritte zu machen. Allerdings vergaßen Theodora und Emilio häufig, dass sie Latein sprechen sollten. Immer wieder verfielen sie ins vertraute Italienisch.

Nach dem Unterricht tobten die Kinder, angeführt von ihrem Ritter, durch die Flure der Festung. Françoise mochte es nicht, wenn die Mädchen bei diesen lauten Spielen mittaten, aber Johannes zuckte nur mit den Schultern, als sie ihn bat, die Kinder zur Ordnung zu rufen. Wenn Andreas wenigstens mäßigend auf Emilio eingewirkt hätte! Aber in diesem Punkt schienen sich die Männer verschworen zu haben. Und so blieben auch Olympias Ermahnungen folgenlos.

Eines Nachmittags saß sie vor einem Brief, während die Kinder im Nebenzimmer spielten.

„Auf die Knie, ihr Memmen", schrie Emilio. „Ihr sollt heulen und beten, denn ich stehe mit meinen Knechten vor eurem Burgtor und werde euch entführen, sobald ich das Tor eingerammt habe. Herrje, ist das schwer, diese Eisenbeschläge halten den Rammböcken stand. Wir müssen die Mauern erklettern. Auf, auf, ihr Mannen. Argos, sei ruhig und folge deinem Herrn."

Wie sollte sie sich bei diesem Lärm konzentrieren? Olympia stand auf, um die Kinder nach draußen zu verweisen, als ein markerschütternder Schrei ertönte, gefolgt von wildem Bellen. Sie stürzte ins Nebenzimmer. Totenbleich, mit offenen Mündern, in denen ihr Schrei stecken geblieben war, deuteten Theodora und Brigitta auf das offene Fenster. Emilio war verschwunden.

Das ist die Strafe, dachte Olympia, die Strafe Gottes! Dafür, dass ich mir zu viel zugetraut habe, ihn der Mutter genommen ... für alles, wofür mich der Teufel quält ... Sie fühlte sich wie gelähmt, und es kam ihr wie eine Ewigkeit vor, bis sie das Fenster erreichte. Am liebsten wäre sie rückwärts gegangen, ein paar Augenblicke zurück, damit sie Emilio hätte vom Fenster zurückrufen können, die Katastrophe ungeschehen machen. Sie brauchte ihre ganze Kraft, um sich über die Brüstung zu lehnen. Als sie sich zitternd über die dicke Hausmauer beugte, sah sie weit unter sich auf einem Felsen den Körper ihres Bruders liegen.

Im gleichen Augenblick drängten Andreas und Johannes sie zur Seite, warfen einen Blick hinab und rannten zur Treppe. Nach unendlich langen Minuten sah sie die beiden Männer aus einem der unteren Fenster klettern. Sie beugten sich über das Kind, sodass sie Emilio nicht mehr sehen konnte. Merkwürdig – sie glaubte den Jungen weinen zu hören.

„Er lebt!“, rief Andreas hinauf. „Ein Wunder, ein wirkliches Wunder.“

Vorsichtig trugen die Männer den Jungen hinein und legten ihn auf sein Bett. Noch einmal untersuchten sie ihn gründlich. Er wimmerte, hatte überall Schmerzen, aber alle Gliedmaßen ließen sich bewegen und seine Augen blickten klar. Olympia konnte es nicht glauben. Sie sah wohl, dass Andreas und Johannes neben ihr standen und sie anredeten, aber ihre Worte drangen nicht zu ihr. Schließlich schüttelte Andreas sie.

„Es ist ein Wunder, Olympia, er lebt, scheint unverletzt. Gott hat seinem Engel befohlen, ihn zu halten und zu beschützen.“

„Wir werden ihn ein paar Tage beobachten müssen“, ergänzte Johannes. „Das alles ist wider die Natur. Es kann sein, dass er epileptische Krämpfe bekommt.“

„Aber auch das muss nicht passieren, Olympia. Im Augenblick geht es ihm gut. Mach dir bitte keine Vorwürfe.“ Andreas legte seine Arme um sie, hielt sie wie ein Kind. Und plötzlich löste sich etwas in ihr. Sie schluckte, versuchte die Tränen zurückzuhalten, aber sie brachen aus ihr heraus; sie klammerte sich an Andreas, stammelte eine Entschuldigung, schluchzte und stöhnte.

Tagelang saß sie an Emilios Bett, verfolgte jede seiner Bewegungen und las ihm aus der Bibel vor. Dem Jungen ging es von Tag zu Tag besser. Er empfing seine Besucher voller Stolz, ließ sich eifrig bewundern, indem er die bunt schillernden blauen Flecke vorführte, und erzählte ausführlich von seinem Absturz, der von Tag zu Tag länger dauerte, von dem Aufprall auf dem Felsen, der zwar hart gewesen sei, aber so hart nun wieder nicht, irgendetwas habe seinen Körper vorher abgebremst.

Als Andreas und Johannes schließlich meinten, es sei genug, dem Jungen fehle offensichtlich nichts, er dürfe aufstehen, und sie würden alle zusammen einen Dankgottesdienst abhalten, fügte Olympia sich widerstrebend. Während des Gottesdienstes beobachtete sie ihn weiterhin in der Erwartung, dass er jeden Augenblick zusammenbreche. Aber nichts dergleichen geschah. Emilio schaute sie zwar ein paarmal unsicher an; als Grundler ihm jedoch die Bibel reichte, damit er einige Psalmen vorlese, klang seine Stimme sicher und von Zeile zu Zeile freudiger. Gott hatte ihm seinen Engel geschickt, um ihn zu erretten, daran glaubte Emilio fest.

Die Zuversicht, die im gemeinsamen Gesang aufklang, erfasste auch Olympia. Der Dämon begann zu weichen und störte ihren Schlaf seltener. Doch zog sich weiterhin etwas in ihr zusammen, wenn Emilio ungestüm mit Argos, Theodoras Hund, im Hof herumtobte. Das Tier hatte sich seit dem Unfall eng an ihn angeschlossen.

Täglich schrieb Andreas Grundler Bewerbungsbriefe, weiterhin kamen Absagen oder sie erhielten keine Antwort. Eines Morgens eröffnete Andreas ihr: „Ich weiß nicht mehr, wie es weitergehen soll. Wir können nicht ewig bei Johannes herumhocken. Ich brauche eine Stelle. Meine Verwandten werden mir am ehesten helfen können. Irgendetwas wird sich finden. Wenigstens für den Übergang. Du bist hier sicher. Ich fahre nach Schweinfurt und hole euch in Kürze nach."

Sie wusste, dass es das Beste war. Er fuhr ja nicht weit. Sie und Emilio waren hier gut aufgehoben, ja, ja, ja ... Aber jeder Tag ohne ihn verzehrte sie. Sie wurde krank. Schmerzen, deren Ursache auch Johannes Sinapius nicht fand, quälten sie.

Ganz Deutschland war aufgewühlt. Die Kriegsgerüchte verstärkten sich. Täglich hörten sie von Überfällen und Brandschatzungen. Fürstbischof Melchior von Zobel traf seine Vorbereitungen zum Kampf, die sie genau beobachten und hören konnten. Der Burghof glich einem Feldlager. Jeder hier wusste, dass der Arzt und seine Besucher aus Italien zur evangelischen Partei gehörten. Sollten sie hier sicher sein?

Olympia verweigerte das Essen, schlief kaum. Einzig die Psalmen der Bibel verschafften ihr ein wenig Linderung. Schließlich schrieb sie Andreas – ein Hilfeschrei aus tiefer Not –, flehte ihn an, er möge sie hier wegholen. Sie wolle lieber in bitterster Armut leben, als an diesem unheimlichen Orte weiterhin im Überfluss. Selbst Françoise fühle sich nicht mehr geschützt. Er müsse einen Wagen schicken, kommen, sie brauche ihn. Noch sei die Straße einigermaßen gesichert.

Als er kam, brachte er die Nachricht mit, dass er zum Stadtarzt von Schweinfurt ernannt worden sei. Nicht genau das, was er sich vorgestellt habe, aber ein Anfang. Kaiser Karl V. habe zum Entsetzen der Bürger zweihundert seiner spanischen Landsknechte über den Winter in der Stadt einquartiert. Die brauchten ärztliche Versorgung. Deswegen habe er seinen Dienst sofort zu beginnen. Das verlassen stehende Haus seines Vaters, der im letzten Jahr gestorben war, warte auf sie.

Ein Anfang. Im eigenen Haus, umgeben von Verwandten. Der Abschied fiel ihr leicht. Sie würden nicht allzu weit von ihnen entfernt leben. Der Winter hatte zwar bereits begonnen, doch sollte ihre Reise nur einen Tag lang dauern. Andreas bestand darauf, dass sie die Suppe an diesem

Morgen heiß in sich hineinschlürften und versicherte sich, dass sie alle drei fest in Decken eingepackt waren. Dann erst gab er dem Kutscher das Zeichen zur Abfahrt.

Olympia schaute ihren Mann von der Seite her an, in sein ernstes, konzentriertes Gesicht. Als er ihren Blick spürte, wandte er sich mit einem Lächeln ihr zu. In seiner Nähe war die Fremde nicht mehr fremd.

BRIEFWECHSEL

Schweinfurt, November 1552

„Der auf dem hohen Olymp herrscht und über die fruchtbare Erde, hütet mich. Was wird mir mangeln? Denn auf einer üppigen, weichen Wiese heißt er mich sitzen, wo sanft ein Wasser dahinfließt; damit kühlt er mich, wenn Leid mir die Sinne umschattet.

Selbst geleitet sogleich er zu der Gerechtigkeit Pfad mich in seiner machtvollen Stärke und seiner Barmherzigkeit Fülle.

Wenn ich durch tiefes Dunkel der schrecklichen Unterwelt schreite, wird doch mein Herz in der Brust von Ängsten niemals ergriffen.

Du nämlich hast mir stets als Helfer zur Seite gestanden, und der Stab wie dein Stock, sie stützen mich, wenn ich falle.

Sandtest mir eine reiche und wohlgeglättete Tafel, die mir so große, gewaltige Leidenschaft gab, dass die Feinde ich mit den Händen bezwinge in einer gewaltigen Feldschlacht.

Salbtest mir mein Haupt mit glänzendem Öle und reichtest mir den Pokal, der mit Wein, mit honigsüßem, gefüllt war.

Immer erbarmst du dich meiner, o Herr, so dass ich dein großes, herrliches Haus mit dem ragenden First alle Tage bewohne.“

Sie spürte den warmen Kachelofen im Rücken, rieb sich ein wenig daran. Dieser Ofen war eine wunderbare Erfindung. Sie fror leicht, und solche Winterkälte, die hier in Schweinfurt selbst den Fluss gefrieren ließ, war ihr unbekannt gewesen. Am Morgen vereiste Fenster; Eisblumen nannte Andreas die glitzernden Kristalle. Wunderschön anzusehen, aber aus Eis. Doch durch die Wärme des Ofens zerflossen die Blumen ebenso wie die Kälte in ihr. Kein Rauch vernebelte das Zimmer, die Augen brannten und tränten nicht. Eine wohlige Atmosphäre breitete sich in dem kleinen Zimmer aus.

Das hatte es im Castello von Ferrara nicht gegeben. Dort war die Luft in der kalten Jahreszeit klamm, denn die Kaminfeuer wärmten die großen Räume kaum. Direkt vor dem Feuer sitzend wurde man geröstet, während von hinten die Kälte den Rücken heraufkroch. Außerdem gab es nur in den herrschaftlichen Räumen offene Kaminfeuer, ansonsten Kohlepfannen, über deren Glut sich die Finger von Zeit zu Zeit ein wenig aufwärmen ließen.

Sie konnte ihre Füße, die beim Schreiben kalt wurden, an dem Kachelofen abstützen, ohne sie zu verbrennen, und musste nicht mit steifgefrorenen Fingern nach der Feder greifen. Wenn nur alles in Deutschland so wunderbar wäre! Nein, das durfte sie nicht sagen. Sie lebte mit Andreas zusammen, sie wohnten im eigenen Hause ... Natürlich litt sie an Heimweh, es gab ein paar Unbequemlichkeiten, aber was bedeutete das? Ihr früheres Leben würde sie niemals dafür eintauschen.

Viel Zeit des Tages verbrachte sie damit, in der Bibel zu lesen; aber auch – soweit es ihre deutschen Sprachkenntnisse zuließen – in den Schriften des Dr. Martinus, den hier alle hoch verehrten. Daneben schrieb sie Briefe und bekam endlich welche, in den letzten Tagen gleich mehrere. Andreas hatte als Stadtarzt viel zu tun, weit über seine Kräfte hinaus: Sprechstunden abhalten, das Spital visitieren, Hausbesuche machen.

Hörmann hatte geschrieben. Es konnte sich nur um Andreas' Bewerbungen handeln. Die Hörmanns hatten versprochen, sich weiter für die Grundlers umzusehen und ihre Verbindungen für sie zu nutzen. Der Brief lag vor ihr auf dem Pult. Sie hätte ihn gerne geöffnet, wog ihn in der Hand, betrachtete das schwere Siegel, strich darüber. Sie würde ihre Neugier bis zum Abend bezähmen müssen, denn er war an Andreas adressiert. Es würde spät werden, bis er heimkam.

Es gab so viele Kranke und es fehlten Ärzte, sodass er häufig auch die Arbeit eines einfachen Chirurgus tun musste. Viele Einwohner plagte um diese Jahreszeit heftiges Fieber – ob die spanischen Soldaten es im letzten Winter eingeschleppt hatten, war fraglich. Auf jeden Fall litten sie genauso darunter wie die Bevölkerung, vielleicht sogar mehr wegen der für die Spanier ungewohnten Kälte. In den meisten Häusern Schweinfurts waren über den Winter Landsknechte einquartiert gewesen; wenigstens das hatte man ihnen erspart, da Andreas seine ärztlichen Sprechstunden im Haus abhielt.

Ein Wunder, dass Andreas nicht erkrankt war. Er fürchtete sich nicht, untersuchte und pflegte beherzt jeden Kranken, suchte sie in der ärmlichsten Behausung auf und lief den halben Tag in dieser Eiseskälte herum.

„Was soll mir schon passieren? Mir könnte höchstens die Nase abfrieren und du würdest mich auch ohne Nase lieben", scherzte er, wenn sie Bedenken äußerte. „Wenn Gott mich an diesen Platz gestellt hat, muss ich ihn ausfüllen. Ich habe mein Leben nicht von ihm bekommen, um es zu schonen."

Natürlich hatte er recht. Er hatte so viel Gottvertrauen, während sie trotz aller guten Vorsätze immer wieder von ihren Ängsten heimgesucht wurde. Was würde aus ihr und Emilio, wenn Andreas etwas zustieße?

Die Korrespondenz überließ Andreas ihr; dafür fehlte ihm die Zeit. So konnte sie ihn ein wenig entlasten – und sich mit der Feder dem Dienst Gottes widmen. Beispielsweise hatte sie einem der Trunksucht verfallenen Prediger geschrieben und ihn eindringlich ermahnt, diesen üblen

Lebenswandel aufzugeben. Der Brief hatte sie Überwindung gekostet, denn es war schwer, den richtigen Ton zu treffen, wollte sie den Mann nicht nur verärgern. Aber jemand musste ihm die traurige Wahrheit sagen, dass sein Laster der Würde seines Amtes entgegenstand. Und nicht nur das: Er setzte auch sein Seelenheil aufs Spiel. Sie hatte seitdem nichts von ihm gehört.

Heute wollte sie einen besonderen Brief beantworten. Der war über die Frankfurter Buchmesse Sinapius zugestellt worden und vor ein paar Tagen endlich in Schweinfurt eingetroffen. Ein Brief, auf den sie fast nicht mehr zu hoffen gewagt hatte – von Celio Secondo Curione aus Basel. Über ein Jahr lang war es her, dass sie an ihn geschrieben hatte und auf Antwort wartete.

Aber musste sie nicht erst nach Emilio sehen? Sie hatten ihre Unterrichtsstunden wieder aufgenommen und endlich in einen geregelten Rhythmus gefunden. An dem Jungen hatte Gott ein Wunder getan, denn der Unfall hatte keinerlei Folgen gehabt. Dafür waren sie alle unendlich dankbar. Leider brüstete sich Emilio mit einem gewissen Stolz mit diesem Wunder. Andreas fand daran nichts auszusetzen, doch sie fand das nicht richtig. Wo Emilio blieb? Er würde doch nicht schon wieder in der Küche sein Unwesen treiben?

Die Magd Kunigunde fürchtete ihn mehr als die Hausfrau, seitdem er ihr gedroht hatte, in Italien hätte ihre Herrschaft sie längst auf dem Sklavenmarkt von Genua oder Venedig weiterverkauft. Nur sei zweifelhaft, ob sich in Italien überhaupt ein Käufer für sie fände, dumm, wie sie sei. Höchstens ein Steinbruchbesitzer für seine Grube. Das einfältige Ding hatte ihm aufs Wort geglaubt und sie, Olympia, nicht gewusst, ob sie zuerst Emilio zurechtweisen oder die heulende Kunigunde trösten sollte.

Zu ihrem Schrecken war sich Emilio keiner Schuld bewusst. „Du schimpfst auch ständig mit ihr“, maulte er. „Sie macht alles falsch.“

„Aber deswegen brauchst du die Magd nicht derart in Angst zu versetzen."

„Vor dir hat sie viel mehr Angst. Meinst du, sie hätte mir sonst geglaubt?"

Andreas hatte die Geschichte keineswegs lustig gefunden und Emilio zum ersten Mal hart bestraft. Obwohl der sich damit rechtfertigte, dass in Italien die Mägde in fast allen vornehmen Häusern tatarische oder afrikanische Sklavinnen seien. Womit er recht hatte.

Schimpfte sie wirklich ständig mit der Magd? Auch Andreas hatte sie gebeten, etwas vorsichtiger mit Kunigunde umzugehen. Sie gebe sich große Mühe, wisse aber oft nicht, was ihre Herrin von ihr erwarte.

Ja, mit dem Haushalt war das so eine Sache. Schon der Raum ... In Italien lagen die Küchen wegen der Brandgefahr oben im Haus. Sie waren hell und groß, sodass Dienstboten und Herrschaft bequem darin arbeiten konnten. Hier war die Küche im ersten Stock, klein, mit nur einem winzigen Fenster; der Rauch des Kamins füllte beißend den Raum. Und was die deutsche Magd dort zusammenbraute! Fast jeden Tag Gersten- oder Dinkelmus mit Schweineschmalz, das hier statt des Olivenöls benutzt wurde. Schon von dem Geruch wurde ihr schlecht.

Wenn Kunigunde den Salz- oder Zuckertopf zu fassen kriegte, streute sie Hände voll Zucker oder auch Salz hinein, wie es gerade kam. Dazu gab es fast jeden Tag sauer eingelegtes Kraut aus einem großen Fass im Keller; alle Deutschen hielten das für gesund und wohlschmeckend. Für Abwechslung sorgten nur die Möhren aus der Sandkiste dort unten und getrocknete Apfelringe, die in der Küche an der Decke hingen. Manchmal briet die Magd in Ei getauchtes Brot. Das troff wiederum vor Schmalz, sodass sie Ekelgefühle niederkämpfen musste.

Fleisch gab es reichlich: in Essig eingelegt, als fette, geräucherte Wurst oder Speck. Am Hofe hatte es Wild gegeben, Kalb, Hühnerfleisch, begossen mit Rosenwasser und in einer Mandelmilch mit Reis angerichtet. Von Orangen und Oliven hatte Kunigunde noch nie etwas gehört. Ach ... manchmal verzehrte Olympia sich in dem Wunsch nach dem feinen, weißen Brot, das es im Castello gegeben hatte, nach Feigen, Datteln und anderen Leckereien.

Nein, nein, sie wollte nicht klagen, aber ihr Magen rebellierte gegen diese Kost. Andreas bestand darauf, dass das feine, helle Brot dickes, zähes Blut mache, während dunkles aus grobem Mehl, das in Ferrara höchstens Dienstboten vorgesetzt bekommen hätten, viel gesünder sei. Auch das Bier, das sie verabscheue, sei stärkend und bekömmlich und mit Kümmel und Anis gewürzt wohlschmeckend. Sie solle ein bisschen Geduld haben, dann würde sie sich daran gewöhnen.

Reis, den sie sehr liebte, gab es auf dem Markt nicht. Von Kunigunde konnte sie natürlich nicht erwarten, dass sie irgendwo eine Quelle fand. Vielleicht sollte sie Emilio mit Nachforschungen beauftragen. Der Junge konnte inzwischen gut Deutsch, verstand sogar den hiesigen Dialekt und würde sich über eine Reismahlzeit ebenso freuen wie sie.

Sie sollte endlich anfangen zu schreiben, wenn sie den Brief an Curione vor Andreas' Rückkehr fertigstellen wollte. Dabei hatte sie sich hingesetzt, um ihn zu verfassen. Dass sich die Alltagssorgen so gegen sie verschwören mussten! Sie würde Kunigunde in der Küche immer mal wieder auf die Finger schauen müssen.

Warum hatte sie geglaubt, dass Celio Curione nichts mehr von ihr wissen wollte? Wegen der alten Geschichten, ein wenig überhitzter Fantasie einer jungen Frau, die bei Hofe die Unmoral täglich vor Augen gehabt hatte? Das Einhorn war längst gezähmt. Trotzdem hatte sich die alte Scham gemeldet. Leichtfertig war sie damals gewesen. Curione hatte Stärke ausgestrahlt und Zuversicht. Auch der Vater hatte sich an ihm aufgerichtet.

Erst jetzt erfasste sie deutlich, wie sehr ihr Celio fehlte. Seine Unterstützung. Wie ein warmer Regen hatte sein Brief sich gelesen. Endlich, ein weiterer Freund aus Italien, hier in Deutschland!

„*Nun aber unter Lydiens Frauen ragt sie heraus, wie nach Sinken der Sonne der rosenfingrige Mond alle Sterne übertrifft ...*" So hatte er sie beim Abschied in Ferrara mit dem Vers der Sappho gegrüßt. Nun war er Professor in Basel. Andreas' Freunde sagten, wenn die Deutschen schon alles genau nähmen, von den Eidgenossen würden sie noch weit übertroffen. Darauf hatte sich in ihr – als die Antwort auf ihren ersten Brief ausblieb – die Furcht geregt, Curione könnte so streng geworden sein, dass er mit ihr nichts mehr zu tun haben wollte. Die Lösung war dagegen einfach gewesen: Er hatte nicht gewusst, wie sie zu erreichen war. Andreas hatte einmal mehr recht behalten, viele Dinge fanden eine einfache Erklärung und ihre Grübelei war überflüssig.

Celio bat sie eindringlich um ihre Freundschaft. Er lobte sie fast hymnisch, pries ihre schriftstellerischen Gaben als von Gott gegeben. Es tat so gut. Sie hatte den Brief mindestens zehnmal gelesen, bis sie sich endlich zwingen konnte, ihn beiseite zu legen.

Celio wollte ihr väterlicher Freund sein, den all ihre Angelegenheiten kümmerten und der wusste, wie sich die Fremde anfühlte. Wie gern würde sie ihn in Basel besuchen! Aber daran war nicht zu denken. Sie konnte nur hoffen, dass ihn dieser Brief erreichte.

Sie selbst hatte Gutes und Schlechtes nach Basel zu berichten: Fanini war hingerichtet worden, erdrosselt, verbrannt, die Asche in den Po gestreut, weil er standhaft im Glauben geblieben war. Die Grausamkeit seiner Verfolger ließ sie erschauern, an seiner Standfestigkeit, seiner Liebe zur Wahrheit konnte sich jedoch jeder ein Beispiel nehmen.

Natürlich sollte Curione wissen, was aus den Mitgliedern ihrer Familie geworden war. Die Schwestern waren alle untergekommen; Vittoria, die Glückliche, lebte bei Lavinia della Rovere Orsini; auch Flavia hatte einen guten Dienst bei Helena Rangona Bentivola, während Lavinia in Mailand einen Mann gefunden hatte und keine finanziellen Sorgen mehr kennen würde. Für Lavinia bat sie um das Lehrbuch für Kinder, das Curione geschrieben hatte. Das würde die Schwester brauchen können.

Bis zuletzt hatte sie Celios Frage nach eigenen Kindern aufgespart – sie musste sie wohl beantworten. Es sah aus, als wollte Gott ihr diese verwehren. Aber über ihre geistigen Kinder sollte Celio sich freuen – sie hatte im letzten Jahr etliches geschrieben. Das würde sie natürlich dem Brief beilegen. Herzliche Grüße, auch von Andreas, und die Bitte, das Antwortschreiben an Sinapius zu schicken, denn die Postzustellung nach Schweinfurt war unsicher. Sie faltete und siegelte das Papier. Wie schwer es ihr fiel, ihn aus der Hand zu legen!

Schließlich legte sie den Brief an Curione neben den Hörmann'schen. Ein wenig beunruhigte dieses Schreiben sie. Ob Hörmann eine Stelle anzubieten hatte?

Aber erst stand der Brief für Lavinia della Rovere an, die sie furchtbar vermisste. Welch ein Glück, eine solche Freundin zu haben. Ihr, Olympia, war dazu der größte Wunsch in Erfüllung gegangen: Sie durfte Tag für Tag mit Andreas zusammen sein und alle Sorgen und Nöte mit ihm teilen. Von einer solchen Ehe hatte Lavinia auch einmal geträumt, doch hatte das Leben sie bitter enttäuscht: Ihr Ehemann zog von einem Kriegsschauplatz zum anderen und kämpfte zur Zeit wohl in Frankreich. Sie musste die Freundin trösten. Das ging am besten, wenn sie darüber berichtete, wie sie selbst die Ruhe ihrer Seele gefunden hatte: durch Doktor Martinus. In seinen Schriften konnte sie sich wieder finden.

Der Mönch hatte wie sie nächtelang gewacht, gebetet, gefastet, sich kasteit und zermartert, bis er der Gnade Gottes begegnet war. Martin Luther kannte den Teufel, seine

Anfechtungen; man erzählte sich in Schweinfurt sogar, er habe einmal mit einem Tintenfass nach ihm geworfen. Andreas hatte ihr diese Geschichte erzählt, als er sie ermahnte, nicht zu hart mit sich selbst ins Gericht zu gehen.

„Jeder Mensch ist ein Sünder, aber nicht jeder zweifelt deswegen ständig an sich und Gottes Liebe. Oft wächst der tiefe Glaube erst aus dem Zweifel, der Anfechtung, ja der Sünde. Martinus empfiehlt das Gebet gegen die Bedrängnis, und unter Gebet versteht er alles, was die Seele tut: das Wort Gottes zu hören, zu lesen oder sogar selber zu dichten."

Diese Worte waren über sie gekommen wie das Licht. Seitdem hatte der Teufel mehr und mehr von ihr abgelassen, ihr Gewissen sich beruhigt. Obwohl sie eine Sünderin war, konnte und durfte sie auf Gottes Gnade vertrauen, die er jedem zukommen ließ, der sich ihm anvertraute. Sie musste Lavinia davon überzeugen, dass es Irrtum gewesen war zu glauben, Gott habe von Anbeginn an über ihre Erwählung entschieden. Am Hofe hatten die Freundinnen das für selbstverständlich gehalten. Davon war sie nun befreit.

Sie hörte Tritte vorm Haus, jemand trampelte den Schnee von den Schuhen und streifte sie am Schuhkratzer ab. Das musste Andreas sein. Sie nahm die Pantoffeln vom Ofen und eilte die Treppe hinunter, um ihm aus dem Mantel zu helfen. Emilio war schneller gewesen und kam ihr bereits auf der Treppe mit dem Mantel entgegen.

Wie immer hatte die Magd unten neben der Waschschüssel einen Wasserkrug bereitstellen müssen, da Andreas darauf bestand, sich gleich unten in der Waschküche Hände, Arme und das Gesicht zu reinigen, obwohl das Wasser dort fast gefror. Sie holte aus der Küche einen Topf mit warmem Wasser, den Andreas dankbar annahm.

Während er sich wusch, lief sie wieder in die Küche, um das Mus zu probieren. Heute schmeckte es versalzen. Kunigunde musste den halben Salztopf darüber ausgeleert haben.

„Wie kannst du nur", schalt sie. „Der Herr hat sich den ganzen Tag um Kranke gekümmert. Und zum Dank dafür bekommt er so etwas vorgesetzt."

Sie zuckte zusammen, weil sie Andreas nicht die Treppe hatte heraufkommen hören.

„Lass nur", meinte er. „So hat es früher bei uns zu Hause oft geschmeckt. Das Salz wärmt von innen." Dann wandte er sich an Kunigunde: „Hast du das Bier warmgestellt? Ich bin völlig durchgefroren."

Später saßen sie zusammen am Kachelofen in der Stube, während Emilio an der anderen Hälfte des Ofens im Arbeitszimmer seine Aufgaben erledigte.

„Ich habe eine Überraschung für dich."

„Eine Überraschung?"

„Ja, einen Brief von Hörmann."

„Von Hörmann! Wieso hast du das nicht gleich gesagt?"

Sie nahm den Brief vom Bord und wog ihn in der Hand. „Damit du in Ruhe essen und dich aufwärmen konntest."

„Und jetzt darf ich ihn lesen?"

„Du darfst ihn sogar öffnen."

Während er das Siegel aufbrach, das Blatt auseinander faltete und glattstrich, zitterten seine Hände. Olympia versuchte Andreas nicht merken zu lassen, wie gespannt auch sie war. Es hing so viel ab von diesem Brief.

Andreas las ihr vor. Es war kaum zu glauben. Eine Anstellung. Hörmann hatte wahrhaftig einen Ort ausfindig gemacht, wo Andreas in diesen unsicheren Zeiten einen Lehrstuhl erhalten sollte. Bei Linz sollte eine Schule für die Söhne des Landadels gegründet werden. Es gab bereits ein Gehaltsangebot. Andreas stockte der Atem, als er die Summe vorlas. Er strahlte.

„Wir haben es geschafft, Olympia, geschafft."

„Du wirst wieder Vorlesungen halten können, schreiben, Schüler auf den Weg bringen. Nicht mehr im Spital das Uringlas schwenken ... und ich muss nicht mehr vor

Sorge vergehen, weil du des Nachts durch trübe Vorstädte ziehst, wo ein braver Bürger leicht von irgendeinem Trunkenbold hinterrücks überfallen wird."

„Linz liegt Italien viel näher. Wir werden dort sicher eine Magd finden, die etwas mehr Gespür hat für deine Wünsche. Vielleicht eine, die in einem vornehmen Haushalt eine gute Küche und Umgangsformen gelernt hat."

„Meinst du, dass es dort Reis zu kaufen gibt, Feigen und Orangen?"

„Orangen wohl kaum, aber Reis bestimmt."

„Wenn andere Studenten in unser Haus kommen, wird das für Emilio ein Ansporn sein."

„Wir werden uns ein bisschen Luxus leisten können. Wien ist nicht weit und mit jedem Handelsschiff, das auch Stoffe geladen hat, kommt die neueste Mode den Strom herauf. Ich würde meiner schönen Frau so gern ein prachtvolles Kleid schenken."

Olympia errötete. „Das ist nicht mehr wichtig, Andreas. Aber wir könnten meiner Mutter häufiger Geld schicken."

„Dort sind wir der Sonne näher. Linz ist, glaube ich, eine bedeutende Stadt, in der zeitweise die Habsburger residiert haben."

Sie schwiegen.

„Werden wir dort unseren Glauben leben können?"

„Am besten schreibst du an die Hörmanns und fragst, wie sie das einschätzen."

„Aber du hast etwas gehört über Linz."

Andreas stand auf, lief im Zimmer auf und ab, während Olympia aufgerichtet an den Ofen gelehnt dasaß. Er blieb abrupt stehen.

„Ja, die Schule ist von den evangelischen Landständen gegründet. Aber in der Stadt überwiegen die Priester. Wir werden uns auf Streitigkeiten einstellen müssen."

Sie schauten sich an, dachten beide das Gleiche, schwiegen. In Schweinfurt waren sie an Leib und Seele zur Ruhe gekommen.

Schließlich setzte Andreas erneut an: „Hier leben wir ohne Anfechtung."

„Inmitten deiner Verwandten. Wir waren so lange unterwegs."

„Inzwischen sind die Straßen noch unsicherer geworden."

„Schade ... Es wäre wirklich schön gewesen." Sie schwiegen.

„Schreibst du an Hörmann?", fragte er leise.

Olympia nickte. „Hörmanns setzen sich sehr für uns ein. Sie werden enttäuscht sein."

Er versuchte zu lächeln. „Deinen Briefen kann niemand widerstehen."

„Dann richten wir uns hier endgültig ein?"

„Ja, vielleicht kannst du das andeuten, damit sie endlich unsere Bücherkisten schicken. Sie wollten damit warten, bis sie etwas für uns gefunden hätten. Wenn erst die Bücher deines Vaters unsere Wände schmücken, wird dieses Haus auch für dich ein Zuhause sein."

„Das ist es längst."

„Na, so ganz nicht. Aber mit Cicero, Homer und Platon ..."

„Wohl eher mit Doktor Martinus und der Bibel ..."

„Das eine schließt das andere nicht aus, Olympia. Sie werden sich miteinander vertragen."

„Wo sollen wir die Kiste abstellen?"

„Die Treppe hoch, die erste Tür rechts."

Der Mann rief seinem Gehilfen etwas zu. Gemeinsam hoben sie die erste der schweren Kisten von ihrem Fuhrwerk, schnauften und stießen dabei Flüche aus, deren Bedeutung Olympia zum Glück nur erahnen konnte. Langsam setzten sie sich die Treppe hinauf in Bewegung, während Emilio ihnen oben bereits die Tür zur Bibliothek geöffnet hielt.

Nachdem sie beide Kisten hochgestemmt hatten, wobei sie ziemlich ins Schwitzen gekommen waren und den Krug mit Bier geleert hatten, den Kunigunde ohne Aufforderung durch die Hausherrin herbeigetragen hatte, stampften sie ein weiteres Mal die Treppe hoch, diesmal mit Stemmeisen und Hammer in der Hand, und machten sich damit an der ersten Kiste zu schaffen.

„Frag sie, was sie da machen!“, wandte sich Olympia aufgeregt an Emilio.

„Da brauche ich nicht zu fragen; die wollen die Kiste aufstemmen.“

„Das sollen sie unterlassen.“

„Aber wer soll denn die Kisten öffnen?“

Emilio hatte recht. Natürlich wollten sie die Bücher aus der Kiste nehmen. „Ja, ja, schon gut. Lass sie weitermachen. Und frag, was sie bekommen. Ich hole inzwischen das Geld.“

Sie nestelte an ihrem Schlüsselbund und verließ rasch den Raum, um im Schlafzimmer die Bett-Truhe aufzuschließen.

Emilio zögerte, als er die Höhe der Summe hörte. Aber Olympia nickte, das sei harte Arbeit und ein langer Weg gewesen. Er solle ihnen die Münzen vorzählen, damit sie endlich gingen.

„Du musst ihnen ein Trinkgeld geben“, flüsterte sie dem Jungen zu. Der nickte und flüsterte zurück, das habe er bereits eingerechnet. Er wechselte ein paar Sätze mit den Fuhrleuten und begleitete sie die Treppe hinunter. Offensichtlich hatte er keinerlei Schwierigkeit mehr mit der deutschen Sprache und verstand selbst das Kauderwelsch der Fuhrleute.

Als er wieder heraufkam, stand Olympia am Schreibpult und hatte zu schreiben begonnen.

„Wollen wir die Bücher nicht auspacken?“, fragte der Junge enttäuscht.

„Nein, nein, bitte, lass mich jetzt allein ... Wir warten auf Andreas“, versuchte sie zu erklären, als sie sein erstauntes Gesicht sah.

„Aber der freut sich, wenn die Bücher nebeneinander in den Regalen stehen. Meinst du, der will heute Nacht noch schwer arbeiten? Das können wir ihm doch abnehmen."

Sie zögerte.

In Emilios Gesicht breitete sich Enttäuschung aus. „Nun haben wir so lange auf unsere Bücher gewartet. Die Bücher, die in Vaters Bibliothek gestanden haben! Sie riechen nach Ferrara, nach zu Hause", erklärte er traurig.

„Also gut. Hol den Staubwedel, damit wir den guten Ferrareser Staub davon entfernen können", erklärte sie lächelnd. „Aber Kunigunde soll in der Küche bleiben."

„Die werden wir nicht an unsere Bücher lassen!"

Sie schauten jedes Buch gemeinsam an, Emilio las die Titel vor, wollte genau wissen, woher das Buch stamme, wann sie zum ersten Mal darin gelesen, ob der Vater es ihr erklärt habe, und, und, und ... Seine Begeisterung war ansteckend. Platon, Vergil, Ariost, Seneca. Einer nach dem anderen wanderte in das stabile Eichenregal, das bereits Andreas' Großvater für seine Bücher hatte anfertigen lassen.

„In neue Gestalten verwandelte Wesen will ich besingen, ihr Götter, seid gnädig meinem Beginnen, denn ihr habt ja auch jene verwandelt und leitet meinen Gesang vom Urbeginn der Welt ununterbrochen fort bis auf meine eigene Zeit."

Das waren Ovids „Metamorphosen". Ihr Ovid! Während sie Emilios klarer Stimme lauschte, sah sie sich plötzlich im großen Saal des Castello, hört Lavinia lachen, pavoneggiarsi, sich stolz strecken wie ein Pfau, zurückweichen, auseinander gehen, sich wieder finden, berauschende Nähe atmen ... Nein, damit wollte sie nichts mehr zu tun haben.

„Gib her!" Sie riss Emilio das Buch aus den Händen.

„Was ist denn? Das ist doch Ovid."

„Ja, Ovid. Kein besonders guter Schriftsteller. Leg ihn auf den Stapel dort unten."

Emilio gehorchte widerstrebend, den Tränen nahe. „Das hört sich wunderschön an."

„Lass dich nicht von Äußerlichkeiten bestimmen."

Zum Glück klopfte es in diesem Augenblick unten an der Tür und Emilio ergriff die Gelegenheit, aus dem Zimmer zu flüchten. Mit Pastor Lindemann zusammen betrat er wieder den Raum.

„Guten Tag, Frau Grundler. Ich wollte mich nur vergewissern, ob Ihr an unseren Musikabend denkt ... Oh, wie wundervoll. Eure Bücher. Ein echter Schatz in unserem kleinen Schweinfurt. Vergil, Seneca. Das ist eine Freude. Meint Ihr, ich dürfte das eine oder andere Buch einmal ausleihen? Solche Kostbarkeiten beherbergt hier niemand in seinem Haus."

„Freut Ihr Euch wirklich darüber?"

„Aber natürlich, was denn sonst?"

Olympia lächelte. „Ach, ich weiß nicht. Aber den Musikabend morgen habe ich nicht vergessen."

„Ohne Eure Stimme erschallte das Gotteslob weit weniger lieblich."

„Ihr solltet aufhören, mir zu schmeicheln. Ich dachte, der Komponist unserer *cantilenae* wäre von größerer Wichtigkeit."

„Natürlich, natürlich, Frau Grundler. Euer Eheherr komponiert wunderbar. Aber ich schmeichle Euch nicht. Die Schönheit Eurer Stimme ist eine Gottesgabe, mit der Ihr Gottes Werk lobt. Nun will ich nicht weiter stören. Grüßt Euren Gemahl! Zur Tür finde ich allein. Ihr und Euer Bruder habt sicher viel zu tun." Er nickte den beiden zu, fuhr mit einem zärtlichen Blick über die Bücher und verließ das Zimmer.

Belagerung

Schweinfurt, Frühjahr 1554

„Nichts. Rein gar nichts. Beim Bäcker haben sie gelacht, als ich nach Brot gefragt habe."

„Beim Fleischer war's auch nicht besser. Zwei magere Hühnchen haben sie angeboten, zu einem Preis, für den du in Ferrara ein ganzes Dutzend Kapaune bekommen hättest."

„Kapaune?"

„Ach, irgendwelche für den Hof gemästeten Hähne, ziemlich groß und schön fett."

„Ich dachte, du hättest nicht am Hof gelebt."

„Sei mal still. Hörst du, sind das nicht Soldaten? Die Landsknechte des Markgrafen wagen einen Ausfall."

„Denen sollten wir nicht begegnen."

„Und wohin? Die Hoftore sind alle verrammelt."

„Vielleicht können wir uns bei der Johanniskirche hinter der Friedhofsmauer verstecken. Die Soldaten sollen nicht viel Federlesens machen, wenn ihnen jemand im Wege steht." Georg fuhr sich mit einer raschen Bewegung der Handkante über die Gurgel. Emilio nickte. Dann rannten die beiden los. Sie mussten die nächste Straßenecke erreichen, den Platz überqueren, über das Friedhofsmäuerchen springen. Es war nicht hoch und bot nur unvollständigen Schutz. Sie ließen sich fallen und kauerten sich so eng wie möglich an die Mauer.

„Sehen können sie uns jetzt nicht mehr", flüsterte Georg.

„Es sind ziemlich viele. Sie haben auch Pferde und Wagen dabei."

Das Gerumpel krachte an ihren Köpfen vorbei; die Jungen lauschten angespannt, zählten leise die Wagen. Dann veränderte sich der Lärm: schlurfende Füße auf dem Pflaster, die nicht im Rhythmus der Soldateska daherkamen, Stimmengewirr, wütende Rufe. Schritte näherten sich der Mauer, jemand blieb ganz in ihrer Nähe auf der anderen Seite stehen. Noch ein Schritt und ...

„Gott, lass den Kerl nicht über die Mauer gucken, lass ihn zurückgehen, bitte, bitte." Irgendwo schmetterte eine Amsel.

Der Urinstrahl rauschte über sie hinweg, traf hinter ihnen auf das Erdreich auf; der Kerl schickte noch einen Fluch hinterher, dann raschelte der Kittel, und die Schritte entfernten sich. Ohne es zu bemerken, hatten die beiden Jungen ihre Hände ineinander gekrallt. Längst lag der Platz wieder ruhig vor ihnen, nur das Klirren der Lanzen und das Rumpeln der Karren blieb eine Zeit lang ein undeutlicher Spuk, der sich immer mehr verlor.

Vorsichtig richteten sie sich auf und spähten über die Mauer. Weit und breit war niemand zu sehen. Trotzdem wagten sie nur zu flüstern.

„Die können in ein paar Stunden ihren Hunger vergessen."

„Ja, weil sie die Bauern ausrauben. Mein Vater sagt, dass nur der Pöbel in der Stadt mit den Soldaten zieht."

„Aber sie werden wenigstens satt."

„Und wenn sich die Bauern hinterher rächen? Na ja, das ist nicht unser Problem. Hast du die Amsel gehört, die die ganze Zeit über geschimpft hat?"

„Du meinst, die muss irgendwo ein Nest haben?" Emilios Gesicht hellte sich auf. „Vogeleier, eine Delikatesse."

„Hör endlich mit diesem höfischen Getue auf. Das sind Eier wie andere auch. Bloß etwas kleiner."

„Bei uns gibt es nur noch Wassersuppe mit Kraut und ein klein wenig Getreide. Vielleicht sind es auch Sägespäne. Und jeden Tag einen Löffel Honig oder Beerenmus. Sonst haben wir nichts mehr. Die ganzen Vorräte haben die Soldaten beschlagnahmt. Warum musste der Markgraf Alkibiades sich ausgerechnet in unserer Stadt verschanzen? Schweinfurt hat mit seinem Feldzug doch nichts zu schaffen."

„Mein Vater sagt, Markgraf Alkibiades führe einen Raubkrieg, ohne irgendeinen Grund. Und wir Schweinfurter müssen es ausbaden. Und die Bauern der Umgebung dazu. Die werden nach dem Krieg nicht gut auf die Schweinfurter zu sprechen sein."

„Und jetzt hat auch noch meinen Schwager das Fieber erwischt."

„Dann kannst du ihn morgen hierherbringen."

„Sag das nicht!" Emilio hätte sich fast auf den Vetter gestürzt, besann sich noch rechtzeitig. „Bis jetzt hat uns Gott immer geholfen", meinte er hochmütig. „Sogar bei meinem Sturz von der bischöflichen Feste in Würzburg."

„Ja, ja, ich weiß. Die Geschichte brauchst du nicht noch einmal aufzutischen. Wir haben jetzt Wichtigeres zu tun. Suchen wir das Nest. Du gehst rechts um die Kirche herum, ich links."

Das Nest lag hinter der Kirche an der Mauer, die hier recht hoch war, in einem dichten Gestrüpp. Bevor sie sich hineinstürzten, zogen sie sich aus, denn nur zu leicht würden die Kittel zerreißen. Dann hangelte Georg sich die Mauer hoch und befahl Emilio an einem der unteren Zweige zu ziehen, bis er einen höheren zu fassen kriegte. Während Georg mit einem Arm nach dem Nest zu greifen versuchte, musste er mit dem anderen die Amsel abwehren, die ihn von oben angriff.

Als ihm das nicht gelang, stieg er wieder hinunter, griff nach der Flitsche in seiner Kitteltasche und zielte nach der Amsel. Sie trudelte mitten in den Busch, wo er sie packte und ihr mit geübtem Griff den Hals umdrehte. Jetzt kamen sie problemlos an das Nest heran.

Ohne Weiteres öffneten sie die zwei angebrüteten Eier. Georg schlürfte seines aus und kaute genussvoll, wobei kleine knackende Geräusche zu hören waren. Emilio zögerte einen Moment, schloss die Augen, fühlte die warme Masse angenehm auf der Zunge und biss dann auch zu. Es tat ungeheuer gut.

„Jetzt fehlt noch die zweite Amsel oder ein Kaninchen", verkündete Georg.

„Meinst du nicht, die machen sich zu Hause Sorgen um uns? Seit Andreas krank ist, gerät Olympia noch leichter aus der Fassung als sonst."

„Bei uns werden sie auch denken, dass mich die Landsknechte erwischt hätten. Wie damals, als sie uns zum Schanzen geholt haben. – Aber wie sollen wir jetzt die Amsel teilen? Sie etwa zerreißen?“

Der Junge zögerte einen Augenblick, atmete schließlich geräuschvoll aus, wie nach einer schweren Anstrengung. „Nein, dann hat niemand was davon. Nimm du sie, hier, für Vetter Andreas.“

„Danke, du bist wirklich ein Freund.“

„Ach was. Wir können noch schnell eine Falle bauen. Dieses Gestrüpp scheint bisher niemand in Augenschein genommen zu haben. Vielleicht erwischen wir die zweite Amsel oder wirklich ein Kaninchen.“

„Eine Falle?“ Emilio schaute sich ratlos um, während Georg sich bereits an einem Laden zu schaffen machte, der etwas windschief vor einem Fensterchen der Sakristei hing. Zusammen hoben sie ihn aus seiner Angel. Solange Emilio im Boden nach Regenwürmern herumstocherte, präparierte Georg einen Stock. Aber dann brauchten sie noch eine ganze Weile, bis sie das Brett an einer Seite so auf den Stock aufgebockt hatten, dass es hielt, aber instabil genug war, um auf kleine Bewegungen zu reagieren. Zum Schluss musste der Köder zwischen Brett und Stock eingeklemmt werden.

„Jetzt schnell nach Hause, und morgen früh sehen wir nach unserem Braten in der Falle.“

Nachdem Emilio den toten Vogel in seiner Hose geborgen hatte, machten sie sich auf den Heimweg, sorgsam an jeder Straßenecke den vor ihnen liegenden Weg ausspähend. Einer Wache der Armee des Markgrafen Albrecht Alkibiades von Brandenburg-Kulmbach wollten sie auf keinen Fall in die Hände geraten. Aber es begegnete ihnen niemand. Selbst die Brot- und Fleischbänke lagen verlassen da.

Vor dem Haustor von Georgs Familie machten sie Halt. „Nochmals vielen Dank“, flüsterte Emilio. Doch anstatt zu den Ihren zurückzukehren, blieben die Jungen unschlüssig stehen und schauten sich an. Oben in ihren Wohnungen würden sie der Angst, die sie bei ihrem abenteuerlichen Unternehmen ein wenig vergessen hatten, nicht mehr aus dem Weg gehen können.

Die Tür des Nachbarhauses wurde aufgerissen. „Wo bleibst du? Weisst du nicht, dass die Soldaten des Markgrafen unterwegs sind?“ Olympias Stimme klang rau. „Es reicht, dass Andreas im Fieber liegt.“

Emilio tastete nach dem Vogel, der sich noch warm und weich anfühlte. Dann hielt er ihn Olympia hin, deren Gesicht sich bei diesem Anblick ein wenig entspannte. Zusammen gingen sie in die Küche, in der seit Tagen kein Suppentopf mehr auf dem Feuer vor sich hin simmerte. Auch die Magd war verschwunden. Rasch begann Olympia den Vogel zu rupfen, während Emilio ein wenig Holz aufschichtete, anzündete und den Dreifuß mit einem kleinen Wassertopf darüber stellte.

Gerupft sah der Vogel zum Erbarmen aus. Davon würde niemand satt werden. Nachdem Olympia ihn ins kochende Wasser gelegt hatte, warf sie eine Hand voll Hirse dazu, schaute sich seufzend den Topfinhalt an, der gerade mal den Boden bedeckte und griff noch einmal in die Schublade. Am Ende der Garzeit schüttete Emilio Wasser nach und löschte das Feuer. So konnten sie ein bisschen Holz sparen.

Der Rumpf des Vogels wurde Andreas zugeteilt, während Emilios Flügel eigentlich nur aus Knochen bestand. Einen Moment lang kämpfte er mit dem Impuls, Olympia Andreas' Napf aus der Hand zu reißen. Gleichzeitig schämte er sich, denn Georg hatte ihm den Vogel für Andreas geschenkt, und er hatte schließlich bereits ein ganzes Ei gegessen, was sein Magen allerdings längst vergessen hatte.

Olympia fütterte zuerst Andreas, der sie abzuwehren versuchte. Erst als sie ihm beide gut zuredeten, dass er gesund werden müsse, auch für Olympia und den kleinen

Schwager, schluckte er mühsam etwas Brühe und Fleisch, das Olympia für ihn vorkaute. Dann schlief er wieder ein. Jetzt erst nahm Olympia Suppe für sich, die ihr Emilio aus der Küche holte. Anschließend erlaubte sie ihm, den Topf sorgfältig auszulecken.

Am Nachmittag beobachtete Emilio hinter dem Fenster – obwohl ihn Olympia mehrmals bat, diesen gefährlichen Aussichtsplatz aufzugeben –, wie die Soldateska mit ihrem Anhang aus dem Schweinfurter Pöbel von ihrem Raubzug zurückkehrte. Mehrere Kühe vor sich her treibend, beladen mit Säcken, Körben und totem Federvieh, wälzte sich der Tross durch die Straßen. Die Männer grölten ihre Kampflieder, offensichtlich hatten sie auch Fässer mit Branntwein erbeutet.

Kurz darauf begann der Beschuss der Stadt. Die Explosionen dröhnten in ihren Ohren. Wenn irgendwo ein Geschoss einschlug, zitterte das ganze Haus. Jedes Mal wenn sie dachten, jetzt sei es vorbei, krachte das nächste Geschoss. Sie hockten bei Andreas am Bett und hielten sich an den Händen. Als sie spät am Abend einen roten Schein sahen und der Ruf „Feuer" ertönte, wollte Emilio nach draußen, um sich dem Löschkommando anzuschließen. Aber diesmal hielt ihn Olympia weinend fest.

Das Donnern, Krachen, die Einschläge, Explosionen, Erschütterungen hörten die Nacht über nicht auf. Und immer wieder der Ruf: „Feuer!" Erst im Morgengrauen wurde es ruhiger und sie konnten ein paar Stunden vor sich hin dösen.

Als Emilio von einem Pfiff Georgs aufwachte, schliefen Schwester und Schwager fest, sodass er sich aus dem Haus schleichen konnte.

Obwohl die Sonne bereits aufgegangen war, lag der Tag in Grau getaucht vor ihnen. Die Luft war mit Rauch und Staub durchsetzt. Auf der Straße lagen Steine, in einigen Dächern klafften große Löcher. Auch der Kirchturm hatte etliches abbekommen; ihre Falle war von herabfallenden

Steinen zerstört. Sie rollten die Brocken zur Seite, fanden aber keine Spur von einem Tier. Sie warteten lange mit der Flitsche in der Hand auf die zweite Amsel, doch nach dem Lärm der Nacht herrschte jetzt unheimliche Stille. Kein Vogel weit und breit. Schließlich gruben sie noch einmal nach Regenwürmern, um wenigstens etwas zu Hause der Wassersuppe zusetzen zu können.

Daheim wartete Olympia mit der Nachricht, dass es Andreas besser gehe. „Hast du noch eine Amsel? Das Fleisch hat Andreas gut getan, das Fieber ist gefallen. Vielleicht ..."

„Vielleicht hat Gott uns doch nicht verlassen", flüsterte Emilio. Gemeinsam beteten sie an Andreas' Bett, der ruhig atmend schlief.

„Ich will nicht in diesem Weinkeller bleiben."

„Hier sind wir sicherer als in unserem Haus."

„Es ist so kalt hier unten, mitten im Sommer. Und so feucht. Dazu der faulig-säuerliche Weingeruch; mir wird schlecht davon, trotz des Hungers, der in mir nagt. Ich könnte Wölfe anfallen."

„Solange du zu solchen Scherzen in der Lage bist, scheinst du mir ziemlich lebendig. Jetzt reiß dich zusammen. Olympia braucht uns."

Warum musste er den Jungen so anfahren? Ihm selbst war es hier unten nicht geheuer. Wollte er seine eigenen Ängste überspielen? Ihm war elend. Dazu der bohrende Hunger und diese Schwäche. Dass Gott an ihm ein Wunder getan hatte, er konnte es nicht so recht glauben. Aber während die Hälfte der Einwohner Schweinfurts an der Seuche gestorben war, lebte er noch. Ohne Medizin und fast ohne Nahrung!

Er war verantwortlich für ihre kleine Familie. Für Olympia, die sich ihm anvertraut hatte, und den Jungen, den sie mitgenommen hatten, um ihm eine gute Ausbildung zu geben. Und nun geriet er mit ihnen von einer Katastrophe in die nächste. Mitten in einen Glaubenskrieg, der in Schweinfurt zu einem Privatkrieg geworden war. Die Stadt war ohne eigenes Zutun in diesen Kampf verwickelt worden, denn nachdem die Reichsfürsten mit Kaiser Karl V. Frieden geschlossen hatten, führte der Markgraf Alkibiades von Brandenburg-Kulmbach seinen eigenen Feldzug weiter, hatte die Stadt besetzt und sich hier gegen seine Feinde verschanzt. Wie auch immer die Sache ausging, die Bürger Schweinfurts würden die Leidtragenden sein und die Zeche bezahlen. Aber es brachte nichts, sich in Gedanken darüber zu verlieren.

Also schüttelte Andreas am späten Nachmittag mit Emilio zusammen die Strohsäcke im Keller auf und holte Wasser. Obwohl jeder es vermied, sich länger als unbedingt nötig auf der Straße aufzuhalten, standen heute etliche Nachbarn aufgeregt am Brunnen zusammen. Es gab Gerüchte, dass eine Entscheidung bevorstehe.

„Die Soldaten des Markgrafen bauen im Schutz der Festungsanlagen auf der Main-Insel eine Brücke bei der Fischer-Pforte."

„Oh nein! Herr, halte deine Hand über uns! Wenn die Belagerer die Bautätigkeit bemerken, werden sie in die Stadt einfallen."

An diesem warmen, hellen Sommerabend saßen die Bewohner der Brückenstraße in Decken gehüllt, geschützt hinter dicken Mauern, im Dunkeln zwischen den Weinfässern und rückten noch näher zusammen als sonst, beteten und warteten. Doch als nachts in kurzen Abständen stundenlang Steinkugeln in die Mauern und Feuergeschosse auf die Dächer der Stadt krachten, stieg ihre Unruhe und Angst. Jemand stand auf und lief zum Fenster, kehrte um bis zur Tür, lief wieder zurück ... immer schneller, bis die Übrigen ihn anbrüllten, das sei nicht auszuhalten. Da drehte der Mann sich um und verließ wortlos den Raum. Sie hörten seine Füße auf der Treppe, dann knallte die Kellertür zu, schließlich das Hoftor. Seine Frau blieb mit einem

Kind auf dem Schoß sitzen und weinte leise in sich hinein. Das größere Mädchen stand mit leerem Gesicht still neben ihr.

Olympia hatte ihren Arm um Emilio gelegt, während Andreas beide an der Schulter hielt und leise hin und her wiegte. Lautlos formulierten sie ihre Gebete, die sie unterbrachen, wenn sie die Kugeln über die Dächer der Stadt pfeifen hörten, verfolgten mit den Ohren und angehaltenem Atem ihren Weg, bis sie alle zusammenfuhren, weil ein dumpfes Krachen den Einschlag markierte. Dann das Niederprasseln von Steinen. Sie zitterten, versuchten ihre Gebete erneut aufzunehmen; aber es gelang nicht jedem.

Plötzlich Schreie auf der Straße. Andreas fuhr auf. Vermutlich musste er Olympia und Emilio allein lassen, weil seine ärztliche Hilfe gebraucht wurde. Er tauschte einen Blick mit Emilio, der wusste, dass jetzt der Bruder für die Schwester sorgen musste. Andreas hob entschuldigend die Schultern, machte sich von Olympia los, die ihn halten wollte, küsste sie auf die Stirn und wandte sich wortlos zur Tür. Im gleichen Augenblick stürmten Schritte die Treppe herunter, die Tür wurde aufgerissen.

„Die Soldateska ist abgezogen, jetzt berät der Stadtrat, wie die Stadt weiter vorgehen soll."

Aufatmen? Erleichterung? Eine neue Gefahr? Die größere gar? Auf jeden Fall Angst. Die Bürger hatten unter der Einquartierung gelitten, dem Markgrafen ihre Vorräte und ihre Wertsachen ausliefern und für ihn arbeiten müssen. Jetzt hatte er sie schutzlos zurückgelassen. Würden die Heere der Stadt Nürnberg, des Bamberger und des Würzburger Bischofs, der schon lange ein Auge auf die evangelische Stadt inmitten seiner Besitzungen geworfen hatte, jetzt einfach abziehen und den Markgrafen verfolgen? Nach so langer Belagerung der Stadt! Mit solcher Beute vor Augen!

Die Angst vor den Drohungen des Markgrafen saß tief. Und da die Kanonen mit Beginn des Tages den Beschuss einstellten, beschloss der Rat, der Stadt erst einmal eine Ruhepause zu gönnen; jeder, der noch ein Bett habe, solle sich zum Schlafen niederlegen. Im Laufe des Vormittags könne man dann die Belagerer informieren.

Doch diese waren schneller. Als die Bewohner der Brückenstraße sich morgens auf den Weg zur Johanniskirche machten, um Gott um seinen Beistand zu bitten, tauchten plötzlich überall Soldaten auf. Die Menge schrie auf, versuchte sich in die umliegenden Häuser zu retten. Zu spät.

Olympia spürte einen eisernen Griff an der Schulter, Hände, die an ihrem Kleid zerrten und es herunterrissen. Im Unterkleid erwartete sie den Todesstoß. Doch der Kerl brüllte nur: „Los, die Schuhe her!" In fliegender Hast gehorchte sie.

Ein nach Schweiß und Blut stinkender Soldat wühlte in Olympias Haar, fluchte, weil sie nicht einmal eine Haarspange trug, stieß sie zurück und wandte sich ab. Im Weitergehen drehte er sich noch einmal zu den dreien um und sagte leise: „Verlasst die Stadt. Sofort. Niemand kann euch helfen. Hier könnt ihr nicht überleben."

Andreas löste sich als Erster aus der Erstarrung und zerrte die beiden weiter. „Er hat recht. Wir müssen in die Obere Gasse und zum Obertor. Wenn wir uns von dort nach Nordwesten halten, werden wir am ehesten den Soldaten entgehen, weil dort keine Tore sind."

Sie kämpften sich weiter, wie viele andere Stadtbewohner, die in der Flucht ihr Heil suchten, begleitet vom Gejohle der Soldaten, die Menschen und Häuser ausraubten. Doch auch vor der Stadt waren Soldaten. Diesmal packten sie Andreas und nahmen ihn mit. Olympia schrie ihnen nach, sie würde ihn freikaufen, sie könnten alles haben, was sie besitze. Aber sie sollten ihn freigeben. Bitte. Bitte. Ob ihnen denn jedes Erbarmen fremd sei?

Die Männer warfen einen Blick auf die Frau im leinenen Hemd, die barfuß und mit aufgelöstem Haar unterwegs war, und lachten. Olympia und Emilio schluchzten. So konnten sie doch hier nicht zurückbleiben. „Herr, hilf uns, rette ihn, auch wir sind ohne ihn verloren. Du hast doch schon einmal in aussichtsloser Lage deine schützende Hand über ihn gehalten.“

Plötzlich kehrte Andreas zurück, nahm sie an der Hand. „Rasch, wir müssen hier weg, bevor die Soldaten es sich anders überlegen.“

Sie spürten weder die Steine an den Füßen noch die Hitze, bewegten sich wie alle anderen Flüchtlinge apathisch vorwärts, durch Kies und Sand, Pferdekot und morastige Stellen, folgten den tief eingeschnittenen Wagenspuren der Straße, die sich hügelauf, hügelab dahinzog, endlos geradeaus, ein geschwungenes Band. Hinter den Flüchtenden loderten Feuer, krachten die Türme der Stadt in sich zusammen. Die Rauchwolke war mehrere Tage lang weithin sichtbar.

In einem Dorf wurden die Grundlers versorgt. Mit Wasser und Brot – mehr besaßen die Dorfbewohner selbst nicht. Auch sie hatten gelitten. Mal hätten die Belagerer sie ausgeraubt, die Heere der Fürstbischöfe von Würzburg und Bamberg und die Stadt Nürnberg, die sich gegen den auf eigene Faust Krieg führenden Markgrafen Albrecht Alkibiades zusammengeschlossen hatten, dann wieder die Truppen aus der Stadt. Auch Einwohner Schweinfurts seien dabei gewesen. Trotzdem wolle man ihnen helfen. Schon um des gemeinsamen evangelischen Glaubens willen. Aber aufnehmen könne man sie nicht, das sei zu gefährlich, schließlich befinde man sich auf dem Gebiet des Würzburgers. Sie sollten sich nach Hammelburg wenden, das nur wenige Meilen entfernt sei und auf Fuldaer Gebiet liege. Dort seien sie sicherer. Ein Kleid könne Olympia bekommen ... natürlich, selbstverständlich.

Andreas wunderte sich, woher er die Kraft nahm für diesen Gewaltmarsch. Er fühlte sich schwach, aber die

Beine trugen ihn. Emilio lief neben ihm her, ohne einen Laut von sich zu geben, einem fremden Willen gehorchend wie eine aufgezogene Puppe. Olympia war am Ende. Sie schleppte sich Schritt für Schritt dahin, blieb immer wieder stehen, flüsterte Unverständliches, stolperte ein Stück weiter. So gut Andreas konnte, stützte er sie, aber irgendwann würden sie gemeinsam fallen und nicht wieder aufstehen.

Gegen Abend tauchte Hammelburg vor ihnen auf. Ein unzerstörtes Städtchen mit einer intakten Mauer darum, mit Kornfeldern und Wiesen, auf denen Vieh graste. Dahinter baumbestandene Hügel und eine freundliche Sonne, die die Dächer der Stadt mit einem goldenen Schimmer überzog. Es gab sie noch, die Welt, in der das Leben pulsierte. Zum ersten Mal in diesem Jahr bemerkte Andreas, dass Sommer war: Ein makellos blauer Himmel wölbte sich über ihnen, die Vögel sangen, eine Blumenwiese wogte leise im Wind und das Korn stand gut auf den Feldern.

Olympia sah von alldem nichts. Sie wankte auf das Tor zu und fiel, vom Fieber geschüttelt, auf der Bank neben dem Torhaus in sich zusammen.

Auf der Flucht

Wie lange hatte sie dort gesessen? Hatte sie geschlafen? Wo waren Andreas und Emilio? Olympia spürte, wie jemand ein nasses Tuch an ihre Lippen hielt, es auf ihre Stirn drückte. Wasser, kühl und nass. Wie gut das tat. Als sie aufschaute, sah sie, dass es Emilio war, der sein Hemd ausgezogen und irgendwo mit Wasser getränkt hatte. Dann war Andreas wieder da, fasste sie unter den Achseln und zog sie hoch. „Komm, ich habe am Stadttor um Einlass gebeten. Sie nehmen uns auf, wenigstens für kurze Zeit. Ein paar Schritte noch, dann kannst du ausruhen."

Als Olympia, gestützt von Andreas und Emilio, mit etlichen anderen Flüchtlingen durch das Stadttor trat, fühlten sie sich von vielen Augenpaaren gemustert. Neugierige aus der Stadt, welche die abgerissenen Gestalten mit ihren Blicken prüften. Olympia spürte, dass die Menschen vor ihr zurückwichen, Angst im Blick. Sie musste furchtbar aussehen, mit aufgelöstem Haar, einem zerrissenen Fetzen als Kleid, verschrammt und verdreckt. Eine Bettlerin.

Eine Person löste sich aus der Menge und kam auf sie zu. „Seid Ihr Doktor Andreas Grundler und seine Familie aus Schweinfurt? Ich bin ein Freund des Andreas Campanus." Olympia hörte, dass der Mann mit Andreas etwas verhandelte und den Kopf schüttelte, als der am Brunnen Wasser schöpfen wollte. Doch nahm er die drei mit sich. Sie folgten ihm durch enge Gassen in ein Haus, eine Treppe hoch, eine Tür öffnete sich. Ein fast leerer Raum, aber auf dem Boden lagen Strohsäcke. Olympia fragte nicht weiter. Hinlegen, schlafen, mehr wollte sie nicht.

Sie hörte Emilios helle Stimme: „Wasser, bitte, wir brauchen Wasser." Der Fremde flüsterte eine Antwort, die Olympia nicht verstand. Dann schloss sich die Tür hinter ihm.

„Komm, ich helfe dir" , erklärte Andreas. Sie klapperte mit den Zähnen, ein Kälteschauer kroch über ihren Leib. Die Tür öffnete sich wieder, fremde Hände hoben ihre Arme, tasteten die Achselhöhlen ab. „Ihr habt recht, Doktor Grundler, es ist wohl nur Erschöpfung. Bleibt ein paar Tage und ruht Euch aus. Ich lasse Euch den Topf hier und den Krug." Andreas flößte seiner Frau ein paar Löffel Suppe ein und einen Becher Wein. Gierig trank sie, dann fiel sie in Schlaf.

Während der folgenden Tage erlebte sie all die Schrecken erneut, die ihr in Schweinfurt widerfahren waren, spürte das Donnern der Kanonen, Schreie gellten in ihr; sie sah Feuer lodern und Menschen sterben. Luft, Luft, warum war es in diesem Raum so stickig? Sie öffnete den

Mund weit und versuchte mit den Händen die Steine von ihrer Brust zu schieben. Wenn sie hochschreckte und zu Bewusstsein kam, fütterte Andreas sie mit Brotstückchen, die er eingeweicht hatte. Einmal hörte sie Emilio fragen: „Wird sie sterben, Andreas? Was sollen wir nur machen?“ und Andreas‘ beruhigende Stimme „Nein, es geht ihr schon viel besser. Lass sie schlafen.“

Erneut verhandelten die Männer miteinander. Diesmal verstand Olympia jedes Wort. „Ihr müsst entschuldigen, aber länger kann ich Euch nicht beherbergen. Gestern ist der Stadtrat zusammengetreten. Hammelburg liegt auf dem Gebiet des Fuldaer Bischofs und die Stadt muss den alten Glauben vertreten. Der Rat rechnet mit einer Strafaktion, wenn Flüchtlinge länger bleiben.

Ich habe mit einem der Schiffer gesprochen, der seine Ware die Saale hinuntertransportiert. Er hat zugesagt, Euch bis Gemünden mitzunehmen. Die meisten anderen Flüchtlinge haben die Stadt längst verlassen. Aber da es Eurer Frau so schlecht ging … Bei Gemünden liegt die Burg Rieneck, wo Graf Philipp von Rieneck residiert. Er ist dem neuen Glauben zugetan und wird Euch aufnehmen. Die einzige Schwachstelle ist Gemünden, das auf Würzburger Gebiet liegt. Aber Ihr müsst nicht durch die Stadt, verlasst das Schiff, bevor die Saale in den Main mündet und haltet Euch dann nach Norden, geht an der Sinn entlang, von dort könnt Ihr die Burg sehen. Ich kann mir nicht vorstellen, dass es Probleme gibt.“

„Ich werde mit meiner Frau reden. Ich hoffe, ihre Kräfte reichen. Aber vielen Dank.“

„Gut, redet mit Eurer Frau und macht Euch bereit. Ich komme in einer Stunde zurück und bringe Suppe und Wein. Dann solltet Ihr ein paar Stunden schlafen. Im Morgengrauen bringe ich Euch zum Schiff.“

Als ihr Gastgeber gegangen war, versuchte Olympia sich aufzusetzen. „Du brauchst nichts zu sagen, Andreas. Ich habe alles gehört.“

„Wirst du aufstehen können?“

„Ich werde es versuchen. Ich fühle mich besser.“

„Die Wunden an deinen Füßen sind gut verheilt. Aber das Fieber ist nicht verschwunden.“

Auf Andreas gestützt, gelang es ihr, die Kammer ein paar Mal zu durchqueren. Dann musste sie sich setzen. „Morgen wird es gehen“, murmelte sie. „Wenn wir nicht wieder Soldaten in die Hände fallen. Der Würzburger Fürstbischof wird unser Verderben sein. Ich habe es von Anfang an geahnt.“

Am nächsten Morgen hatte ihr Gastgeber einen Esel besorgt, auf den die beiden Männer Olympia setzten. Es war nicht weit bis zum Saaleufer. Dort wartete der Kahn. Der Schiffer und seine zwei Knechte trugen Olympia an Bord und betteten sie auf einen Sack, der hinten im Boot lag. Ihr Gastgeber aus Hammelburg nickte ihr zu, reichte Andreas die Hand und zog bedauernd die Schultern hoch.

„Ist schon gut“, sagte Grundler. „Ihr habt getan, was Ihr konntet. Wir danken Euch.“

„Wo ist Emilio? Ich sehe ihn nirgends?“, fragte Olympia aufgeregt, als Andreas sich auf die Schiffsbank setzen wollte.

„Der hilft den Knechten beim Einladen.“

„Aber er ist zu schwach. Er wird in die Strömung fallen. Er kann nicht schwimmen.“

„Er wird nicht ins Wasser fallen. Er ist geschickt und der Umgang mit den Schiffsleuten tut ihm gut. Er kann nicht nur in Angst und Schrecken leben.“

„Er ist geschwächt und hat kaum etwas gegessen in den letzten Tagen.“

Jetzt konnten sie den Jungen weiter vorn erkennen, wie er über eine Planke an Land balancierte. Jemand deutete auf einen gefüllten Getreidesack, den Emilio aufnehmen sollte. Er versuchte es, aber der Sack war zu schwer. Die Schiffsknechte lachten; einer schwang sich den Sack auf den Rücken und brachte ihn ohne erkennbare Mühe an Bord.

Emilio stand da mit hängenden Armen, bis ihm ein anderer auf die Schulter schlug und zum Schiff deutete. Emilio folgte ihm auf die wacklige Planke, schwankte bei jedem Schritt. „Du musst mehr essen", rief einer ihm zu. „Mehr Butter und Schmalz." Die anderen lachten. Emilio drehte sich weg, setzte sich still neben den Schwager auf die hintere Bank. Andreas wollte den Arm um ihn legen. Unwirsch schüttelte der Junge ihn ab.

Die Fahrt verlief angenehm. Der Kahn lag ruhig im Wasser, vom Fluss vorwärtsgeschoben. Es war warm, aber nicht heiß. Wolken zogen am Himmel vorüber. Von der Landschaft konnte Olympia wenig sehen, aber ihr Mann beschrieb ihr, wie schön das Land war. Weit geschwungene Hügel, die Schafgarbe blühte hochaufragend, Wiesen wechselten mit Gebüsch oder Wald. Helles, lichtes Grün, weiße, blaue und gelbe Blüten, die bis zu ihnen hinüber dufteten. Hin und wieder ein Mensch auf dem Pfad am Fluss, eine Schafherde, im Wald Schweine und Kühe.

Andreas machte sich im Stillen Vorwürfe. Nicht zum ersten Mal. Olympia hielt sich tapfer, aber es ging ihr schlecht. Emilio saß bleich und dünn neben ihm, mit traurigen Augen. Täglich machte er enttäuschende Erfahrungen. Wie sollte es für ihn weitergehen? Ein sicheres Leben im protestantischen Deutschland, eine gute Ausbildung für ihn, das alles hatte Grundler seiner Schwiegermutter Lukrezia Morata versprochen. Aber bis jetzt hatte er den kleinen Schwager nur in Gefahr gebracht.

Kurz vor Einmündung der Sinn in die Saale legte das Schiff an. Die Schiffsleute halfen ihnen an Land und zeigten ihnen den Weg, der an der Sinn entlang lief. „Weit ist es nicht mehr und da Ihr kein Gepäck habt, seid Ihr in kurzer Zeit da. Dort seid Ihr in Sicherheit. Gottes Segen sei mit Euch."

„Und mit Euch", antworteten die drei. „Vielen Dank, dass Ihr uns befördert habt. Gott wird es Euch vergelten." Ihr Ziel lag vor ihnen. Trotzdem beschlich sie ein unsicheres Gefühl. „Fühlst du dich stark genug?“, fragte Andreas seine Frau.

„Ja, ja, es geht schon.“ Doch als sie kurze Zeit später die Burg erblickte, verdunkelten sich ihre Augen. „Wieder eine Burg mit einer gräflichen Familie. Ob wir der trauen können?“

„Wir haben keine Wahl“, ergänzte Andreas. „Hoffen wir auf Gottes Hilfe.“

„Ich kann dich stützen, Olympia“, meinte Emilio. Andreas und der Junge nahmen Olympia in die Mitte. Es ging leichter, als sie gedacht hatten. Mit jedem Schritt schien Olympia mehr Kraft zu durchströmen. „Wie schön Gottes Welt ist, wenn die Menschen sie nicht zerstören.“

Hinter der nächsten Kurve verstellte ihnen unvermittelt eine Gruppe von Reitern den Weg. Gerüstet und bewaffnet.

„Wer seid Ihr und wohin wollt Ihr?“

„Ein Arzt mit seiner Frau und ihrem Bruder. Wir kommen aus Italien und möchten passieren.“

„Ihr wollt mich wohl auf den Arm nehmen. Aus Italien, dass ich nicht lache. Ohne jedes Gepäck? Nein, Ihr seid Ketzer, kommt aus Schweinfurt und wollt zur Rieneck. Aber daraus wird nichts. Wir haben strikten Befehl von Fürstbischof Melchior von Zobel, Flüchtlinge aus Schweinfurt ohne jede Ausnahme gefangen zu nehmen und hinzurichten.“ Drohend hatten die Männer ihre Schwerter erhoben. „Los, zurück zur Stadt. Dort könnt Ihr im Turm auf den Henker warten.“

„Melchior von Zobel soll einen solchen Befehl gegeben haben? Das kann nicht sein. Ich bin Arzt. Wir sind als Gäste des Fürstbischofs auf der Marienburg gewesen. Haben mit ihm an einem Tisch gesessen. Ich verlange…“

„Ja, ja, diese Geschichten könnt Ihr dem Ratsdiener in Gemünden auftischen. Ich glaube Euch kein Wort. Als wenn der Fürstbischof solches Pack an seinen Tisch laden würde. Los jetzt und ein bisschen plötzlich.“

Olympia stolperte, Andreas fing sie auf. Sie zitterte am ganzen Körper, während Emilio wie gelähmt neben ihnen stand. Einer der Reiter war abgestiegen und bot Olympia sein Pferd an, vermied es dabei, sie anzusehen. Der Anführer griff nach seinem Schwert, ließ es mit dem Blick auf Olympia stecken. „Also gut, wir sind keine Unmenschen. Der Rat wird entscheiden, was mit Euch geschieht. Wenn Ihr einen Fluchtversuch wagen solltet, werdet Ihr das Stadttor nicht lebend erreichen."

Am Stadttor öffnete der Wächter ihnen die Tür zum Turm und trieb sie die Treppe hinauf. Oben im Turmzimmer war es kalt und dämmrig, aber es lag Stroh auf dem Boden. „Ich verlange, den Bürgermeister zu sprechen. Das könnt Ihr mir nicht verwehren", Andreas versuchte seiner Stimme Festigkeit zu verleihen, aber er hörte selbst, wie verzagt sie klang.

Da klammerte sich Emilio an das Bein des Wärters. „Ihr müsst den Herrn Bürgermeister holen. Er muss nach Würzburg schreiben. Wir waren beim Fürstbischof zu Gast. Etliche Wochen. Gott hat dort ein Wunder vollbracht, als ich beim Spielen mit den Kindern seines Leibarztes aus dem Fenster gefallen bin. Gottes Engel haben mich gerettet. Ich weiß, dass der Bischof unseren Untergang nicht will."

Unwillig schüttelte der Wärter den Jungen ab. Noch einmal versuchte es Andreas: „Es stimmt, was der Junge sagt. Mein Vetter Johannes Sinapius ist Leibarzt des Bischofs. Wir haben zusammen in Ferrara studiert. Er hat uns an den Würzburger Hof geholt. Es kann nicht sein, dass dieser Fürst, den wir als gastfreundlichen, großzügigen Menschen kennengelernt haben, unseren Tod will." Andreas zögerte einen Augenblick. Dann fügte er hinzu: „Wir beten doch alle zu demselben Gott. Niemandem wollen wir Böses. Die Stadt Schweinfurt hat keinen Krieg geführt oder Unrecht getan. Markgraf Albrecht Alkibiades hat die Stadt besetzt und ausgeplündert. Bitte, helft uns."

Mit undurchdringlichem Gesicht verließ der Wärter sie und schloss die Tür sorgfältig ab. Unten hörten sie die Männer heftig verhandeln. Dann zogen die Reiter davon. Sie warteten auf die erlösende Antwort. Doch kein Bürgermeister, kein Ratsmitglied suchte sie auf. Jetzt half nur warten und beten.

Emilio lag schluchzend auf dem Boden, Olympia versuchte sich aufrecht zu halten. „Warum hast du das gesagt, dass wir zu demselben Gott beten?"

„Es ist so, Olympia. Das dürfen wir nie vergessen. Und nur auf ihn sollten wir unsere Hoffnung richten. Bislang hat er uns hart geprüft, aber nie im Stich gelassen." Andreas kniete sich neben Emilio, umarmte ihn und dann stimmte er den 46. Psalm an, wie Olympia ihn übersetzt hatte:

„Sei denn ohne Furcht, meine Seele,

...

Er, der allgewaltige kampferprobte
Herrscher, allen Heeres berühmte Feldherr,
führt uns, ist den Unsern ein Hort und steht uns
hilfreich zur Seite".

Warten, hoffen, verzagen, hoffen, beten. Wenn Olympia Emilio bat, sich neben sie zu setzen und ihr seine Hand zu geben, tat er das, entzog sie ihr jedoch nach kurzer Zeit und sprang auf. Er stellte sich an die Wand oder lief hin und her. „Was ist? Der Bürgermeister müsste längst hier sein und dich bitten, einen Brief nach Würzburg zu schreiben. Warum kommt er nicht?"

„Vielleicht haben sie bereits einen Reiter nach Würzburg geschickt. Die Bürger dieser Stadt müssen vorsichtig sein, wenn sie selbst überleben wollen."

„Was meinst du, Andreas, wie werden sie uns hinrichten? Werden sie einen Scheiterhaufen für uns errichten? Oder uns am Galgen baumeln lassen? In Italien verbrennen sie Ketzer bei lebendigem Leibe. Und das sind wir für sie. Ich habe in Ferrara einen Scheiterhaufen brennen sehen. Wie Fackeln lodern die Körper auf. Fällt man in Ohnmacht, wenn der Rauch den Kopf umnebelt? Oder spürt man den Schmerz, wenn das Feuer langsam näher kommt, die Füße schmoren und schwarz werden, die Flammen hochzüngeln und den ganzen Körper erfassen?"

„Sei still, Emilio, oder hörst du da draußen irgendetwas von solchen Vorbereitungen? Wenn sie entschlossen wären uns hinzurichten, hätten sie es längst getan. Unsere Aussichten sind gut."

„Bei einer anderen Hinrichtung in Ferrara musste der Henker mehrmals mit dem Schwert ausholen. Der Delinquent hat die ganze Zeit über geschrien."

„Schluss jetzt."

Sie schwiegen. Nach Stunden Schritte auf der Treppe, der Schlüssel drehte sich. Die beiden Wärter brachten einen Tisch, zwei Schemel und einen Eimer. Schweigend stellten sie einen Krug mit Wasser, ein Brot und ein Stück Käse auf den Tisch. Auf die Fragen der Gefangenen antworteten sie nicht.

„Das ist ein gutes Zeichen. Sie haben einen Boten nach Würzburg geschickt. Bis die Antwort eintrifft, wollen sie uns gut versorgen.

Zwei Tage mussten sie warten, zuckten zusammen, wenn sie unten Stimmen hörten. Die Angst war zu ihrer alltäglichen Begleiterin geworden. Trotzdem sank Olympias Fieber langsam. Einmal brachte der Wächter sogar ein Stück Fleisch und einen Krug Wein.

Am dritten Tag trat ein Unbekannter zu ihnen ins Turmzimmer. „Ihr habt Glück, Doktor Grundler. Ihr und Eure Familie seid in Würzburg bekannt und habt Fürsprecher von Einfluss. Das freut uns alle. Niemand in dieser Stadt will Euch Böses. Ich bin der Ratsschreiber und im Auftrag des Bürgermeisters hier. Ihr seid frei. Der Leibarzt des Fürstbischofs lässt Euch ausrichten, er habe einen Boten zur Burg Rieneck geschickt. Dort werdet Ihr erwartet. Fühlt Ihr Euch kräftig genug, die Reise anzutreten?"

Am Abend saßen sie in der Burg Rieneck an einem reich gedeckten Tisch, jeder hatte ein Bad genommen und war mit frischer Kleidung versorgt worden. Olympia saß mit am Tisch, obwohl ihr heißes Gesicht verriet, dass das Fieber nicht besiegt war. Trotzdem war ihr die Erleichterung anzusehen. Emilio musste ein paar Mal ermahnt werden, nicht zu viel und zu schnell zu essen. Den Wein stürzte er unverdünnt hinunter. Andreas entschloss sich, das heute zu übersehen, obwohl er spürte, wie es Olympia beunruhigte.

Als Olympia sich zurückzog, schickte Andreas auch Emilio zu Bett. Er sei geschwächt, müsse Schlaf nachholen. Auch Gräfin Margarethe entschuldigte sich, wünschte allen eine gute Nacht und erholsamen Schlaf ohne böse Träume. Andreas überlegte, ob er sich auch zurückziehen sollte. Aber Graf Philipp von Rieneck hielt ihn zurück. Er müsse einiges mit ihm besprechen. Nachdem er ihre Becher mit Wein aufgefüllt hatte und ein paar höfliche Floskeln losgeworden war, setzte er Andreas auseinander, dass diese Burg direkt im Einflussgebiet des Würzburgers kein guter Aufenthaltsort für sie sei. „Es ist für uns alle nicht ganz ungefährlich, weder für Euch noch für mich. So gerne ich Euch meine Gastfreundschaft gewähre. Versteht mich recht…“

„Natürlich, kommt zur Sache, was habt Ihr vor?“

„Ich verstehe Eure Furcht. Aber Ihr missversteht mich. Die Brüder meiner Frau, die Grafen von Erbach, leben in der Nähe von Michelstadt. Ich kenne niemanden, welcher dem Evangelium mehr zugetan ist als die beiden. Das Gebiet dort ist sicher. Graf Georg und Graf Eberhard leben auf befestigten Burgen nicht weit voneinander. Dort wäret Ihr weit besser aufgehoben als hier. Ich habe bereits gestern einen Boten dorthin gesandt und vorgeschlagen, dass ich Euch mit Geleitschutz den Main hinunterbringen lasse. In Miltenberg können Euch die Erbacher übernehmen, denn ab dort müsst Ihr durch den Odenwald. Ich bin fest davon überzeugt, die Erbacher freuen sich, wenn sie Glaubensgenossen behilflich sein können."

Das hörte sich einsichtig an, aber es hieß aufbrechen, eine weitere Reise, neue Gefahr, kein Ausruhen, Unsicherheit. Widersprechen wollte er seinem Gastgeber nicht. Aber wie sollte er diese Nachricht Olympia und Emilio vermitteln? Olympia brauchte dringend eine Ruhepause. Emilio war körperlich in recht guter Verfassung, aber seine Seele hatte Schaden genommen. Die Unsicherheit der Landstraße war nicht das, was er brauchte.

Ein paar Tage später waren sie froh, sich auf diese Reise eingelassen zu haben. Die Art, wie sie von Georg von Erbach und seiner Gemahlin Elisabeth begrüßt worden waren, entschädigte für vieles. Als sie in der Nähe der Stadt Miltenberg das Schiff verlassen hatten, war ihnen Graf Georg von Erbach mit der Kutsche entgegengereist, begleitet von einigen bewaffneten Knechten. Sicher brachte der Graf sie durch den Odenwald nach Michelstadt bis Schloss Fürstenau. Ein Wasserschloss mit dicken Mauern und Türmen, aber offen stehenden Fenstern, durch welche die frische, laue Sommerluft in die Räume floss.

Graf Georg war ein zartgliedriger Mann mit feinen Gesichtszügen, Augen, die sie freundlich musterten, und von einer Herzlichkeit, als wären sie nicht mittelose Flüchtlinge, sondern lang erwartete Freunde. Nicht anders seine Frau Elisabeth, welche es sich nicht nehmen ließ, Olympia persönlich ihr Zimmer zu zeigen. Ein weiches Bett mit sauberen Leintüchern, die angenehm dufteten. Die Gräfin holte die Zofe, die Olympia beim Entkleiden zur Hand ging und ihr ins Bett half. Dann klopfte es noch einmal an der Tür. „Seid Ihr noch wach? Ich habe einen Saft für Euch, der das Fieber vertreiben und das Gleichgewicht Eurer Kräfte wiederherstellen wird."

„Aber…"

„Kein Aber, trinkt. Der Saft ist ein wenig bitter. Ich hoffe, er wird Euch ruhige Träume bescheren. Darf ich Euch dieses Tuch auf die Stirn legen? Es ist mit demselben Saft getränkt. Wenn Ihr mir nun gestattet, Eure Füße mit meiner bewährten Haussalbe einzureiben, kann ich Euch mit gutem Gewissen eine angenehme Nacht wünschen."

„Ihr habt Dienstboten, die solche Arbeiten erledigen könnten."

„Ja, aber das würde mir die Freude nehmen. Es gibt nichts Schöneres, als anderen zu helfen. Dazu habe ich nur selten Gelegenheit. Und jetzt schlaft."

In den nächsten Tagen kam die Gräfin regelmäßig an Olympias Bett, brachte ihr zu essen und zu trinken und pflegte sie. Sie blieb ein wenig am Bett sitzen, um mit Olympia zu plaudern, ließ sich von der Flucht und Olympias Leben am Hofe von Ferrara erzählen.

„Ihr seid eine tapfere Frau. Ich bewundere Euch. Der neue Glaube ist mir auch wichtig, aber ich musste ihn noch nie verteidigen. Ich sitze hinter den Mauern dieses Schlosses und bin ein nutzloses Geschöpf, ständig leidend. Meine Ehe ist in neunzehn Jahren kinderlos geblieben. Nicht einmal auf Reisen kann ich meinen Mann begleiten. In keiner Hinsicht bin ich ihm eine Hilfe. Stattdessen muss ich die Hilfe anderer in Anspruch nehmen." Sie verstummte. „Jetzt wollte ich Euch zur Hand gehen und klage nur über mein Schicksal."

„Das interessiert mich so wie Euch meines."

Die Gräfin sprach in den folgenden Tagen nicht über ihre Krankheiten, doch konnte Olympia sehen, wenn sie Schmerzen hatte. An manchen Tagen bewegte die Gräfin sich mühsam, sah bleich und übernächtigt aus. Auf Olympias Fragen, ob es ihr schlecht gehe, antwortete sie ausweichend: „Ich habe mich an Schmerzen gewöhnt. Reden wir von etwas Erfreulichem."

Olympia ließ nicht locker. Sie schätze die freundschaftliche Zuwendung der Gräfin, aber zur Freundschaft gehöre auch, dass jede der anderen ihr Leid anvertraue. Dann erzählte Olympia von ihrer Freundschaft zu Lavinia della

Rovere Orsini, wie viel diese Frau von hoher Herkunft in ihrem Leben habe leiden müssen. Ihre Schwester Vittoria sei jetzt in den Diensten der Dame. Lange habe sie von beiden nichts gehört und wisse nicht, ob die Post verlorengegangen oder den Frauen etwas zugestoßen sei. Sobald es ihr besser gehe, werde sie nach Italien schreiben.

Die Gräfin reagierte bestürzt. Wenn sie Olympia hier im fremden Land ein wenig von solcher Freundschaft geben könnte! Alles wollte sie über das Schicksal der Lavinia della Rovere Orsini wissen. Olympia versprach, ihr in den nächsten Tagen mehr zu erzählen. Bevor die Gräfin ging, um sich ihren übrigen Pflichten zu widmen, schüttelte sie Olympia die Bettkissen auf.

Der Umgang zwischen den Frauen wurde vertrauter. So erfuhr Olympia, dass ihre Gastgeberin ständig Kopfschmerzen oder Schmerzen hatte, die durch den gesamten Körper zogen. Sie sei schon oft zur Kur gefahren. Doch weder das Baden noch das Trinken habe geholfen.

Während Andreas in der Bibliothek des Schlosses saß und Briefe verfasste, nahm Graf Georg Emilio mit auf seine Ausritte. Abends kamen beide mit frischer Gesichtsfarbe heim. Emilio erzählte begeistert, was sie den Tag über erlebt hatten. Die Gräfin freute sich über diese Erzählungen. Aber als Olympia wieder an den Mahlzeiten teilnehmen konnte und bemerkte, was ihr Bruder den Tag über tat, reagierte sie ungehalten. „Du solltest unserem Gastgeber nicht zur Last fallen."

„Er fällt mir nicht zur Last, er ist ein interessierter Helfer und würde einmal einen guten Verwalter abgeben. Er hat einen Blick für die Landwirtschaft und die Tiere und kommt gut mit meinen Leuten aus. Wir freuen uns alle, ihn hier zu haben."

„Er hat bereits so lange nicht mehr in die Bücher geschaut."

„Im Augenblick muss er sich von den Strapazen der Flucht erholen. Wir sollten unserem Gastgeber dankbar sein, dass er sich um ihn kümmert. Das Reiten in der Natur wird Emilios Kräfte wiederherstellen", wandte Andreas ein, der Emilio die Erlaubnis für die Ausflüge gegeben hatte mit dem Hinweis, Olympia brauche vorerst nichts davon zu erfahren.

„Wir reiten nicht nur umher. Ich weiß jetzt, welches Getreide in dieser Gegend angebaut wird, welche Krankheiten die Weinreben befallen können und nächste Woche darf ich mit zur Jagd."

„Und in die Bibliothek unserer Gastgeber zieht es dich nicht?"

„Frau Grundler, Ihr solltet um Euren Bruder nicht besorgt sein. Er ist ein tüchtiger junger Mann, umsichtig und verantwortungsbewusst. Er wird die Bücher nicht vergessen, nur weil er mit mir ausreitet. Auch ich bin ein studierter Mann und liebe die Bücher, aber ich kümmere mich genauso gern um mein Land und meine Leute."

„Ich würde gern ein Verwalter werden. Besonders schön ist der erste Kontrollritt am Morgen, wenn die Wiesen noch feucht sind und das Licht mild. Wir schauen nach, ob während der Nacht Wildschweine auf den Feldern waren. Wenn wir an den Wald kommen, warnt der Eichelhäher die anderen Tiere vor uns. Wir sind für sie Eindringlinge in ihr Revier. Was müssen die erst denken, wenn die Dorfbewohner mit ihren Schweinen kommen, damit die sich an den Eicheln im Wald mästen? Ich wusste nicht, dass Wälder so angenehme Aufenthaltsorte sind. Was dort alles wächst und lebt!"

„Ist es nicht gefährlich im Wald?"

Emilio lachte. „Nein, die Tiere haben Angst vor uns. Es ist nicht leicht, ein Reh aufzuscheuchen. Da muss man sich gegen die Windrichtung anschleichen. Nach dem Ritt gehen wir in die Schlosskapelle und beginnen den Arbeitstag mit den Leuten des Grafen im Gebet. Manchmal darf ich die Texte der Schrift vorlesen. Auf Deutsch, aus der Bibel des Herrn Martinus Luther. Immer einen Abschnitt des

Evangeliums und einen Brief des Paulus. Die Leute des Grafen können viele Lieder und Gebete auswendig."

Der Graf freute sich über Emilios Eifer und fügte erklärend hinzu: „Meine Prediger in Michelstadt halten Bibelstunden für die einfachen Menschen ab. Aber was mich interessieren würde, Doktor Grundler, habt Ihr schon Antwort auf Eure Briefe bekommen? Ich meinte, ich hätte gestern einen Boten zum Schloss reiten sehen, der nicht zu mir wollte."

„Im Augenblick stehen die Chancen gut, dass ich die Professur in Heidelberg bekomme, die ich im letzten Jahr ausgeschlagen habe. Vetter Sinapius meint, die Stelle sei noch nicht besetzt und will für mich an den Hof des Kurfürsten schreiben. Ich selber habe natürlich auch ein Gesuch formuliert. Ich habe ja dort studiert."

Gräfin Elisabeth nickte zustimmend: „Ja, geht nach Heidelberg, Kurfürst Friedrich ist ein guter Fürst, dem neuen Glauben zugetan. Er beruft nur noch Professoren an seine Universität, die sich vom Papsttum abgewendet haben. Unter den Professoren gibt es Glaubensflüchtlinge aus Ungarn und Flandern. Ihr werdet dort helfen, dem wahren Glauben zum Sieg zu verhelfen. Außerdem kann der Fürst einen guten Leibarzt brauchen. Das Podagra, Ihr versteht... Die Kuren in Baden helfen immer nur für kurze Zeit."

Mit einem Seitenblick auf Olympia, welche dieses Gespräch mit angstvoll flackernden Augen verfolgte, ergänzte Graf Georg freundlich: „Keine Sorge, der Friede in Heidelberg ist stabil; Kurfürst Friedrich ist ein geschickter Taktiker, kein Draufgänger, obwohl ein erfahrener Feldherr. Für das Reich wirkt er segensreich. Ich war im letzten Jahr dabei, als er den Heidelberger Bund ins Leben gerufen hat, damit die Parteien im Reich endlich aufhören, sich gegenseitig zu zerfleischen. Sogar die geistlichen Kurfürsten von Mainz und Trier hat er in diesen Bund gezogen sowie die Herzöge von Württemberg, Bayern und Jülich-Kleve. Man kann also hoffen, dass ein Albrecht Alkibiades in Zukunft isoliert dasteht, die Feldzüge des Würzburgers und der Nürnberger gegen ihn überflüssig werden und Frieden herrscht. Meiner Frau macht Ihr eine besondere Freude, wenn Ihr in Heidelberg lehrt. Ihr müsst nämlich wissen, dass meine Gattin von hoher Abstammung ist und Kurfürst Friedrich ihr Vetter. Nur um des Glaubens willen hat sie sich mit mir beschieden, denn sie ist eine geborene Pfalzgräfin von Simmern, aus einem Geschlecht, das viele Kaiser gestellt hat. Kurfürst Friedrich II. ist einer der sieben Kurfürsten des Reiches, die den Kaiser aus ihrer Mitte wählen." Der letzte Satz war an Emilio gerichtet.

„So solltest du nicht über mich reden. Was meinen Vetter angeht, hast du recht. Er ist ein bedachter Mann, der den neuen Glauben und den Frieden will. Sonst hättest du ihm wohl kaum deine Dienste als Hofmarschall zur Verfügung gestellt. Aber warum erwähnst du die Kurfürstin Dorothea nicht? Sie ist eine dänische Prinzessin, deren Vater vom dänischen Adel gefangengehalten wird. Die reist in diplomatischer Mission ganz allein durch die Welt, denn mein Vetter ist ein kranker, alter Mann und seine Frau zwanzig Jahre jünger. Sie..."

„Prinzessinnen, die sich evangelisch dünken und glauben, einen Anspruch auf irgendeinen Königsthron zu haben, kennen wir aus Italien", warf Emilio ein und fuhr fort, bevor jemand eingreifen konnte: „Aber wenn es darauf ankommt, kennen die nur ihre eigene Partei. Olympia hat das zur Genüge erfahren, und unser Vater auch", setzte er leise hinzu.

Einen Augenblick herrschte Schweigen am Tisch. Olympia fand als Erste die Fassung wieder. „Ich muss mich bei Euch entschuldigen."

„Aber nein, Emilio sagt die Wahrheit: Unsere Standesgenossen sind oft wankelmütig im Glauben."

„Das sind andere auch", wandte Andreas ein.

„Trotzdem", Olympia fiel es sichtlich schwer zu sprechen. „Wenn ich ehrlich bin, für Emilios Worte bin ich verantwortlich. Niemand darf über einen ganzen Stand so urteilen. Doch seitdem ich in Ferrara vom Hof vertrieben wurde, habe ich über den Adel nur Schlechtes gedacht und geredet. Dass die Vornehmen sich über andere Menschen stellen und sie verachten. Letztlich nur ihre eigenen Interessen kennen. Mit diesen Gedanken habe ich Emilio infiziert. Doch Ihr seid der Gegenbeweis. Ihr habt uns selbstlos aufgenommen und Gräfin Elisabeth pflegt mich mit eigener Hand. Soviel liebevolle Zuwendung habe ich lange nicht erfahren. Ich schäme mich."

„Das braucht Ihr nicht. Viele unserer Standesgenossen denken nur an ihren Vorteil, zumindest in Augenblicken der Gefahr. Ihr habt Schlimmes erlebt. Vielleicht kann unsere Freundschaft das ein wenig ausgleichen. Es würde mich freuen." Die Gräfin lächelte Olympia zu.

Rot übergossen lächelte Olympia zurück. „Ich weiß nicht, was ich sagen soll. Vielleicht, dass ich Euch von ganzem Herzen danke. Nicht nur für Eure Hilfe, sondern für Eure Fürsorge und Liebe." Sie zitterte.

Andreas war aufgestanden. „Du solltest dich zurückziehen. Du brauchst Schlaf. Komm, ich helfe dir."

Heidelberg

Die folgenden Tage verliefen im gleichen Rhythmus wie die vorangegangenen. Mit Warten gefüllt. Auf einen Boten des Kurfürsten. Emilio durfte mit Graf Georg ausreiten. Andreas hatte Olympia darum gebeten. Der Junge bereite dem Grafen Freude. Ihm fehle der eigene Sohn. Und Emilio käme auf andere Gedanken. Wenigstens während ihrer erzwungenen Wartezeit hier auf dem Schloss möge sie den beiden die gegenseitige Gesellschaft gönnen.

Erneut hatte Olympia Grund, sich zu schämen. Wieso hatte sie das nicht bemerkt? Selbst in den Augen der Gräfin sah sie die Freude über den Jungen und die Zufriedenheit ihres Ehemannes.

Dann stürzte Emilio ins Zimmer. „Ein Bote, ein Bote nähert sich dem Schloss. Komm ans Fenster, Olympia, da siehst du ihn." Olympia folgte ihrem Bruder und sah in der Ferne eine Gestalt, die auf das Schloss zukam. Plötzlich hatte sie das Gefühl, diese Szene schon einmal erlebt zu haben.

Eine geflügelte Ameise. Eine Grille. So hatten damals die kleinen Schwestern den Reiter bezeichnet, der durch die Poebene auf sie zu geritten kam. Ein reitender Bote mit einer guten Nachricht. Sie selbst hatte bei dem Reiter an eine Chimäre gedacht. Ein überspannter Einfall, in erster Linie dazu da, gegenüber den kleinen Schwestern mit ihrer Bildung aufzutrumpfen. Doch war der Einfall berechtigt gewesen. Der Vater durfte an den Hof zurückkommen, mit Olympia. Wie hatte sie sich damals gefreut. Aber die Berufung war ein zweifelhaftes Glück gewesen, das dem Vater und seiner Tochter erneute Verbannung eingebracht hatte, dem Vater Krankheit und Tod.

Nur Unglück? War es nicht auch die Zeit gewesen, in der sie viel gelernt hatte, ihre klassische Bildung erhalten, von den Brüdern Sinapius, zusammen mit Prinzessin Anna? Wären ihr Vater und sie ohne Fürstin Renata zu Anhängern des neuen Glaubens geworden? Ein merkwürdiger Gedanke. Nirgendwo hätten sie den evangelischen Glauben in Norditalien so kennenlernen können wie am Hofe von Ferrara. *Eine Chimäre, ein feuerschnaubendes Mischwesen mit drei Köpfen aus der Vorwelt mit geheimer Botschaft unterwegs.* Gottes Wege waren unerklärlich.

Auch dieser Bote brachte einen Brief, von der kurpfälzischen Kanzlei in Heidelberg mit der Berufung des Andreas Grundler, Doktor der Medizin, an die Universität der Stadt. Die Universitätsmitglieder müssten die Berufung durch ihre Wahl noch bestätigen, aber das sei eine Formsache, da sie ihn bereits einmal akzeptiert hätten.

In die allgemeine Aufregung hinein, rief Andreas: „Wartet, hier hat Hubert Thomas, der Sekretär des Kurfürsten einen Zusatz angebracht, der Olympia betrifft: Der Kurfürst beruft auch die gelehrte Italienerin Olympia Morata Grundler an die Universität, der es an Griechischlehrern fehlt, *„ut Graecas literas doceat*, damit sie die griechische Sprache und Literatur lehre."

Stille breitete sich im Raum aus. Olympia begann zu zittern, das Zimmer sich vor ihr zu drehen. Andreas merkte es als Erster, führte sie zu einem Stuhl. Er ging vor ihr in die Hocke und strahlte sie an: „Du sollst unterrichten, Olympia. Griechisch, die Sprache und die Literatur. Dein geliebtes Griechisch. Das ist die schönste Nachricht seit langem."

„Aber das kann ich nicht, in Deutschland, in einer fremden Stadt. Vor ein paar Jahren wäre es mein größter Wunsch gewesen. Aber jetzt weiß ich nicht, ob ich es will. Die griechischen Texte sind heidnischen Ursprungs."

„Das Griechische wird in Deutschland überall gelehrt, wo sich das Evangelium durchsetzt. Damit die Studenten den griechischen Schrifttext lesen können. Heidelberg hat bereits berühmte humanistische Gelehrte als Lehrer des Griechischen gehabt: Dionysius Reuchlin, Grynaeus und natürlich unseren Johannes Sinapius . In diese Reihe berühmter Männer wirst du dich einreihen."

„Bitte, Andreas, sag das nicht. Mir schwindelt."

Die Gräfin hatte den Raum leise verlassen und kehrte nun zurück. Über ihrem Arm hing ein Kleid aus einem zarten Wollstoff. „Das ist mein Abschiedsgeschenk für Euch. Ich hätte es der Frau des Universitätsprofessors Grundler gerne geschenkt, aber dass ich es jetzt der Hochschullehrerin Olympia Morata schenken darf, ehrt mich in besonderer Weise."

Olympia strich über das schwarze Oberkleid aus feiner, dünner Wolle, das rote Unterkleid und die hochgeschlossene weiße Bluse, nahm schließlich das Umschlagtuch aus schwarzer Seide in die Hand. „Das sind kostbare Stoffe, ein solch wertvolles Geschenk kann ich nicht annehmen. Das nicht auch noch.“ Sie begann zu weinen. „Wisst Ihr, dass Renata di Francia mir ein ähnlich teures Kleid abgenommen hat, bevor sie mich vom Hof wegschickte?“

„So bin ich froh, wenn ich dieses Unrecht ein wenig ausgleichen darf.“

„Du kannst das nicht zurückweisen, Olympia.“ Andreas musterte seine Frau stirnrunzelnd. Dann wandte er sich an das Grafenpaar: „Im Namen meiner Frau möchte ich mich herzlich bei Euch bedanken, für dieses Kleid, für Eure Gastfreundschaft, Eure Pflege und alles, was Ihr für meinen jungen Schwager getan habt.“

„Bitte, Olympia, wir wollen alle sehen, wie du in diesem Kleid aussiehst. Diese Freude musst du uns und unseren Gastgebern machen.“ Emilio strahlte seine Schwester an. Sie nickte verlegen, schluchzte auf, dann nahm sie das Kleid und verließ den Raum. Die Pfalzgräfin folgte ihr, um nach der Zofe zu schicken.

Als Olympia zurückkehrte, hatte sie sich verwandelt. Gerade, aufrecht schritt sie ins Zimmer. Das ist nicht mehr die kranke, um Asyl bittende Frau eines Verfolgten, dachte Andreas, nein, das ist eine selbstbewusste Bürgerin, die erste Frau in Deutschland, die an einer Hochschule lehren wird.

Als wenn die Nachricht sich bereits herumgesprochen hätte, rollte kurze Zeit später der Wagen des Herrn von Burg Erbach, Eberhard von Erbach mit seiner Frau und drei Töchtern, in den Burghof. Die Mädchen begrüßten Olympia ehrfurchtsvoll in gutem Latein. Über den Freundlichkeiten ihrer Gastgeber und der Begeisterung ihrer Familie legte Olympia für kurze Zeit ihre Bedenken ab.

Als sie später im Bett lag, kroch die Angst heran. Angst vor dem Schlaf und seinen Traumbildern. Bereits wenn sie die Augen schloss, fühlte sie sich bedrängt. Das Castello von Ferrara mischte sich mit dem Schloss von Heidelberg, einer Trutzburg hoch über der Stadt mit Löchern in den Mauern, Schießscharten, hinter denen Augen lauerten, welche die Bürger der Stadt bei jeder Bewegung beobachteten, während im Schlosshof ausschweifend gefeiert wurde, an Tafeln, die von Wildbret und Früchten überquollen. Würde sie in Heidelberg wie die Gelehrten in Ferrara auch zum Dienst im Schloss verpflichtet werden?

Wie lange hatte sie nicht mehr an das Castello in Ferrara gedacht! An die Feste, die üppigen Mähler, die Musik, das Theater! Olympia sah sich reden, singen, tanzen, spürte, wie ihr Körper sich spannte. Damals hatte sie sich glücklich gewähnt. War sie es gewesen oder war das Gefühl eine Täuschung, Einflüsterung des Teufels? Seitdem sie vom Hof vertrieben worden war, war sie davon überzeugt, dass an den Höfen der Antichrist sein Unwesen treibe. Und jetzt machte die Gastfreundschaft und Frömmigkeit der Grafen von Erbach sie schwankend.

Johannes Sinapius war der Ansicht, dass die Schönheit des höfischen Lebens nichts Verderbliches sei. Für ihn war Schönheit Lob der Schöpfung Gottes. Auch in der Dichtung. Immer hatte er betont, dass die klassischen Dichter, obwohl Heiden, zutiefst moralisch dachten und in ihrem Humanismus das Christentum vorbereitet hatten; Cicero, der das Wort *Menschenwürde* geschaffen hatte, Vergil mit seinem Pflichtbegriff, Homer, Platon und wie sie alle hießen.

Sie wusste, Andreas erwartete, dass sie die Ehre, an der Universität zu unterrichten, annahm. Sie würde so gerne, vieles in ihr drängte danach, aber durfte sie es?

Sollten die Sätze, die sie in Ferrara gedichtet hatte, sich bewahrheiten?

„Niemals erfreute das Herz aller Menschen ein und dasselbe,
niemals gab gleichen Sinn Zeus allen Menschen zugleich.
Rossebezähmer war Kastor, im Faustkampf stark Polydeukes
stammten vom selben Schwan beide Helden doch ab!

Ich, zwar Frau von Geburt, verließ doch die Werke der Frauen:
Körbe und Spulen mit Garn, Fäden zum Zettel gespannt.
Mir schenken Freude die blühenden Auen der Musen, die Chöre
auf dem hohen Parnass, der sich zweifach erhebt.
Andere Frauen mögen an anderen Dingen sich freuen. Dies allein bringt mir Ruhm, dies allein ist mein Glück."

Herbst 1554

Olympia griff in den Korb und nahm einen der Teller heraus. Richtete sich langsam auf. Ein klobiger, brauner Teller aus gebranntem Ton, einfache irdene Ware. Sie legte ihn auf das Bord an der Wand. Das billigste Zeug. Aber etwas anderes würden sie sich in der nächsten Zeit nicht leisten können. Andreas hatte gesagt, dass es Monate dauern könne, bis das erste Gehalt gezahlt werde. Der Professor für Medizin an der weltberühmten Universität von Heidelberg würde keine Gäste empfangen können, weil er sie wie ein Tagelöhner bewirten müsste.

Sie schluckte, schluckte noch einmal, versuchte den Hustenreiz zu unterdrücken. Es nützte nichts. Heftige Stöße, die aus der Lunge aufstiegen, sie schüttelten. Sie röchelte, rang nach Luft. Endlich löste sich blutiger Schleim, den sie, wie Andreas es ihr geraten hatte, in den Nachttopf spuckte. Sie zitterte am ganzen Körper. Das Husten war anstrengend. Der Bauch tat weh, alle Brustmuskeln; als würde es sie zerreißen.

Luft! Dieses stickige Zimmer! Statt Kerzen benutzten sie Unschlittlampen, die erbärmlich stanken. Bislang hatte sie nicht gewusst, dass Menschen mit Schlachtabfällen Licht machten. Jetzt musste sie froh sein, wenigstens so etwas zu haben. Als wenn sie arme Leute wären.

Sie wollte ans Fenster. Hielt sich an dem Wandbord, denn die Schwäche kroch ihre Beine herauf.

Ob das Brett hielt? Wenn die Teller auf sie herabfielen!

Im gleichen Augenblick öffnete sich die Tür. Andreas und Emilio kamen herein, die Arme voller Brennscheite. Mit einem Blick erfasste Andreas die Situation, legte das Holz auf den Boden, wo es polternd durcheinanderrollte, und stützte Olympia mit seinen Armen.

„Ganz ruhig", flüsterte er. „Es geht vorbei."

Er hielt sie, so lange sie weiterhustete. „Mach das Fenster auf, Emilio", wandte er sich an den Schwager. „Olympia braucht frische Luft."

Emilio stand mit seinem Holzbündel im Arm neben der Tür und rührte sich nicht. Starrte auf seine Schwester. Schließlich bückte er sich und legte das Holz vorsichtig auf den Boden.

Langsam ebbte der Hustenanfall ab. Erschöpft lehnte Olympia ihren Kopf an Andreas' Schulter, der sie streichelte und tröstend auf sie einredete. Schließlich flüsterte sie: „Ich fühle mich elend. Ich möchte mich setzen. Aber wir haben nichts, nicht einmal einen Stuhl."

„Wir haben viel mehr und wir haben uns. Und viel Unglück überstanden. Dieser kleine Mangel kann uns nichts anhaben. Komm, Olympia, setz dich auf die Ofenbank. An den Kachelofen, den du so liebst. Den Kachelofen und die Bank davor, was brauchen wir sonst? Wir sind in Heidelberg, einer schönen, in Frieden lebenden Stadt, in Lohn und Brot, haben ein Dach über dem Kopf ..."

„Aber kein Bett, keinen Hausrat, dir fehlen deine medizinischen Geräte, die Bücher, im Keller gibt es keine Vorräte für den Winter, nicht einmal Brennholz." Atemlos stieß sie die Worte hervor.

„Langsam, langsam, Olympia. Das wird sich alles finden. Gott hat für uns gesorgt. Wir haben Freunde, die uns unterstützen. Als wir Schweinfurt verließen, dachten wir, alles verloren zu haben. Aber hier, schau dir den Plutarch an. Es steht dein Name darauf. Irgendjemand hat ihn in Schweinfurt gefunden und an einen Buchhändler verkauft.

Dort hat ihn Vetter Johannes entdeckt, für dich gekauft und uns geschickt. So verschlungen sind Gottes Wege."

„Johannes nennt das Buch einen losgekauften Gefangenen."

„Gott wird weiter für uns sorgen. Das Wichtigste hat er uns bereits geschenkt: Wir durften die gesamte Zeit über zusammen sein."

„Ja, das ist wahr und dafür bin ich unendlich dankbar." Sie schluchzte. „Aber es ist zu spät. Die wirkliche Heimkehr ist die zu Gott. Für das Leben auf Erden, auch wenn ich es mit dir und Emilio teilen kann, habe ich keine Kraft mehr."

„Du wirst dich erholen. Wie oft haben wir gedacht, das ist das Ende, und dann ..."

„Hat uns wieder jemand geholfen. Auf Johannes ist Verlass, obwohl es ihm schlecht geht. Seit dem Tod von Françoise im letzten Jahr klingen seine Briefe mutlos. Er schreibt, dass ihm sogar die Kraft fehle, Theodora zu unterrichten. Er möchte sie zu uns schicken oder an den Heidelberger Hof. "

„Dann geht es ihm wirklich schlecht. Sich vorzustellen, wie eingeschränkt wir leben, kann er wohl nicht. Vielleicht könnten wir ihm vorschlagen, sie mit den drei Töchtern von Graf Eberhard zusammen erziehen zu lassen. Dort wäre sie gut untergebracht und wir würden sie von Zeit zu Zeit sehen."

Emilio, der ihnen mit starrem Gesicht zugehört hatte, blickte auf. „Das wäre wunderbar. Ich würde sie oft besuchen."

Andreas musterte den Schwager. Viel zu schmal, mit traurigen Augen, war er immer zur Stelle, wenn es etwas zu erledigen gab. Aber glücklich war er nicht. Jetzt verriet sein Gesicht, wie zufrieden er auf Schloss Fürstenau gewesen war. Bis zuletzt hatte er sich Hoffnungen gemacht, dass er in die Dienste des Grafen treten dürfte. Und es wäre besser für ihn gewesen. Hier musste er zu viele häusliche Aufgaben bewältigen. Gelacht hatte er in den letzten Wochen selten. Die Sorge um seine Schwester stand ihm im Gesicht geschrieben. Von Studien war kaum die Rede gewesen. Aber das ging wohl nicht anders.

„So, und damit wir in der neuen Wohnung nicht frieren müssen, werden wir beide jetzt die Holzscheite ordentlich aufstapeln. Wenn wir dann hungrig und durstig sind, wird sich in diesem Hause etwas zu essen für uns finden. Da bin ich mir sicher."

„Ich schreibe an Johannes, dass Theodora ihr eigenes Bett mitbringen müsste. Dann versteht er vielleicht, wie es hier zugeht. Wann erwartest du dein erstes Gehalt?"

„Das wird dauern."

„Unser Geld geht zu Ende."

„Beschweren kann ich mich nicht. Es gibt offizielle Termine, wann die Gehälter gezahlt werden. Für alle Professoren der Universität. Hast du herausbekommen, wer uns während unserer Flucht so reich beschenkt hat?"

„Nein, auch die Erbacher schweigen sich darüber aus, wer jener Mann war, der bei unserem Abschied wie aus dem Boden gewachsen vor uns stand und uns einen Beutel mit Geld überreichte."

„Ein ganzes Monatsgehalt. Wir werden uns nie bei ihm bedanken können."

„Noch ist etwas davon übrig. Aber wir brauchen dringend eine Magd. Ich frage in meinen Briefen bei jedem an. Bezahlbare Mägde, für uns bezahlbare, scheint es nicht zu geben."

„Ich weiß, wo die Bude der Zubringerin ist, die Dienstmägde vermittelt. Dort stehen immer eine ganze Menge Frauen. Aber ob eine dabei ist, die dir gefällt, weiß ich nicht. Die… Ach, am besten kommst du selbst mit und suchst dir eine aus." Emilio hatte gerade noch rechtzeitig den Mund geschlossen. Dass an der Bude immer viel los war, weil die Studenten sich über die Mägde lustig machten und die sich mit derben Bemerkungen revanchierten, erzählte er seiner Schwester besser nicht.

Später im Dachzimmer über seinen Vorlesungen brütend, konnte Andreas sich an diesem Tag nur schwer konzentrieren. Seiner Frau gegenüber fand er aufmunternde Worte; woher er die nahm, wusste er nicht. Jeder Tag war angefüllt mit Sorgen um seine Familie, den Haushalt, Freunde aus Schweinfurt. An der Universität konnte er sich an das Gerangel der Professoren um Vorrechte und Kompetenzen nicht gewöhnen und musste an endlosen Sitzungen teilnehmen. Unter den alten Verhältnissen hatten die Theologen turmhoch über allen gestanden, während die Jurisprudenz und die Medizin als zweit- und drittrangig galten.

Doch erließ der kurfürstliche Hof seit einiger Zeit Reformen. Die Theologen würden ihre beherrschende Stellung verlieren und kämpften verbissen darum, so viel davon zu retten wie möglich. Gleichzeitig nutzte die kurfürstliche Verwaltung die Gelegenheit, die Freiheiten der Universität auszuhebeln. Immerhin waren die Fakultäten angewiesen, Reformvorschläge auszuarbeiten.

Einige der kirchlichen Pfründe, die sich erledigt hatten, waren der Universität zugeschlagen worden wie das Gebäude des Augustinerklosters mit allen Einkünften und Bauernstellen des Klosters. Dazu kamen die Einnahmen etlicher Klöster in der Pfalz. In Zukunft würden die Bauern in vielen Dörfern der Umgebung ihren Zehnten vom Getreide und den Trauben für die Besoldung der Universitätsmitglieder abgeben.

Das war Anlass zu neuem Streit. Inzwischen kämpften der kurfürstliche Hof, die Stadt und die Universität darum, wem diese Einkünfte zuständen. Das meiste würde sich der Hof nehmen, um seine Prediger und Räte zu versorgen. Aber auch ihm, dem Doktor der Medizin, promoviert an der berühmten Universität von Ferrara, hatte die kurfürstliche Kanzlei neben den regulären Einkünften durch die Universität ein weiteres Gehalt zugesichert. Die Sache hatte nur einen Haken: die sechzig Goldgulden würden erst im Februar des nächsten Jahres ausgezahlt werden. Die Information hatte er vor den Seinen bis jetzt zurückgehalten. Wenn von dem Schmuck und den Münzen, die er während der Belagerung von Schweinfurt wie alle Bürger in einer Schatulle vergraben hatte, nicht bald etwas auftauchte, würde er sich Geld leihen müssen.

Er wäre zufrieden, wenn Heidelberg sich als ein Ort erwiese, an dem sie überleben konnten. Der Graf von Erbach hatte ihm mehrfach zugesichert, dass die Religionsstreitigkeiten im deutschen Reich bald beendet sein würden. Dank der Türken, hatte er schmunzelnd hinzugefügt. Ohne die Türkengefahr würden Kaiser, Reichsfürsten, französischer König und Papst nie zusammenfinden.

Seit zwei Jahren gab es den Passauer Vertrag, der allen Parteien freie Religionsausübung zusicherte, und im letzten Jahr war der Heidelberger Bund dazugekommen, von den wichtigsten Reichsfürsten anerkannt. Vor sechs Jahren war die Situation noch komplizierter gewesen. Das Interim 1548 hatte die zerstrittenen Parteien beruhigen sollen. Und was war daraus geworden? An der Heiliggeist- und der Universitätskirche war der evangelische Gottesdienst bestehen geblieben, aber alle Universitätsangehörigen hatten an der Fronleichnamprozession teilnehmen müssen. Bei Androhung von Strafen! Es gab sogar das Gerücht, dass der alte Kurfürst mit seiner Gemahlin die Messe besucht habe, ohne seinen Hofstaat, der sich weigerte.

Nun, solch Narretei war wohl endgültig vorbei. Mochte Kurfürst Friedrich alt und gebrechlich sein, der Thronfolger, sein Neffe Ottheinrich, war ein entschiedener Vertreter der protestantischen Partei. Das pfiffen die Spatzen von den Dächern. Da würde sich nichts mehr zum Schaden seiner Familie ändern.

Von unten hörte er Stimmen, einen erfreuten Ausruf Emilios und junge Stimmen, die ihm bekannt vorkamen. Da musste er nach dem Rechten sehen. Wie sollte er sich in diesem Haushalt je auf seine Vorlesungen konzentrieren?

Im Flur standen Emilio mit Philipp und Georg aus Schweinfurt. Die beiden steckten in zerrissenen Kitteln, hatten sich aber Hände und Gesicht gesäubert und die verfilzten Haare aus dem Gesicht gestrichen. Sie begrüßten Andreas Grundler höflich, Philipp kratzte sich am Kopf, dann standen beide abwartend da. Schließlich erklärte Emilio: „Sie wollen hier die Schulen besuchen und dachten, sie könnten bei uns wohnen. Unterm Dach ist noch Platz."

„Aber wir wissen selbst nicht, wovon wir uns ernähren sollen."

Georg grinste: „Fahrende Schüler dürfen betteln. Die bekommen manch fetten Bissen zugesteckt. Damit könnten wir die Unterkunft bezahlen."

„Und dann erzählt man sich in Heidelberg, dass der Professor Grundler seine Familie mit dem ernährt, was fahrende Schüler für ihn erbetteln. Nein, das geht auf keinen Fall. Wegschicken werden wir euch natürlich nicht. Kommt herein. Nur, ihr müsst leise sein, meine Frau liegt zu Bett, sie hat sich von den Strapazen der Flucht noch nicht erholt."

„Ich zeige ihnen alles. Du kannst ruhig zu deiner Arbeit zurückkehren. Kommt mit in die Küche. Ich habe heute eine Suppe aufgestellt. Mit Knochen darin und Dinkel. Die wird euch besser schmecken als die Wassersuppen in Schweinfurt. Und dann werden wir am Fluss ein Bad nehmen. Ein Stück außerhalb der Stadt, Neckar aufwärts, kenne ich eine gute Badestelle, wo das Wasser seicht und ruhig ist. Für einen von euch habe ich einen Kittel, für den anderen finden wir etwas beim Händler, wenn mein Schwager uns ein paar Münzen gibt. Was ihr jetzt anhabt, muss man verbrennen. Mit diesen Lumpen solltet ihr euch meiner Schwester nicht zeigen."

Philipp kramte in seiner Tasche und zog eine Münze hervor. „Geld brauchen wir nicht. Dies wird reichen. Ehrlich erbettelt." Er grinste.

Emilio denkt wirklich an alles. Es wird Zeit, dass eine Magd ins Haus kommt und der Junge sich seinen Studien widmet, dachte Andreas noch, bevor er zu seinen Aufzeichnungen zurückkehrte.

Olympia war am Abend nicht erbaut, die Jungen zu sehen, auch wenn Georg ein Verwandter von Andreas war und Emilio sich freute. Vielleicht brachte es ihm ein wenig Abwechslung.

Andreas fragte die Neuankömmlinge, wie es ihnen ergangen sei. Vom Rest ihrer Familien hätten sie bereits in Schweinfurt nichts mehr gehört und gesehen, berichteten sie zuerst stockend, dann aufgeregt. Alle hätten sich in der Kirche versammelt, plötzlich wie aus dem Nichts Kanoneneinschläge, stürzende Mauern, Rauch, Hitze, Feuer. Irgendwie seien sie da rausgekrabbelt, hätten sich zwei Tage lang im Gebüsch versteckt und an den Plünderern vorbei aus der Stadt geschlichen. Ja und dann seien sie gelaufen, blindlings gelaufen, hätten um jedes Dorf einen weiten Bogen gemacht, bis es nicht mehr ging. Sie hätten ja nicht gewusst, wer Freund und wer Feind sei. Wasser gebe es in den Wäldern genug, auch Pilze und Heidelbeeren um diese Jahreszeit. Aber das mache nicht satt. Sie hätten doch etwas essen müssen. Verlegen starrten sie vor sich hin.

„Ihr müsst euch nicht schämen, weil ihr gestohlen habt, um euch zu ernähren. Das war eine Notsituation, in der euch nichts anderes übrigblieb“, versuchte Andreas sie aufzumuntern.

Sie nickten erleichtert, dann wollten sie es erzählen. Trotzdem fiel es ihnen schwer. Sie hätten das Essen stehlen müssen auf den Höfen, hätten eine Zaunlatte abgerissen und gewartet, bis eines der Hühner den Weg in die Freiheit gefunden habe. Zwischendurch sei ihnen auch mal ein Kaninchen in die Falle geraten. Sie grinsten zu Emilio hinüber.

Der grinste zurück. „Und wo habt ihr geschlafen?“

„Irgendwo unter Büschen, bis einmal im Morgengrauen mehrere Wildschweine bedrohlich schnaubend vor uns standen."

„Und dann?"

„Wir sind zu Salzsäulen erstarrt und haben gewartet, dass sie sich davonmachen. Sie haben etwas herumgeschnüffelt, dann das Interesse an uns verloren. Vermutlich vertilgen sie lieber Eicheln als Menschen. Mein Vater hat mir einmal erzählt, dass Tiere sich tot stellen, wenn sie angegriffen werden. Wenn Tiere so ihr Leben retten können, warum nicht auch Menschen! Ach, mein Vater. Habt ihr von unseren Familien etwas gehört?"

Die drei schüttelten die Köpfe.

„Sie sind vermutlich in der Kirche verbrannt."

„Wir werden in Schweinfurt nach ihnen fragen, Olympia schreibt viele Briefe, an alle möglichen Leute", Emilio blickte die beiden mitfühlend an.

„Ach, lass nur", meinte Philipp. „Wir haben die Hoffnung nicht aufgegeben, aber inzwischen kommt uns das Leben in Schweinfurt unwahrscheinlich vor. Als hätte es das nie gegeben. Der Hunger, Durst, die Angst, die Flucht und nicht zuletzt die Wildschweine. Wir haben uns Heuschober gesucht und gehofft, dass uns kein Bauer erwischt. Irgendwann hat uns im Wald ein Reiter überrascht. Der fragte, ob wir fahrende Schüler seien und nach Heidelberg wollten? Wir sollten uns nach Westen zum Rhein durchschlagen und dann nach Süden ziehen. Die Wege seien einigermaßen sicher. Er hat uns gemustert und erklärt, wir befänden uns auf Mainzer Gebiet, das zum Heidelberger Bund gehöre. Das hieße, dass der Mainzer Bischof und der Heidelberger Kurfürst Frieden hielten. Wir haben genickt, er hat uns die Richtung gewiesen, ein Stück Brot und ein paar Münzen zugesteckt. Da kam uns der Einfall, dass wir als fahrende Schüler betteln dürfen und somit war das Schlimmste vorbei. Obwohl wir uns vor der Frage nach unserer Religion gefürchtet haben. Oder einem Hofhund, der die Religionsstreitigkeiten für seinen Herrn klärt. Aber zum Glück hat niemand danach gefragt. Alle wollten uns möglichst schnell wieder loswerden."

Nach der Abendmahlzeit schlug Andreas vor, die neue Situation zu nutzen und gemeinsam zu singen. Mit den Stimmen der beiden Jungen würden sie die fehlenden Musikinstrumente ersetzen können. Emilio, aber auch Georg und Philipp stimmten begeistert zu. Olympia summte stellenweise leise mit und bekam Farbe ins Gesicht.

Später, die Jungen waren bereits in ihrer Kammer verschwunden, gab Andreas seiner Frau in einem irdenen Becher etwas von dem Stärkungstrank, den der Apotheker ihm geschenkt hatte. Während Olympia den bitteren Aufguss an den vorangegangenen Abenden nur mit Widerwillen geschluckt hatte, trank sie ihn heute bereitwillig.

„Langsam geht es bergauf mit dir", kommentierte Andreas. „In ein paar Wochen bist du wieder bei Kräften."

„Die Musik ist ein wunderbares Stärkungsmittel. Besser als jede Medizin."

„Da hast du recht. Aber meine Studenten wären befremdet, wenn ich in meinen Vorlesungen mit ihnen singen würde ... Weißt du noch, wie wir in Hirschhorn, unserer letzten Station vor Heidelberg, im Gasthaus die Schüler trafen, an derem grummelnden Gesang ihr Lehrer fast verzweifelte? Als du aufstandest und den Schülern vorgesungen hast, da wusste ich, dass du wieder gesund wirst. Alle haben bemerkt, wie deine Seele strahlte. Die Jungen sind still geworden und ihr Lehrer war tief beeindruckt."

„In jenem Augenblick überkam mich die Lust zu leben. Als der Lehrer die Noten der Lieder herbeiholte, die du komponiert hast, Andreas. Sie sind im ganzen Land bekannt und wirken segensreich. Aber ich glaube, für mich war der Abend nur ein Aufflackern. Meine Kerze ist heruntergebrannt. Jetzt noch die beiden Schüler. Wir haben nicht einmal ein Bett für sie. Wenn ich morgens aufwache, türmt sich der Tag bedrohlich vor mir wie eine der Riesenmühen des Herkules. Nur dass ich nicht über seine Heldenkräfte verfüge und nicht Zeit habe wie er. Am liebsten würde ich weiterschlafen, mich unter der Decke verkriechen. Das Schlimme ist, dass ich mich vor dem Schlaf erst recht fürchte."

„Auch das wird vergehen. Die Jungen werden uns nicht lange belasten. Sie wissen sich gut zu helfen und haben nicht einmal gefragt, ob ich bei einer der Bursen ein gutes Wort für sie einlegen könnte. Wichtig ist jetzt, dass wir eine Magd für dich finden."

„Es gibt keine. Und wenn, dann stellen sie unverschämte Forderungen. Eine Frau im Haus zu haben, die ihre Arbeit liederlich tut und dazu unverschämt wird, das halte ich nicht aus."

Andreas schwieg, denn in diesem Punkt war er anderer Ansicht als seine Frau. Keine passte ihr. Olympia stellte Ansprüche, die die Mädchen nicht erfüllen konnten. Man konnte nach einer dummen, unterwürfigen Person suchen, aber die würde Olympia nicht entlasten, sondern nur neue Probleme bringen.

Er schreckte hoch. „Was ist? Entschuldige, ich war einen Augenblick unaufmerksam."

„Ich habe gesagt, dass Françoise bereits ein Jahr tot ist. Bis jetzt hat Johannes den Tod seiner Frau nicht verkraftet. Ihm geht es wie mir, ihm ist das Interesse für das Leben abhandengekommen. Wenn er nicht mit seiner Tochter lernen kann, wie soll dann ich mit Studenten arbeiten können?"

„Der Unterricht und der Umgang mit ihnen werden dir gut tun. Johannes trauert um seine Frau, während du dich von einer Krankheit erholst. Wenn du wieder bei Kräften bist, wirst du dich freuen, unterrichten zu können."

„ Das kommt mir unwirklich vor."

„In ein paar Wochen nicht mehr, Olympia. Dann wirst du stolz sein, wie alle unsere Freunde und ich besonders." Zart fuhr er mit dem Handrücken über das Gesicht seiner Frau und lächelte. „Noch in Jahrhunderten wird man dich preisen als die erste Frau, die an einer deutschen Universität unterrichtet hat. Eine Dame aus dem fernen Italien, die ein solches Griechisch beherrschte, dass ihr Ruhm bis zum Kurfürsten Friedrich von der Pfalz drang. Heidelberg wird sich glücklich schätzen."

„Hör auf, hör bitte auf. Mir wird schwindlig."

„Gib zu, dass es dich ein wenig mit Stolz erfüllt."

„In einem anderen Leben vielleicht. Jetzt nicht mehr."

„Du bist achtundzwanzig!"

„Nein, tausend Jahre alt."

„Oh Liebste, ich wusste nicht, dass ich eine Greisin liebe, mit zarter Haut, jugendlichen Augen und klarer Stimme."

„Und ich wusste nicht, dass ich mit einem Schmeichler verheiratet bin."

Sie schauten sich an. „Du bist mir das Liebste auf der Welt", sagte Olympia leise. „Wenn es dich in meinem Leben nicht gäbe, fiele es mir leichter zu sterben."

„Ich gebe dich nicht her. Wir haben noch so viel zu tun auf der Erde."

Andreas fasste ihre Hand und drückte sie. Schweigend genossen sie die Nähe des anderen.

Unter Kollegen

Olympia hatte eine unruhige Nacht verbracht, war erst in den Morgenstunden in Schlaf gefallen und spät am Vormittag aufgestanden. Andreas hatte sie nicht geweckt, sondern mit den Jungen zusammen das Haus verlassen. Die drei wollten sich in den Bursen und im Pädagogicum erkundigen, ob Philipp und Georg irgendwo unterkommen könnten. Andreas war zu einer Sitzung mit seinen beiden Fachkollegen gegangen.

Als es an der Vordertür klopfte, reagierte Olympia verwirrt. Freunde, welche vertrauten Umgang mit ihnen pflegten, hatten sie in Heidelberg noch nicht. Fremden würde sie ungern aufmachen. Aber vielleicht war es ein Bote mit Briefen aus Basel oder – die Hoffnung zerrte ständig an ihr – aus Italien, von ihrer Familie oder Lavinia della Rovere Orsini.

Sie öffnete. Draußen stand ein Bauer mit einem Korb voll Gemüse, gekleidet in ein einfaches weites Hemd und eine enge Hose. Seine übrige Erscheinung sprach jedoch eine andere Sprache: Obwohl der Mann nicht mehr jung war, hielt er sich aufrecht und sein Gesicht war weder zerfurcht noch sonnengebräunt. Stattdessen musterte der Fremde sie mit klugen Augen, sein gelocktes, halblanges, weißes Haar und der ebenfalls lockige Bart waren sauber gesträhnt.

„Ihr wünscht?", fragte sie kühl.

Er machte eine tiefe Verbeugung und stellte den Korb vor ihre Füße. „Ich bitte um Verzeihung, Frau Professor Grundler, dass ich hier in so unwürdigem Aufzug hereinplatze. Aber ich war gerade auf dem Nachhauseweg von meinem kleinen Landgut und da Euer Gatte mir vor ein paar Tagen sagte, es gehe Euch besser, so wollte ich meine verehrte Kollegin in Heidelberg mit etwas selbstgezogenem Gemüse aus meinem Garten begrüßen. Nicht die edlen Früchte aus der Sonnenwärme des Südens habe ich anzubieten, das leider nicht, aber Rote Rüben, Mangold, Lauch, die ersten Äpfel des Jahres und einen Kopf Salat. Alles ist frisch und wird Euch guttun. Eure Magd wird wissen, wie sie es zubereiten muss. Angenehm wäre es mir, wenn sie den Korb gleich in der Küche ausleeren würde, denn ich brauche ihn jetzt zur Erntezeit täglich."

Olympia starrte den Mann an. Er hatte sie auf Deutsch angeredet und sie nur die Hälfte verstanden. Was wollte er von ihr?

„*Revertere postea, hospes, ad me,* komm ein andermal wieder, Fremder, wenn mein Ehemann zu Hause ist", erklärte sie, unwillkürlich die lateinische Sprache benutzend.

Der Mann vor ihr errötete, wechselte ebenfalls ins Latein. „*Peto a te veniam ignoscendi, mulier doctissima,* verzeih mir, gelehrte Frau, dass ich dich bedränge. So etwas geschieht, wenn ein ehemaliger Dekan der Universität daran gewöhnt ist, selbst im Bauernkittel eine in der ganzen Stadt bekannte Autorität zu sein. Wenn ich mich vorstellen darf: Jakob Micyllus, Professor für griechische Sprache und Literatur an der weltberühmten Universität von Heidelberg und in Zukunft, wenn ich Herrn Hartmann, den Rat des Kurfürsten, richtig verstanden habe, ein Kollege. Für mein Benehmen möchte ich mich entschuldigen. Wir bemühen uns an der Universität zwar darum, die Rangordnungen der Professoren zu allen möglichen und unmöglichen Gelegenheiten einzuhalten, aber im Alltag kommt der Bauer aus Nieder-Olm in uns wieder zum Vorschein. Am fürstlichen Hof in Ferrara herrschen sicher bessere Umgangsformen."

„Vielleicht auf den ersten Blick, aber dort zählt nur die *licentia tyranorum*, die Willkür des Mächtigen, die auch vor dem Leben des Untertanen nicht Halt macht."

„Das klingt bitter, nach schlimmen Erlebnissen."

„Ja, aber das liegt hinter mir. Ich freue mich, meinen Kollegen kennen zu lernen. Bitte komm herein und stell den Korb hier im Flur ab. *Agricola mihi gratissimus est,* der Bauer ist mir höchst willkommen, im Augenblick fast mehr als der Professor, denn bei jenem weiß ich nicht, ob ich ihn überhaupt hereinbitten sollte. Wir haben noch keine Magd und fast keine Möbel. Zum Sitzen gibt es einzig die Ofenbank. Fast könnte ich sagen: *Omnia mea mecum porto.* All meine Habe trage ich bei mir."

Jetzt verschlug es Micyllus die Sprache. „Dolet mihi quod. Es tut mir leid. *Quod ignorabam* … Ich wusste nicht … Ich werde ein andermal wiederkommen."

„Nein, das konntest du nicht wissen. Und es wird sich bald ändern." Olympia wunderte sich über sich selbst. „Ich bin gespannt zu erfahren, wie meine zukünftige Tätigkeit aussehen wird."

„Wenn ich ehrlich bin, ist das auch für mich ein Rätsel. Noch nie gab es eine Frau in den heiligen Hallen unserer

Universität. Ich freue mich aufrichtig, denn das *studium humanitatis* braucht dringend Verstärkung. Deine eigenen Lehrer, die Brüder Sinapius, sind eine hervorragende Empfehlung. Ich kenne Johannes Sinapius gut. Er hat eine Zeit lang an dieser Universität das Griechische unterrichtet, bevor er nach Italien aufgebrochen ist, um Doktor der Medizin zu werden. Die Hungerlöhne in Heidelberg haben uns beide vertrieben. Er ging nach Ferrara, ich nach Frankfurt."

Olympia lächelte innerlich. Wie leicht ihr die schlichte Anredeform des Lateinischen diesem Mann gegenüber fiel. Micyllus dagegen versuchte, die Peinlichkeit der Situation mit seinem Redestrom zu überdecken. Er holte nur einmal rasch Luft, bevor er fortfuhr: „Du wirst dich ebenfalls bescheiden müssen. Mit dem Hörergeld der Studenten, wie üblich bei Unterricht, der *privatim* in der Wohnstube stattfindet. Schüler für den Grammatikunterricht werde ich dir schicken. Vielleicht kann ich auch einen Tisch und ein paar Stühle beschaffen. Eine größere Wohnung ist von der Universität ja bereits zugesagt. Wie steht es mit Büchern?"

„Die Bibliothek meines Vaters ist in Schweinfurt verbrannt. Bis jetzt ist nur der lateinische Plutarch aus Schweinfurt wie durch ein Wunder zu mir zurückgekehrt. Jemand hat ihn in den Trümmern gefunden, mit meinem Namenszug darin. Johannes Sinapius hat ihn für mich zurückgekauft. Wegen der übrigen Autoren habe ich nach Basel an Celio Secondo Curione geschrieben, der viele Drucker kennt; der hat mir eine Büchersendung mit den wichtigsten Werken versprochen, vor allem den Homer."

„Wollen wir hoffen, dass unsere Studenten sich zu benehmen wissen. Ihre Umgangsformen lassen häufig zu wünschen übrig. Viele üben sich lieber in den Waffen als in der Grammatik. Und nicht wenige sind vorlaut und frech, ungeschlachte Rüpel. Eine Zumutung für eine Frau."

„*Noli timere*. Mach dir keine Sorgen. Seit meinem vierzehnten Lebensjahr war ich für die Prinzessin Anna am

Hofe von Ferrara verantwortlich und habe ihre Schwestern unterrichtet. Rüpelhaft haben sich die jungen Damen nicht benommen, stattdessen waren sie verwöhnt und hochnäsig. Aber ich hatte eine gute Hilfe. Vermutlich kennst du die Pädagogik meines Vaters, der die fürstlichen Knaben erzogen hat?"

Micyllus schüttelte den Kopf.

„Das wundert mich. In Italien ist sie weit verbreitet. Ein Standardwerk für jeden Pädagogen."

„Die grammatischen Regeln sind wohl überall die gleichen."

„Ja, aber beim Erlernen der Grammatik sind die Kunst der Rede und die Aussprache der Wörter und Sätze von grundlegender Bedeutung. Ohne die Literatur, ohne antikes *ethos* kann die Sprache nicht vermittelt werden. *‚Als Orpheus süße Stimme erklang, horchte selbst Cerberos auf'*." Jetzt ließ Olympia ihr Griechisch erklingen, von dem sie wusste, dass es sich elegant anhörte.

„*Non ignoro*. Ich weiß, ich weiß. Die Kollegin kennt die Autoren und ist auch eine Dichterin. Aber von den Inhalten der Literatur kann bei dem Lehrauftrag nicht die Rede sein. Euripides, Homer, das sind Themen meiner Vorlesungen und dabei soll es bleiben. Natürlich stehe ich dir jederzeit mit Rat und Tat zur Verfügung. Und wenn dein Gatte und du zu Kräften gekommen seid, würden meine Freunde und ihre Gattinnen sich freuen, wenn ihr zu unserer geselligen Runde am Wolfsbrunnen stoßen würdet. Der Kollege deines Gatten, Professor Wagemann, ist dabei, Hartmann von Eppingen, der Rat des Kurfürsten, dessen Fürsprache dein Mann einiges zu verdanken hat, und ein weiterer Italiener, Caspar Campanus aus Nola. Ihr werdet sehen, auch hier in Heidelberg gibt es Lebensart und finden sich die Gelehrten zu anregendem Gespräch zusammen.

Magst du Freund in heiterem Zwiegespräche
Ein, zwei Stündchen mit mir im Scherz dich ergehen
Komm zu mir, dass wir froh zusammen trinken

Wo uns Bacchus, der muntere, das Szepter führet."

Jakob Micyllus war aufgestanden und reichte Olympia die Hand. „Wir werden bald wieder voneinander hören. Bis dahin wünsche ich dir alles Gute. Vale."

Nachdem Olympia Jakob Micyllus zur Tür gebracht hatte, öffnete sie das Fenster, um die Sommerluft hineinzulassen, wanderte zu dem Wandbord hinüber, nahm den Plutarch in die Hand. Legte ihn auf den Tisch. Anfängerunterricht! Dagegen war nichts einzuwenden, das Elementare legte den Grund für alles Weitere. Das schreckte sie nicht. Disziplin hatte sie gelernt und freche Antworten konnte sie parieren. Ach, kleine Anna, wie es dir wohl geht? Machst du deinem Gefolge mit deinen Launen das Leben immer noch schwer?

Die zehnjährige Anna hatte das ausgeheckt und sie, Olympia, sollte es ausführen. Auch damals hatte das Fieber sie geschüttelt. Wen interessierte das? Um die Hofgesellschaft zu vergnügen, sollte das Hoffräulein Olympia eine Vorlesung halten. Weil die Prinzessin Anna, ganz im Stil der Großen, die Mäzenin einer gelehrten jungen Frau spielen wollte, die gerade vierzehn Jahre alt geworden war.

Cicero, die „Paradoxa Stoicorum" hatte sie ausgewählt. Wenige Seiten nur, überschaubar. Cicero sprach gleich zu Anfang von allgemeinverständlichen Sätzen, die er auszulegen gedenke. Doch pflegte Leichtigkeit das Ergebnis harter Arbeit zu sein. Die einfachen Sätze enthielten paradoxe Aussagen, die sie klären musste. *„Quod honestum sit id solum bonum esse – nur das Sittliche ist ein Gut."*

Die Hauptgesichtspunkte hatte Cicero in den Lehrsätzen vorgegeben. Daran konnte sie sich orientieren. Und an der Schrift ihres Vaters über die Bedeutung des ästhetischen Vortrags einer Rede, die wie Musik klingen müsse. Den Atem leicht hervorströmen lassen, entspannt stehen, wie selbstverständlich bestimmte Wörter betonen, den Tonfall der Rede deren Sinn entsprechend verändern. Wie sie ihren Körper bewegte, selbst wie sich die Haut ihres Gesichtes spannte, musste sie kontrollieren.

„*Niemandem, der die Tugend besitzt, fehlt etwas zum glücklichen Leben.*" Konnte sie solche Sätze einer vergnügungssüchtigen Hofgesellschaft präsentieren? Sie, eine Jungfrau, gerade den Kinderschuhen entwachsen? Was hatte sie getrieben, sich ausgerechnet Marcus Tullius Cicero vorzunehmen, den Kämpfer für die Tugend, den Verteidiger der Republik? Die *Paradoxa*, auf den ersten Blick frisch und einfach, entwickelten Stacheln, die Olympia ins Fleisch drangen. Erwies sie sich nicht als so dumm wie jener Knecht, der ein Kästchen mit Blei davonschleppte, weil ihm der Haufen Stroh zu groß war?

Endlos saß sie über der Vorlesung, stellte Gesichtspunkte zusammen, ordnete. *Inventio, dispositio, elocutio, actio.* Sie formulierte, verwarf, wendete jedes Wort hin und her. Je näher der Auftritt kam, desto mehr fühlte sie sich von ihrer Bleilast beschwert.

Als sie am Morgen des Vortrags aufwachte, waren diese Bedenken verschwunden. Die Bleilast spürte sie erst im Saal wieder, der mit dunkel gekleideten Gelehrten gefüllt war. Mit schwarzen Krähen, die sie aus dunklen Augen musterten und ihr spitze Schnäbel entgegenreckten. Alle waren gekommen: die Fürstin und ihr Gefolge, etliche Professoren der Universität Ferrara, natürlich die Brüder Sinapius, ihr Vater und – nein der… – Celio Secondo Curione konnte nicht aus Venedig… Und dann – sie musste sich täuschen – die literarische Autorität am Hofe, der greise Celio Calganini, neben ihm der Dichter Giglio Gregorio Giraldi. Und vorn in der ersten Reihe das glückliche Gesicht der Prinzessin Anna.

Zu Anfang zitterte ihre Stimme. Als sie beim Publikum höflich für diesen Auftritt um Verzeihung bat, geschah das Unerwartete. Die Bleilast fiel von ihr ab. Sie warf ein paradoxes Satzgebilde in den Raum, verwies auf Traumbilder, kokettierte mit ihren eigenen Schwächen. Schließlich bat sie schelmisch lächelnd ihre Zuhörer, während ihrer Ausführungen nicht einzuschlafen. „*Wenn dies nicht eintritt, wird es unter den anderen Paradoxen ein Wunder sein.*" Sie spürte, wie das Publikum sich ihr schmunzelnd zuwendete, dass sie es führen konnte in eine Richtung, die sie vorgab. Die Stimme bekam Klang, Worte, Sätze flossen in den Saal, sprühten Funken, tanzten…

Die letzten Töne waren im Saal verhallt. Stille. Sie atmete tief durch und verbeugte sich. Zögernd schaute sie hoch. Hände begannen zu klatschen. Ein warmer Regen, der auf sie herniederrieselte. Sie hatte es geschafft. Durchgestanden. Mehr, es wurde ein Triumph. Johannes und Kilian Sinapius und Curione klatschten heftig, Calganini lächelte und Giraldi – sie erschrak – winkte ihr zu. Anna war aufgesprungen. Erwartungsvoll blickte sie Olympia an…

Der Duft von frischem Mangoldmus mit Zwiebeln drang aus der Küche, dazu die Stimme von Emilio, der Georg und Philipp Anweisungen gab. Seine Frau fand Andreas Grundler schreibend auf der Bank am Tisch. Sie legte die Feder aus der Hand, als Andreas hereinkam. Aufgekratzt erzählte sie von ihrem Besucher und seinem Auftritt als Bauer. Zuerst habe sie nicht gewusst, was sie von ihm halten solle. Es sei eine freundliche Begrüßung gewesen. Von Studenten habe Micyllus gesprochen, die er ihr schicken werde, aber der Herr Professor habe auch klargemacht, dass er hier in Heidelberg im Griechischen die Numero Eins sei.

„Was hast du erwartet? Er hatte noch nie eine weibliche Kollegin. Du solltest froh sein, wenn er dir wohlgesonnen ist. Dass er sich Gedanken darüber macht, wie eine zarte Frau wie du mit den Rüpeln hier zurechtkommt, ist ein weiterer netter Zug. Dazu kann er Wunder vollbringen. Dein alter Kampfgeist scheint erwacht und die Lust zu unterrichten leuchtet aus deinen Augen. Ich hoffe, du hast mit ihm nicht gleich ein Turnier ausgetragen!"

„Ich habe mich beherrscht. Als er meine Unerfahrenheit ansprach, war ich kurz davor, ihm von meiner Vorlesung vor den Gelehrten Ferraras zu erzählen."

„Das hätte er für eine Anfängerübung gehalten und belächelt. Manchmal bleibst du mir ein Rätsel. Erst willst du nicht unterrichten und dann bist du beleidigt, weil jemand nicht in Ehrfurcht vor deinem Können erstarrt. Wenn du willst und dich nicht mit jedem anlegst, wird dir auf die Dauer niemand Steine in den Weg legen. Micyllus ist mit der Reform der Universität beschäftigt. Für die Revision der Bibliothek ist er ebenfalls zuständig. Dazu ist er Witwer mit sechs Kindern und einem Landgut."

„Ich glaube, er ist ein Epikureer, dem die Religion nicht wichtig ist. Er hat uns eingeladen zu einem seiner bacchantischen Feste."

„Da verwechselst du Rhetorik mit der Wirklichkeit. Von Heidelberger Professoren, die ausschweifend feiern, habe ich nichts gehört. Ich denke, er schätzt die gleichen antiken Autoren wie du, wie Johannes Sinapius oder Celio Secundo Curione."

„Micyllus hat davon gesprochen, dass ich meinen Unterricht in der Wohnstube abhalten soll."

„Wie alle Professoren, auch ich. Wir können froh sein, wenn wir vorerst keine zahlenden Kostgänger ins Haus bekommen, Studenten, die bei uns wohnen und die Mahlzeiten einnehmen. Dazu sind die Professoren verpflichtet. Aber wir müssen bei der Planung unseres Unterrichtes aufpassen. Zu den gleichen Stunden sollten wir nicht unterrichten. Dann dürfte es eng werden. Vielleicht ist das Jakob Micyllus aufgefallen und er setzt sich für unseren baldigen Umzug ein."

Drei Tage später klopfte erneut jemand mit einem Gemüsekorb an die Tür, diesmal einer der Söhne des Professors. Er kündigte an, dass seine Brüder und er am Nachmittag ein paar Stühle vorbeibringen würden. Ach ja, das hätte er fast vergessen, diesen Brief solle er der Frau Professor geben.

Verwundert nahm Olympia die Seite entgegen und faltete sie auseinander. Ein Gedicht auf Olympia Fulvia Morata, das in gesetzten Worten die Bildung der gelehrten Dame aus Italien pries und der Freude Ausdruck verlieh, sie in Heidelberg begrüßen zu dürfen.

Was sollte sie davon halten?

Wieder stand ein Unbekannter vor der Tür. Als Emilio öffnete, sah er einen elegant gekleideten jungen Mann vor sich, der sein Barett schwungvoll vom Kopf nahm und sich verbeugte. „Wohnt hier die mulier doctissima aus Italien? Mein Name ist Hieronymus Angenosius, Student der hiesigen Universität. Ich habe den Wunsch, die griechische Sprache zu erlernen. Mein Professor Jakob Micyllus hat mir geraten, mich an die gelehrte Frau Morata Grundlera zu wenden. Ich weiß, dass sie krank war. Deswegen bin ich nicht früher gekommen. Aber vielleicht geht es ihr bereits besser und sie sieht sich in der Lage, meinem Wunsch zu entsprechen."

Emilio führte den Studenten in den Flur und bat ihn zu warten. Der kam wie gerufen. Er sah vornehm aus und zahlte bestimmt gut. Olympia würde sich freuen und nicht mehr den Wunsch verspüren, von ihm Übersetzungen einzufordern, wenn er gerade überlegte, wie er heute den Suppentopf füllen könnte.

Doch Olympia hatte Bedenken. Sie sei schwach, gerade erst genesen.

Das wisse er, er werde sie nicht zu stark beanspruchen. Eine Stunde täglich genüge. Aber er könne sich nur noch kurze Zeit in Heidelberg aufhalten, müsse zurück nach Frankreich. Er liebe die griechische Sprache und Literatur und hoffe durch sie, mit dem Sprechen des Griechischen vertraut zu werden.

Sie betrachtete ihn unschlüssig, was Angenosius nicht verborgen blieb. Seine gute Erziehung legte ihm nahe, die Gelehrte nicht zu bedrängen. Aber als er ihr von seinen

Studien berichtete, dass er die Vorlesungen des Professor Micyllus über Sophokles höre, die er häufig wegen seiner Unkenntnis der griechischen Sprache nicht verstehe, sah er in ihren Augen Interesse aufblitzen. Er würde nicht aufgeben. Schließlich siegte seine Überredungskunst.

Für seine Vorlesungen konnte Grundler einen Hörsaal der Universität benutzen, die Stube brauchte er nur für die Kolloquien. So war das Zimmer an den meisten Stunden des Tages nicht belegt und Olympia konnte darin unterrichten. Oft blieb der Student unziemlich lange.

Emilio hörte die beiden in der Stube lachen. Wann hatte Olympia das letzte Mal gelacht? Vielleicht während der Unterrichtsstunden mit ihm in Schweinfurt. Aber selten. Sie wollte immer, dass er ernst bei der Sache blieb. Seitdem sie in Heidelberg wohnten, hatte sie ihm ein paar Mal Aufgaben gegeben, die er rasch erledigte und ihr hinlegte. Meist fühlte sie sich schwach oder fiebrig und beachtete seine Arbeit kaum. Wenn sie hineinschaute, seufzte sie, es werde Zeit, dass er wieder ihre Schulzucht zu spüren bekomme. Inzwischen stand fest, dass er im nächsten Jahr eine öffentliche Schule besuchen sollte.

Andreas berichtete während der Mahlzeiten über seine Schwierigkeiten mit den Studenten, die verwundert seien, wenn er ein Heilkraut herumreiche, es beschreiben lasse und den Fundort erläutere, schließlich erkläre, wozu es helfe. Manche seien begeistert von diesem Unterricht, schleppten in der nächsten Stunde selbst Kräuter an und fragten, ob man in einem Innenhof der Universität einen Garten für Heilkräuter anlegen könne. Andere blieben skeptisch. Man sehe ihnen an, dass sie diesen praktischen Unterricht nicht für Wissenschaft hielten. Aber auch seine philosophischen Gedanken zur Behandlung der Kranken, in Ferrara ein wichtiger Bestandteil medizinischer Lehre, interessierten sie nicht. Sie wollten Lehrsätze hören, die altbekannten Autoritäten wie Avicenna oder Galenus und die praktische Arbeit am Patienten den Chirurgen und Badern überlassen. Manche blieben ganz weg.

Zum Glück sei er mit seinen Kollegen einig, dass sich das Studium ändern müsse. Das Fach sei vor einiger Zeit aufgewertet worden und es gebe jetzt drei Medizinprofessoren. Doch bestehe das Studium nach wie vor aus angelesenem Wissen, Vorlesungen oder Disputationen nach festgelegten Regeln; einen Patienten bekämen die Studenten dagegen nie zu sehen. Leichenöffnungen, anatomische Studien an toten Körpern – in Italien längst selbstverständlich – seien hier unbekannt.

Auch Olympia nahm an den Tischgesprächen teil und erzählte von ihrem Studenten. Wenn sie mit ihm eine grammatische Form besprochen habe, beherrsche Hieronymus sie in der nächsten Stunde und bemühe sich sie zu benutzen. Er spreche das Griechische nicht flüssig, die Fortschritte seien aber deutlich zu hören. Manchmal berichte er von den Vorlesungen des Professor Micyllus. Das sei ein heiterer Mensch, beliebt, da er seine Vorlesungen über Sophokles mit Witz und eigener Dichtkunst würze. Hieronymus ziehe geschickt logische Schlüsse und so sei manche Diskussion zwischen ihnen entstanden. Beim letzten Mal hätten sie über Homer gesprochen. *„Freudig entfaltete er bei günstigen Winden die Segel.“* Sie habe vergessen gehabt, wie erfrischend die Sprache Homers sei.

Manchmal wechselten sie ins alltägliche Latein. Wenn er von Frankreich berichte, den Verfolgungen der Rechtgläubigen dort. Da habe sie an Anna gedacht. Sie überlege, ob sie der Prinzessin einen Brief schreiben solle. Leicht falle es ihr nicht, aber Annas Trotz habe sie in jungen Jahren an einen Hof geführt, an dem das Evangelium verfolgt werde. Vielleicht bereue sie das jetzt. Für Annas Seele bete sie täglich.

Dann meldete ein Bote aus der Haspelgasse, dass im Kaufhaus ein Ferntransport aus Basel angekommen sei, mit mehreren schweren Fässern für den Professor Grundler. Georg, Philipp, Andreas und Emilio rollten sie vorsichtig nach Hause. Wenn eines der Fässer sich selbstständig machte, würde es die abschüssige Straße zum Fluss hinunterrollen und unten an der Stadtmauer zerschellen. Aber an Geld für einen Fuhrmann war zur Zeit nicht zu denken. Emilio öffnete zu Hause die wasserdichten Fässer und nahm vorsichtig die ersten Bücher heraus. Hoffentlich fuhr Olympia jetzt nicht schimpfend dazwischen wie vor zwei Jahren in Schweinfurt. Doch er täuschte sich. Während Andreas staunend die Namen der berühmten Basler Drucker vorlas, welche ihnen die Bücher schenkten, Froben, Isengrin, Bischoff, Oporin und Herwagen, griff Olympia nach dem Homer. Liebevoll strich sie über den Einband.

„*‚Und schon glaubt' ich, ich sollte der Toten Reich und des Hades Haus noch heute erblicken.'* So war es während unsrer Flucht. Vertraute Worte, die mich auf meinem Weg begleitet haben, die ich nicht vergessen kann und nicht vergessen will. Du hattest recht Andreas, der Dichter gehört zu mir. Nicht so wie die Bibel, das ist ein anderer Trost. Aber Homer kennt die Sorgen der Menschen und spricht sie aus. Das stimmt über die Jahrhunderte hinweg. *‚Schlimmer ist nichts für die Menschen, als unstet zu leben und flüchtig.'* Das kann ich aus ganzem Herzen mit meiner Person bestätigen." Während der folgenden Tage blieb sie mit ihren Büchern am Kachelofen vor dem Tisch sitzen.

Wenn Emilio sich zu Hause aufhielt, alle Wassereimer gefüllt und Brennholz in der Küche gestapelt war, schlich er um das Wandbord mit den Büchern herum. In Schweinfurt hatten Olympia und er die *Aeneis* des römischen Dichters Vergil gelesen. Damals hatte Olympia mit ihm und nicht mit einem französischen Studenten disputiert. Sie hatten das Buch nicht zu Ende gelesen, weil die Belagerung einsetzte. Aeneas, der Gründer Roms, der bei dem Kampf um Troja mit seinem Vater auf dem Rücken floh anstatt zu kämpfen. Damals hatte er ihn feige gefunden und Olympia darüber gelächelt: „Das haben die Schüler unseres Vaters auch gesagt. Dumme Jungen, die den Dichter nicht verstanden haben.“ Das war ihre Art ihn anzuspornen.

Emilio

Dezember 1554

Andreas Grundler zuckte zusammen und musste dann lachen. Wer immer zur Begrüßung der Besucher der Stadt den alten Affen oben im Tor der Neckarbrücke geschaffen hatte, dem war es gelungen, die Menschen zu verunsichern. Ein eitles, durchtriebenes Tier, behaftet mit allen Fehlern des Menschen. Ein Teufel, der seinesgleichen davon abschrecken sollte, die Stadt zu betreten. Ihn würde es nicht davon abhalten.

Grundler hatte in Neuenheim auf der anderen Neckarseite zu tun gehabt und war auf dem Rückweg beim Betreten der Brücke im Wächterhaus von diesem Kerl begrüßt worden. Nachdenklich schritt er in die gedeckte Holzbrücke hinein. Auch an der höchsten Stelle der Wölbung der Brücke zog eine Gestalt sein Interesse auf sich. War das nicht die Silhouette von Emilio? Was machte der Junge auf der Brücke? Bei der Kälte, sich weit durch das Fenster lehnend. Furcht und schlechtes Gewissen beschleunigten Grundlers Schritt.

Emilio war viel zu sehr sich selbst überlassen. Olympia hatte im Oktober einen Rückfall erlitten. Hohes Fieber und ihre zeitweilige tiefe Bewusstlosigkeit hatten sie alle an den Rand ihrer Hoffnung gebracht. Und jetzt gab es erste Pestfälle in Heidelberg. Wie sollte Olympia, so geschwächt, diesem neuerlichen Angriff auf ihre Gesundheit widerstehen? Er selbst hatte an der Universität viel zu tun, neben den Vorlesungen, den Kolloquien, den Gesprächen mit den Studenten, gab es nicht enden wollende Sitzungen wegen der Universitätsreform. Briefe gingen nach Schweinfurt – dort war ein Mantelsack mit einer Halskette und Ringen aus der Grundler'schen Erbschaft gefunden worden. Die hatten sie verkauft. Trotzdem reichte das Geld nicht. Noch immer fehlte im Haushalt etliches, auch Bücher und Papier. Er hatte Bittbriefe an seine Freunde schicken müssen, um Geld zu leihen. Er rannte von hier nach dort und Emilio musste sehen, wie er allein zurechtkam. Zum Glück gab es endlich eine gute Nachricht.

Während Grundler über die Brückenbohlen zu Emilio lief, stand der unbeweglich an der gleichen Stelle und starrte durch ein Brückenfenster auf den Fluss. Als sein Schwager ihn an der Schulter berührte, zuckte er zusammen. „Du, Andreas? Was ist passiert? Ist Olympia…"

„Nein, nein, es ist alles in Ordnung. Ich habe dich gesehen und dachte, wir sollten ein wenig miteinander reden."

„Dann stimmt etwas nicht."

„Im Gegenteil, ich habe Post von Andreas Campanus mit 20 Goldgulden. Damit sind wir unsere drückendsten Geldsorgen los. Es sind eine Menge kleiner Münzen in dem Geldsack. Ich glaube, er hat für uns gesammelt."

„Deswegen läufst du mir auf der Brücke nach?"

„Nicht deswegen, ich komme aus Neuenheim zurück und wundere mich, wieso du hier stehst."

„Habe ich einen Auftrag vergessen? Ein Paket nicht im Kaufhaus abgeholt?"

„Nein, alles bestens. Wird es dir nicht kalt hier?"

Kurz blickte Emilio auf, dann wandte er sich erneut dem Wasser zu. „Das vergesse ich, wenn ich mir das Wasser ansehe. Wie es unter der Brücke gurgelt und dann hervorschießt, immer in Bewegung, sich ständig verändernd. Besonders hier hinter den Stromschnellen ist es aufgewühlt. Sieh dir die Formen an, die es bildet: Kreise, Spiralen, langgezogene Wellen, mal in die eine, dann in die andere Richtung ziehend. Ich kann die Regeln nicht erkennen, nach denen es sich bewegt. Aber das Wasser hält nicht an, es ist wild, hat Kraft, mehr als Pferde oder Ochsen. Weil es eine gewaltige Masse ist, die nicht aufhören kann, sich vorwärts zu bewegen.

Ein komisches Ding, dieses Wasser: Der Fluss ist ein Ganzes, aber man kann beliebig viel Wasser herausnehmen, muss es dazu nicht in Stücke schneiden. Doch wenn man Wasser aus dem Flussbett nimmt, verliert es seine Kraft. Ich möchte das Wasser beherrschen können."

„Ein nicht ungefährlicher Gedanke."

„Ach, was. Jeder Schiffer tut das und jede der Heidelberger Wassermühlen. Die Herrenmühle des Kurfürsten und die Mönchmühle dort vorn genauso wie die Pfistermühle weiter unten. Ohne die Mühlen wäre es um unser Brot schlecht bestellt. – Hast du mal die Flößer, die den Neckar hinunterkommen, beobachtet? Das sind tolle Kerle. Sie stehen fest auf dem schwankenden Floß und steuern es sicher den Fluss hinunter. Sie müssen nicht einmal rudern. Nur aufpassen, dass die Baumstämme sich nicht ineinander verkeilen oder an den Stromschnellen dem Hackteufel anheimfallen. Die Klippen können das Holz nämlich aufreißen und ruinieren. Mit langen Haken zerren die Flößer die Holzstämme in die richtige Position. Doch den Transport übernimmt der Fluss. Die Stämme kommen aus dem Odenwald. Ich würde zu gerne einmal sehen, wie sie die vielen Baumstämme zusammenbinden. Letztens habe ich achtzig Stämme an einem Floß gezählt. Die Leute hier nennen die riesigen Tannenstämme ‚Holländer'. Weißt du warum?"

„Bislang habe ich mich nur mit meinen Vorlesungen beschäftigt. Verrätst du es mir?"

„Die Stämme reisen den Rhein hinunter bis nach Holland und da ist das Land sumpfig. Sie rammen die Holzstämme in den Boden und bauen ihre Städte darauf, wie in Venedig. Zuerst habe ich das für ein Lügenmärchen von Julius gehalten, aber es stimmt."

„Du magst den Fluss?"

„Er ist das Schönste an Heidelberg. Selbst im Sommer ist es hier nie stickig, weil der Neckar die Luft durcheinanderwirbelt. Er ist nicht so ein träges Gewässer wie in Ferrara der Po oder die Kanäle, die Fieberdünste in die Stadt schicken. Das hielt Julius anfangs für eine Lügengeschichte von mir. Ich würde gern unten am Fluss stehen, um das Wasser zu beobachten. Aber man kommt im Bereich der Stadt wegen der Stadtmauer nur durch die Tränktore an den Fluss. Das Vorland dort unten ist matschig und voller Unrat, besonders da vorn in der Froschau an der Herrenmühle. Im Frühjahr soll der Fluss laut Julius Hochwasser führen. Wegen der Schneeschmelze im Schwarzwald und im Odenwald. Deshalb steht die Mühle auf einem aufgeschütteten Altan.

Aber wir sind sicher in der Stadt, sicher vor Hochwasser und vor Angriffen vom Fluss aus. Julius hat es mir gezeigt, alle Tränktore in der Stadtmauer für die Pferde, Schweine und Gänse lassen sich fest verschließen. Die Mauer schützt die Stadt vor den Wassermassen. „

„Bald sind wir hier zu Hause. Du kennst dich gut aus und hast einen Freund gefunden."

„Ja, aber Julius Micyllus prüft meinen Verstand hart. Er erzählt viele Geschichten und ständig versucht er, mich hereinzulegen. Er hat mir erklärt, dass es oben im Odenwald viel kälter sei als hier und die kalte Luft nach unten ströme oder falle. Das sei der Grund für den heftigen Wind über dem Fluss. Zuerst habe ich mich hereingelegt gefühlt, aber es scheint zu stimmen. Hier auf der Brücke musst du immer aufpassen, dass der Wind dir nicht das Barett vom Kopf reißt. Sag mal, Andreas, stimmt es, dass die Pest nach Heidelberg eingeschleppt worden ist?"

„Ja, das ist leider wahr. Aber es sind nur wenige Fälle."

„Die Pest wird in Heidelberg an diesem Fluss scheitern. Stell dir vor, Andreas, heute Morgen ist mir ein Amulettverkäufer begegnet. Wenn ich seine Wurzel um den Hals trage, hat er gesagt, bin ich vor der Krankheit sicher. Glaubst du, dass Olympia gesund wird?"

„Im Augenblick sieht es gut aus. Wenn wir nur eine Magd hätten. Es ist mir inzwischen peinlich, die Frage danach in einem Brief zu erwähnen. Unsere Freunde machen sich bereits darüber lustig. Johannes Cremer hat sich in Schweinfurt redlich bemüht, eine Magd für Olympia zu finden, aber nachdem die Mutter unserer Kunigunde wegen eines Fiebers abgesagt hat, hat er es aufgegeben. Keine würde sich so verhalten, dass Olympia es ertragen könnte."

„Keine genügt ihr. Entweder sind sie zu teuer oder zu frech. Weißt du, die kleinen Sklavinnen in Italien, die mussten nur verpflegt und untergebracht werden. Ansonsten hatten sie zu gehorchen und kosteten nichts. Als du mich in Schweinfurt bestraft hast, weil ich Kunigunde gequält habe, war ich ziemlich erschrocken. Da habe ich Kunigunde gefragt. Sie hat nicht verstanden, warum sie bei Olympia ständig aneckte, sie machte alles, so gut sie es konnte und wie sie es gelernt hatte. Sie hatte etliche jüngere Geschwister. Der Vater war gestorben. Deswegen mussten die Mutter und sie als Mägde die Familie durchbringen. Das war nicht leicht. Julius behauptet, die älteren Mägde hier seien Frauen, die oft eine große Familie von ihrem Lohn ernähren müssen."

„Du bist gut informiert. Kannst du das nicht Olympia erklären?"

„Das habe ich versucht. Aber was ich zu ihr sage, ist falsch."

Grundler zuckte zusammen. „Das glaubst du? Nein, Olympia weiß, wir beide wissen, was wir an dir haben. Unser Haushalt wäre verkommen ohne dich."

„Nicht mal die Barbe, die ich gefangen habe, wolltet ihr essen."

„Weil hier nicht einfach jedermann Fische fangen darf. Die Fischereirechte vergibt der Kurfürst an die Klöster oder die Fischer in der Stadt als Lehen. Auf Fischraub stehen hohe Strafen."

„Im Fischwehr tummeln sich genügend Fische für die Fischer. Ich habe meinen Fisch weit außerhalb der Stadt gefangen, wobei mich niemand gesehen hat. Und was Georg und Philipp erbetteln, esst ihr auch."

„Ich weiß, das ist nicht gut, aber wir befinden uns in einer Notsituation. Außerdem wohnen die beiden bei uns und werden von uns versorgt. Dass sie etwas zum Haushalt beitragen ist nötig. – Aber hör zu, wenn jemand Olympia dazu bringt, eine Magd einzustellen, dann bist du das. Ich werde bei diesen Gesprächen leicht ungeduldig."

„Ich werde sie dazu überreden, mit mir zur Bude der Zubringerin zu gehen. Wegen der Pest, was machen wir da?"

„Wir räuchern das Haus mit verschiedenen Kräutern aus. Wie vorgeschrieben. Den Rest überlassen wir Gott. Noch gibt es keinen Grund zur Aufregung. Willst du nicht heimgehen zu Olympia? Ich muss in die Vorlesung."

„Ja, du hast recht. Langsam wird mir kalt. Aber dieser Fluss ist wie ein Freund, wenn ich hier stehe, vergesse ich alles andere."

In der Bude der Zubringerin war es dämmrig und es roch muffig. Fünf Frauen saßen auf den Bänken. Alle fünf waren nicht mehr jung. Vielleicht hatten die jungen bei den ersten Gerüchten wegen der Pest die Stadt verlassen, dachte Emilio. Er hatte sich allein auf den Weg gemacht. Olympia weigerte sich, diese Bretterbude zu betreten.

„Na, Kerle, was willst denn du hier?"

Emilio gab sich einen Ruck. „Wir sind neu in Heidelberg und suchen eine Magd. Meine Schwester ist von der Reise geschwächt und kann nicht hierherkommen. Ich soll mich umschauen und die Frau dann zu meiner Schwester führen. Mein Schwager ist Professor an der Universität."

Die Frauen musterten ihn argwöhnisch. „An was für einer Krankheit leidet sie denn?"

„Sie ist nicht krank. Die Reise war sehr anstrengend." Verdammt, jetzt glaubten die, dass Olympia die Pest hätte. „Mein Schwager ist Arzt und kennt sich mit Krankheiten sehr gut aus." Mit gekrauster Stirn erwiderte er die Blicke der Frauen. Die erste schied aus. Das strähnige Haar nur mit einem Band zusammengehalten, den Rock voller Flecken, verbreitete sie einen unerträglichen Gestank nach Schweiß und abgestandenem Fett. Selbst die anderen Frauen waren von ihr abgerückt. Er vermutete, dass die zweite ihm zu schmeicheln versuchte. Zumindest legte der Tonfall von dem, was sie da ohne Zähne im Mund zischelte, das nahe. Außerdem war sie krumm und sah verbraucht aus. Emilio konnte sich nicht vorstellen, dass die zupacken konnte. Die dritte war eine kleine, gut gekleidete Person, welche die Zubringerin ihm als Frau mit guten Manieren anpries, eine Köchin und hervorragend im Servieren. Für einen Professorenhaushalt empfohlen. Er schüttelte den Kopf. Olympia würde diese Frau vielleicht einstellen, aber hart arbeiten konnte die bestimmt nicht.

Die vierte sah kräftig aus, auch trug sie eine saubere Schürze und ein sauberes Kopftuch. Er fragte sie, ob sie Öfen einheizen könne, Böden schrubben, Wäsche waschen. Sie nickte. Die kleineren Stücke. Für die große Wäsche gebe es Wäscherinnen, das mache sie nicht allein. Alles andere, kochen, Wasser holen, Brot backen, auch schlachten, ja.

Sie könne mitkommen, erklärte er und wollte gehen, ohne die fünfte Frau angeschaut zu haben. Aber die Zubringerin hielt ihn auf. Sie bekomme ihr Geld sofort, sonst bliebe die Frau hier. Schweren Herzens gab er ihr eine Münze und betete während des Heimwegs, dass Olympia die Frau einstellte. Wenn sie die Frau bloß nicht vor den Kopf stieße. Er kannte das Gesicht, das sie in solchen Fällen aufsetzte. Höfisch nannte er es; Olympia wäre entsetzt gewesen, wenn sie das gewusst hätte.

Die Magd verhandelte hart. Obwohl ihre Sätze weich und breit daherkamen. Sie nuschelte viele Schs, wo Emilio einen harten Laut erwartete. Dazwischen dunkle Vokale. Emilio musste genau aufpassen. „Heddelbersch" erwähnte sie des Öfteren, und dass ihre Familie in der „Palz" lebe.

Wenn er sie bat, einen Satz langsam zu wiederholen, redete sie in ihrer langsamen Art so lange auf ihn ein, bis er völlig durcheinander war.

Olympia zog die Augenbrauen hoch, sie legte Wert auf klar umrissene Silben und knappe Sätze, die ohne Wenn und Aber auf ihr Ziel zustrebten. Stattdessen dieses Gewurschtel. Aber Emilio gab nicht auf. Schließlich klärte sich, dass die Frau einen Gulden im Monat verlangte und das Zugeständnis, am Abend ihr eigenes Geschäft zu betreiben und auf eigene Rechnung Brot zu backen und zu verkaufen. Das halte sie schon eine ganze Weile so.

Olympia fand ihre Forderungen unverschämt und hätte sie weggeschickt, wenn Emilio nicht darauf hingewiesen hätte, dass die Zubringerin bereits bezahlt sei. „Auch das noch", murmelte Olympia und fragte die Frau, welche Kirche sie besuche. Erneut eine lange Rede, diesmal wohl nur umschreibend, dass die Frau mit der Frage nichts anfangen konnte. In welche Worte sollte er das für seine Schwester fassen? Warum musste sie solche Fragen stellen? In Heidelberg wussten viele Menschen nicht, welchem Glauben sie angehörten. Es sollte sogar Prediger geben, die mal zu Prozessionen aufriefen mal gegen Abgötterei predigten. Wieso sollte diese derbe Person sich auskennen? Die einfachen Menschen machten, was ihre Herrschaft ihnen sagte. Ohne viel zu überlegen. Er hätte fast angefangen zu heulen. Hoffentlich begann die Frau jetzt nicht, etwas vom heiligen Michael zu faseln und Kerzen, die sie vor dessen Bild anzünde. Weil sie dachte, dass ihre zukünftige Herrin das hören wollte. Der Junge flehte Olympia an, mit der Fragerei aufzuhören und die Frau einzustellen, sie bräuchten die Hilfe. Seufzend gab Olympia nach. Sie stelle sie ein, aber nur für einen Monat. Weil er das Geld für die Zubringerin bereits ausgegeben habe. Mehr Zugeständnisse mache sie nicht.

In den nächsten Tagen versuchte Emilio Olympia von der Küche fernzuhalten, in der nun eine nahrhafte Brühe mit Hirse, Gemüse und einigen Fleischstücken auf dem Herd brodelte. Auch das Brot der Frau roch gut. Sie sah, was es zu tun gab, schrubbte die Töpfe, spänte den Fußboden in der Stube und holte Wasser am Brunnen, wenn er gerade nicht daheim war. Er spürte, dass er sich mit der Magd verbünden musste.

Mit Philipp und Gregor zusammen fing er erneut ein paar Fische, die sie in die Küche schmuggelten. Sie versprachen der Magd einen davon, wenn sie die Jungen nicht verraten würde. Ein schlechtes Gewissen hatten sie nicht, denn die Studenten machten das auch.

Olympia betrachtete die Fische voller Misstrauen und fragte die Köchin, woher sie stammten. Emilio hielt den Atem an. Aus dem Neckar, nuschelte die Frau, wie alle Fische auf dem Fischmarkt.

Frühjahr 1555

Seitdem Georg und Philipp den Unterricht besuchten und ihre Betteltouren bis ins Rheintal ausgeweitet hatten, zog Emilio meist mit Julius Micyllus los, der ihm heute den Wolfsbrunnen zeigen wollte, wo Julius' Vater sich mit seinen Freunden traf. „Bacchantische Feste, dass ich nicht lache", hatte Julius gesagt. „Da sitzen brave Bürger um den Brunnen herum und disputieren artig miteinander. Dazu trinken sie ein Glas Wein. Bacchus würde in Tränen ausbrechen, wenn er das sähe."

Der direkte Weg hätte zum Schloss und von dort auf einem ebenen Weg zum Brunnen geführt. Aber Julius befürchtete an der Münze oder der Kanzlei von Herrn Hartmann oder anderen Leuten des Kurfürsten aufgehalten zu werden. Außerdem war das Schloss eine Baustelle und ob sie da oben durchkamen fraglich. Also mussten sie unten den Bogen über Schlierbach laufen. Sie zogen entlang der Hauptstrasse und Julius zeigte Emilio den Schönauer Klosterhof, wo bald ein Gymnasium eingerichtet werden sollte. „Da wird mein Vater mich hinschicken, bevor ich die Universität besuche. Weil dort evangelische Lehrer eingestellt werden und die griechische Sprache Schulfach wird. Gehst du da nicht hin?"

„Das steht noch nicht fest."

„Mein Vater sagt, den Pfaffen und Mönchen habe mehr als die halbe Stadt gehört, dazu das Bauernland. Die Stadt sei von ihnen so abhängig gewesen wie vom Schloss. Und dann hatten die Klöster Vorrechte wie das Übersetzrecht über den Neckar, bekamen die Mühle, Steuerfreiheit und wer weiß was alles. In der Stadt gab es die Augustiner, die Franziskaner, die Dominikaner, die Barfüßer, Kapuziner, Karmeliter, Prediger, die weißen Zisterziensermönche aus Schönau. Reicht das?"

„Das reicht völlig."

„Die Klöster wurden gemästet und die Universität, die dem Fürsten das meiste Ansehen brachte, kurz gehalten."

„ Mein Schwager sagt, den Besitz der Klöster bekämen jetzt der Kurfürst und die Universität."

„Da hat er recht. Mit der Macht der Mönche ist es vorbei. Die Augustinermönche sind als Erste gegangen; bei denen hat Luther offene Türen eingerannt. Die meisten haben sich seiner Lehre angeschlossen. Im Dominikanerkloster am anderen Ende der Hauptstraße ist jetzt das Spital. Der Klosterhof der Schönauer hat sich auch gelehrt. Alles ausgeflogen."

„Ob es wohl Mönche gibt, die Papisten geblieben sind?"

„Sicher. Die sind vermutlich nach Würzburg gezogen oder in ein anderes Bischofsland, wo sie sich weiterhin mästen lassen."

Kurz darauf wurden sie an der Jakobpforte angehalten. Der Wächter fragte sie nach ihren Namen, dann ließ er sie durch. Die Pforte war Teil der nördlichen Stadtmauer, die, unterbrochen von zwei Türmen, steil vom Schloss bis zur Jakobpforte herunter und von dort aus in einem Bogen zum Leyertor fiel.

„In der Jakobvorstadt stehen Häuser, die so alt sind wie die in der Stadt. Warum befinden sie sich außerhalb der Stadtmauer?" fragte Emilio. „Wäre es zu schwierig gewesen, die Stadtmauer ein Stück weiter nach Osten zu bauen oder haben die Jakobvorstädter den Zorn des Kurfürsten auf sich gezogen?"

„Darüber habe ich noch nie nachgedacht. Vielleicht hat es etwas mit den Pilgern zu tun. Zur Zeit der Abgötterei war Jakob der Schutzpatron der Pilger, die von überallher kamen und natürlich Krankheiten einschleppten. Vermutlich sollten die deshalb nicht in die Stadt. Mal sehen, was jetzt aus der Herberge wird. Denn mit dem Pilgern ist es vorbei. – Wir müssen den Weg noch ein Stück weiter, dann durch den Wald steil zu der Schlucht aufsteigen. Oben gibt es gemauerte Wasserbecken mit Forellen. An denen vergehen wir uns besser nicht. Auf die haben die Wächter des Kurfürsten ein Auge."

„Was haben Wölfe mit dem Brunnen zu tun?"

Julius zwinkerte dem Freund zu. „Das ist eine alte Geschichte."

„Du weißt, dass ich alte Geschichten mag. Wenn du nicht zu dreist lügst."

„Ich? Ich erzähle nur die Wahrheit. Alle Kreter lügen."

„Sagte der Kreter. Also, was ist mit den Wölfen?"

„Langsam, langsam. Der Berg, auf dem das Schloss steht, heißt Jettenbühel. Dort soll eine Hexe oder Seherin mit Namen Jetta gewohnt haben. Die soll in der Nähe der Quelle von einer Wölfin zerfleischt worden sein."

„Bei der Gründung von Rom hat auch eine Wölfin eine Rolle gespielt. Aber die hat die beiden Stadtgründer Romulus und Remus gesäugt."

Am Schlierbach entlang stiegen sie aufwärts. Mehrere Mühlen nutzten die Kraft des Baches, der jetzt nach der Schneeschmelze reichlich Wasser führte. Die vier Forellenteiche weiter oben waren sorgfältig umzäunt. Den Abschluss der Anlage auf einer natürlichen Terrasse bildete ein von Linden umstandener Platz mit dem gemauerten Wolfsbrunnen, aus dem sich das Wasser in ein Becken ergoss, das, ständig bis zum Überlaufen gefüllt, das Wasser in ein gemauertes Bachbett entließ. Die Linden spendeten Schatten, trotzdem flirrte die Luft von dem lindgrünen Tanz der frischen Blätter der Bäume und den Schatten, die sie auf das Wasser warfen.

„Was sagst du nun?"

„Ist hier nirgendwo ein Pan versteckt, ein Hermes oder eine Wassernymphe?"

„Nein, hier kannst du nur den Jagdfesten des Kurfürsten oder den Zusammenkünften der Heidelberger Professoren lauschen. Hier gibt es weder antike Helden noch Götterboten oder so etwas. Kannst du dir hier bacchantische Feste vorstellen und Mänaden, die ihre Liebhaber zerfleischen?"

Die beiden kicherten.

„Ich zöge gern mit den griechischen Argonauten auf große Fahrt, um mich im Kampf zu bewähren. Mit Jason und seinen Gefährten oder auch den Helden des trojanischen Krieges. Stattdessen kenne ich nur Frankfurt und dieses Nest, das aus einer Straße mit ein paar Querstraßen und kleinen spitzgiebligen Häusern besteht, muss in die Schule gehen und mich seit dem Tod meiner Mutter um die jüngeren Geschwister kümmern, weil mein Vater ständig zu tun hat. Aber irgendwann werde ich losziehen. „

„Bei mir ist der Vater gestorben. Meine Mutter lebt noch in Ferrara – hoffentlich." Emilio biss sich auf die Lippe. Wenn er von Italien erzählte, würde er losheulen. Das sollte Julius nicht sehen. Der gab ihm oft das Gefühl, überlegen zu sein, nur weil er sich in Heidelberg auskannte.

Mit gepresster Stimme fuhr er fort: „Meine Schwester, mein Schwager und ich ziehen seit ein paar Jahren durch die Welt. Von einem Ort zum anderen. Die Bilder von Ferrara werden in meinem Kopf immer blasser. Aber wir leben noch. Ich glaube, ich bin so etwas wie Aeneas. Der musste alles aufgeben, sogar auf die Teilnahme am Kampf um Troja verzichten, wegen des Ziels, für das er bestimmt war: Rom zu gründen. Sieben lange Jahre haben die Götter Aeneas geprüft."

„War die Liebschaft mit der Königin Dido auch eine Prüfung? Sie wollte ihn zu ihrem König machen, aber er war ein Feigling und hat sie schmählich verlassen."

„Er wusste, dass seine Bestimmung woanders liegt. Schmählich wäre es gewesen, sich bei ihr ins gemachte Bett zu legen."

„Zu einem echten Aeneas fehlt dir eine solche Prüfung. Oder bist du deiner Dido bereits begegnet?"

„Wenn ich gewollt hätte, hätte ich Verwalter beim Erbacher Grafen werden können. Bestimmt hätte mich eine der Töchter von Graf Eberhard genommen."

„Seit wann heiraten Grafentöchter aus Liebe?"

„Sag ich ja. Aeneas ist weitergezogen."

„Und was ist dein Ziel?"

„Es wird sich zeigen. Auch Aeneas kannte es lange Zeit nicht."

„Da bin ich gespannt."

Emilio hätte dem skeptisch grinsenden Julius am liebsten ins Gesicht geschlagen. Zugegeben, sein Vater besaß eine große Bibliothek und Julius hatte viel gelesen, aber wie es in der Welt zuging, wusste er, Emilio, besser. Stattdessen machte Julius sich über ihn lustig. Schweigend traten die Jungen den Rückweg an.

Diesmal blieben sie oben auf dem Weg, der zum Schloss führte. Julius wollte Emilio die Schlossanlagen wenigstens von außen zeigen. „Solche Mauern hast du noch nicht von Nahem gesehen." Emilio verkniff sich die Antwort, dass man die Mauer an der Talseite von der Stadt aus bedrohlich gut sehen konnte und seine Schwester deshalb die Stadt fast wieder verlassen hätte. Andreas hatte Mühe gehabt sie davon zu überzeugen, dass in die Fenster von oben niemand hineinblicken könne, denn dazu seien die Gassen zu schmal. Trotzdem war ihre Furcht geblieben.

Im Wald sahen sie einen Mann, der im Gebüsch abseits des Weges ein Pflänzchen ausgrub und in einen Korb legte. Der war bis oben mit Blättern und Pflanzen gefüllt. Bevor Julius das Gesicht verziehen konnte, stieß Emilio ihn derb in die Seite und grüßte den Herrn höflich.

„Ach, der junge Herr Morato, der Schwager meines Kollegen Andreas Grundler, und der junge Herr Micyllus, wenn ich mich nicht täusche. Nun, ich hoffe, Ihr seid ob meines Anblicks am Waldboden nicht erschrocken und wundert Euch nicht, dass ein Professor der Medizin im Wald nach Pflanzen sucht."

Emilio nickte. Wilhelm Rascalon hatte seinem Schwager erst vor wenigen Tagen einen Besuch abgestattet. „Habt Ihr etwas Ungewöhnliches gefunden?"

„Hier wimmelt es von ungewöhnlichen Kräutern. Selbst im Wald unter den majestätischen Kastanien. An den Sonnenhängen auf der anderen Seite des Neckars gibt es dagegen Baumarten, die man sonst viel südlicher findet. Sogar Mandelbäume, an geschützten Stellen Zitronen, Granatäpfel und Feigen. Aber natürlich auch viele unscheinbare Kräuter, die für den Mediziner Wundermittel sind."

„Heidelberg liegt am Ausgang des Neckars wie behütet von den Bergen, wasserreich ist es dazu. Im Odenwald ist es viel kälter."

„Da habt Ihr recht, junger Mann. Ich habe gedacht in ein raues Land zu kommen, das sich vielleicht durch dunkle Wälder auszeichnet, nicht aber durch eine solch liebliche Gegend."

„Ja, mir gefällt es hier auch", erklärte Emilio.

„Wir haben einen Garten dort drüben auf der anderen Seite", ergänzte Julius. „Da gedeiht nicht nur Kohl wie in anderen Gegenden Deutschlands, sondern sogar *foeniculum vulgare,* eine feine Knolle, wie mein Vater zu sagen pflegt. Er behauptet, es gebe nichts Besseres für seine Eingeweide als Fenchel."

Natürlich musste Julius, der sonst über dieses Kaff schimpfte, zeigen, dass er hier daheim war und sich vor Wilhelm Rascalon aus Lothringen, der in diplomatischen Angelegenheiten beim Kurfürsten weilte, mit seinen Kenntnissen brüsten.

Bevor Emilio etwas eingefallen war, was er sagen konnte, um seine Weltläufigkeit unter Beweis zu stellen, fragte Rascalon die beiden Jungen, ob sie ihm in den Schlosshof folgen wollten, dort werde ein neues Gebäude errichtet, das besonders für Emilio von Interesse sei. Emilio strahlte, Julius schaute verwundert, aber beide stimmten sofort zu.

Die rote Mauer, an welcher sie entlanggingen, war wirklich imposant und die mächtigen Türme noch mehr. In einem der Türme befinde sich die Hofapotheke, erklärte Rascalon, in der er selbst oft arbeite. „Ich versuche die Wirkstoffe in meinen Pflänzchen zu bestimmen, bin aber bis jetzt nicht weit gekommen. Schade, dass dein Schwager wenig Zeit hat, Emilio. Zu zweit arbeitet es sich besser. Zu dritt müsste ich sagen, denn der Apotheker experimentiert viel und erzählt, dass hier in Baden jemand mit der Zerlegung und Bestimmung der Wirkstoffe von Pflanzen erfolgreich war, ein Theophrastus von Hohenheim. Vielleicht werde ich einige Orte besuchen, an denen er gearbeitet hat."

Der Weg vom Brückenhaus zu dem riesigen neuen Torturm ließ die Jungen verstummen. Vier Tore, eine Brücke, ein Fallgitter. Sie wurden mehrmals von Wächtern angesprochen, aber neben Herrn Rascalon ohne Weiteres durchgelassen. Rascalon deutete auf das Wappen des Kurfürsten, das von zwei Riesenfiguren gehalten wurde. „Solche haben wir in Ferrara auch. Aber aus Marmor", behauptete Emilio. Der Schlosshof war von mehreren Gebäuden umgeben, die verschiedene Baustile aufwiesen. Links von ihnen lag ein schmuckloser verputzter Bau. Rascalon bezeichnete dieses Gebäude als Schloss des Kurfürsten Ruprecht III., der auch deutscher König gewesen sei. Nicht aber der Gründer der Universität, das sei Ruprecht I. gewesen. Dieser Teil der Anlage sei bereits 150 Jahre alt. Rechts von ihnen, gegenüber dem Ruprechtsbau, lagen die großen Küchen und Werkstätten. Rascalon begann von der Größe und praktischen Ausstattung der Räume zu schwärmen, doch Emilios Blick hatte sich an der Baustelle im hinteren Teil des Hofes festgesaugt. Arkaden, nicht so elegant wie in Italien, aber eine lange Reihe – der Bau zog sich bis an die Außenmauer – von offenen Bögen mit Säulen, die auf eine Mauer gesetzt waren. Davor ein Treppenturm, rund und elegant nach oben strebend.

„Das ist das Gebäude, das der jetzige Kurfürst für seine Gemahlin bauen lässt. Es ist noch nicht sicher, wer unten einzieht, die Bibliothek oder die Verwaltung, aber oben entsteht ein Festsaal, der gespiegelte Saal, weil in den Pfeilern zwischen den Fenstern Spiegel angebracht sind. Du ahnst, Emilio, wo die herkommen?“

„Aus Murano natürlich. Das ist die Glasinsel der Venezianer“, erklärte Emilio zu Julius gewandt. „Solche Spiegel kosten ein Vermögen. Die Glasbläser sind reich, aber sie dürfen bei Todestrafe die Insel nicht verlassen oder ihre Rezepte für das Glas preisgeben. Der Kurfürst muss sehr viel Geld haben, wenn er sich die leisten kann. Wie man das Spiegelglas wohl über die Alpen gebracht hat? Das Glas kann man doch nicht auf Maultiere verladen.“

„Jetzt erzählst du aber Geschichten. Bei Todesstrafe!“

Bevor die Jungen einen Streit anfingen, meinte der Arzt, sie sollten mal mitkommen, vielleicht ließe der Baumeister sie einen Blick in den Treppenturm werfen. Dort habe jemand die Entwürfe für die Fresken an die Wände gezeichnet, Figuren, die Emilio sicher aus Ferrara bekannt seien.“

Emilio strahlte, als er die Putten und Delphine sah. Davon musste er Olympia berichten. Oder – nein, besser nicht. Dass es ihr gefallen würde, von diesem Ausflug ins Schloss zu hören, war unwahrscheinlich.

Als die beiden Jungen sich verabschiedeten, lud Herr Rascalon sie ein, bald wiederzukommen. Hier könnten sie vieles lernen. Sie seien vernünftige Burschen, die sich auf der Baustelle vorsichtig bewegten. Davon habe er sich überzeugt. „Das ist auf einer Baustelle wichtig. Schließlich möchte ich nicht, dass es Euch ergeht wie den beiden Knaben, die jetzt da oben am Schlussstein des Ruprechtbaus als Engel dargestellt sind. Von denen die *fama* erzählt, sie wären von einem Gerüst gefallen."

In die Stadt zurück liefen die beiden den kurzen Buckel hinunter, voller Pläne, wann sie sich das nächste Mal dort oben zeigen würden.

Damit ich aufwärts mich schwinge ...

August 1555

Heute fühlte sie sich besser als sonst. Sie hielt sich bereits ein paar Stunden auf den Beinen, war bis in die Neustadt zum Spital, dem ehemaligen Dominikanerkloster kurz vor dem Speyerer Tor, gelaufen und hatte einigen Schweinfurterinnen, die dahinsiechten, einen Korb mit Wein und einem süßen Mus bringen wollen. Doch waren die Frauen nicht aufzufinden gewesen; sie hatte den Korb abgegeben, für die beiden oder andere, die eine Stärkung brauchten. Schweinfurter, die in Not waren, gab es viele. Immer wieder erreichten sie Briefe aus der Stadt mit der Bitte um Geld, mit der Frage, ob Andreas und sie nicht irgendwelche Waisen aufnehmen könnten. Sie versuchten zu helfen, so gut es ging. Ihre Krankheit setzte ihnen enge Grenzen.

Das Spital lag inmitten von Gärten, mit Gemüse, Kräutern, Blumen und reifen Früchten an den Bäumen und einer Bank an der Mauer, auf der sie sich ausruhen konnte. Hier draußen gab es nur eine Häuserreihe an der Hauptstraße entlang und auf der anderen Seite der Straße den

Herrengarten des Kurfürsten mit dem Turnierhaus. Viele Gärten waren verwildert, weil die Bewohner wegen der Pest die Stadt verlassen hatten. An etlichen Häusern waren Türen und Fenster mit Brettern zugenagelt. Damit sie nicht ausgeplündert wurden. Die Studenten waren Burse nach Burse mit ihren Professoren aus der Stadt gezogen. Sie hatte gehört, dass sie in Eberbach, Sinsheim oder Eppingen den Unterricht fortsetzten. Die Pest hatten sie im Gepäck. Auch dort starben viele. Andreas und sie wollten nicht fort. Sie wollten zu Hause bleiben.

Sie lächelte in sich hinein. Zu Hause. Es war das erste Mal, dass sie dieses Wort in Heidelberg benutzte. Dreieinhalb Jahre lang war ihr Zuhause die freie Reichsstadt Schweinfurt gewesen, wo sie unter Verwandten und Glaubensgenossen gelebt hatten. Hier in Heidelberg war das anders; es gab es noch Priester und Mönche und Streit um den Glauben, aber zumindest erwartete niemand von ihnen, dass sie die Messe besuchten.

Und dann… In Heidelberg hatte Martinus Luther zum ersten Mal seine Thesen öffentlich disputiert, hier mitten in der Stadt nach der Generalversammlung des Augustinerordens im Hörsaal der Artistenfakultät. Um sich vor seinem Orden zu rechtfertigen. Eine Forderung des Papstes an den Augustinerorden, womit Luther mundtot gemacht werden sollte.

Luther hatte bei den Augustinern offene Türen vorgefunden und die Studenten begeistert. Wenn man dem kurfürstlichen Rat Hartmann glauben konnte, hatte sich von hier die evangelische Bewegung bis nach Basel ausgebreitet. Alle wichtigen späteren Reformer seien damals Studenten in Heidelberg gewesen; er selbst, Paul Fagius, Martin Bucer, Johannes Brenz und wie sie alle hießen. Was der Papst zum Schaden anrichtete, wendete Gott zum Guten. In dieser Hoffnung lebte sie.

Ihr Blick schweifte über die Obstbäume zum Neckar hinunter. An der Seite des Gartens befanden sich Beete, sauber gezogen. In Reihen wuchsen die Heilkräuter, viele darunter, die sie nicht kannte. Niemand konnte diesen kleinen, unscheinbaren Pflanzen ihre Kraft ansehen, nichts verriet sie, nur wer ihre Wirkung kannte, vermochte Gutes damit zu tun. *Ruta graveolens* mit ihren gelben Blüten sah man nicht an, wie bitter ihr Aufguss schmeckte. Weinraute nannten die Menschen in Deutschland die Pflanze. Auch am Hof von Ferrara war das Kraut bekannt, wenn das Essen zu gut und üppig gewesen war. Andreas warnte bei allen Pflanzen, nie zu viel davon zu nehmen, denn was die heilenden Kräfte eines Körpers anregte, konnte zu Gift werden.

Vor ihren Augen veränderte sich der Garten, das Sonnenlicht ließ die Luft schwirren. Sie hörte Stimmen, Italienisch, Französisch, so leise, dass sie nichts verstand. Trotzdem drängten diese Laute sich ihr auf, klangen im Ohr, im ganzen Kopf. Sie schaute sich um, kein Mensch weit und breit. Jetzt wurden die Stimmen deutlicher, es waren Hilferufe, geflüstert, aber wem und wie sollte sie helfen? Die glänzenden Früchte an den Bäumen blitzten im Licht, dann wurden sie schwarz. Sie hörte ein Zischen und sah, wie die Bäume sich in Schatten verwandelten und Feuer fingen. Prasselnd schossen Flammen auf, welche die Stimmen zu ersticken versuchten. Fanini, die Freunde in Schweinfurt, in England, in Frankreich, der dänische König, überall wurden die Menschen eingekerkert und würden im Feuer sterben.

Das Läuten des Pestkarrens schreckte sie auf. Der Karren sammelte die Leichen ein, die Opfer der Pest oder einer anderen Seuche, die sich der Tod in den letzten Stunden geholt hatte. Jeden Tag. Sie drehte sich nicht um, kannte den Anblick der in Leintücher gewickelten Körper, die auf dem daher rumpelnden Karren durcheinandergeschüttelt wurden. Herr und Gott, erbarme dich unser.

Der Karren entfernte sich. Die Stimmen verstummten. Stattdessen zirpte ein Vogel. Sonnenschein durchflutete den Garten, blendete ihre Augen. Büsche und Bäume standen wieder da in ihrer Pracht. Nur sie selbst konnte nicht aufhören zu zittern. Schreckensbilder, wie das gerade erlebte, verfolgten sie häufig. War es der Teufel, der sie bedrängte? Andreas behauptete, es seien die Sorgen und Ängste, alle Furchtbarkeiten, die sie erlebt habe und die Angst um ihre Verwandten und Freunde. Vielleicht hatte er recht.

Aus Ferrara gab es entsetzliche Nachrichten. Dort brannten die Scheiterhaufen. Das Feuer für Fanini war das erste gewesen. Fürstin Renata war jahrelang vom Hof verbannt gewesen und hatte unter Hausarrest gelebt. Die letzte Nachricht war, dass sie ihrem Glauben abgeschworen hatte. Das wunderte Olympia nicht. Wenn es um die eigene Haut ging, hatte die Fürstin sich immer zu helfen gewusst. Es gab Gerüchte, dass Kardinal Carafa, der die Inquisition angefacht hatte, Papst würde. Olympia schauderte. Wahrscheinlich war er es bereits. Ein Mann, der überall Ketzer sah, die er ausrotten musste. Olympias eigene Mutter hatte nicht widerrufen, das wusste sie. Umso größer war die Gefahr. Hoffentlich hatten die Mutter und die Schwestern Italien inzwischen verlassen. Olympia hatte sie alle im letzten Jahr nach Heidelberg eingeladen, aber nichts von ihnen gehört.

Wilhelm Rascalon, Gesandter der Guise beim Kurfürsten, Mediziner und inzwischen Freund der Familie, hatte aus Lothringen berichtet. Auch dort sah es für die Gegner des Papsttums schlecht aus. Die Seele der Herzogin von Guise war ernsthaft in Gefahr, ihrer kleinen Prinzessin Anna, die mitten im Luxus des Hofes lebte, umgeben von Götzendienst, und mit ansehen musste, wie die wahren Christen verfolgt und ausgerottet wurden. Nach Rascalons Besuch hatte Olympia beschlossen, ihr endlich den Brief zu schreiben, den sie seit langem plante.

Für diesen Brief an Anna hatte Olympia ihren ganzen Mut gebraucht und mehr. In der letzten Zeit in Ferrara hatte Anna sich feindselig verhalten. Ob sie damals wusste, in welches Schlangennest sie sich begab? Ihr Gatte war einer der schärfsten Verfolger der wahren Christen. Hatte sie verstanden, was um sie herum geschah? War sie aufgewacht? Sie war als Kind unbesonnen gewesen und unwissend.

Aber auch sie, Olympia, war in Ferrara falschen Einflüsterungen erlegen. Auserwählt von Gott hatte sie sich gefühlt. Ansonsten war ihr Gott gleichgültig gewesen. Sie war auserwählt, weil sie ein moralisches Leben führte und mehr wusste als andere. Sie hatte kein Anhänger des Epikur sein wollen, für die einzig Genuss zählte. Aber sie hatte sich im Leben am Hof eingerichtet und wohlgefühlt. Anna war damals im Recht gewesen, als sie die Ratschläge ihrer Gefährtin zurückwies.

Sie hatte den Brief mit Bedacht formuliert. Anna musste spüren, dass Olympia sie achtete und Anna ihr viel bedeutete. Dass Olympia aus Sorge um ihre Seele schrieb. Aber was sollte Anna tun? Olympia konnte nicht verlangen, dass sie ihr Leben riskierte. Das würde Anna zu Recht als Arroganz werten.

Sie hatte die Herzogin angefleht, ihre Augen vor dem Unglück anderer nicht zu verschließen. Es sei ihre Pflicht, beim König für die Verfolgten zu bitten, selbst wenn sie den Zorn ihres Gatten auf sich ziehe. Das war viel verlangt, es war ihr bewusst.

Ob die Herzogin von ihr Ratschläge annehmen würde? Oder empfand sie den Brief als eine Unverschämtheit? Immerhin hatten sie jahrelang vertraut zusammengelebt, wenn auch durch den Standesunterschied getrennt. Olympia zuckte; ihr Herz stolperte, wenn sie an Anna dachte.

Es wurde Zeit für den Heimweg. Sie stand auf und kehrte zur Straße zurück, grüßte vereinzelte Bürger, die stehen blieben und vor der Frau Professor ihr Barett zogen. Vor der Gattin des Medizinprofessors Grundler. Und vor einer Frau, die bald Studenten einer deutschen Universität unterrichten sollte. Was ihr Vater dazu gesagt hätte? Ihr gestrenger, geliebter Herr Vater! Wie hätte er gestaunt darüber, dass ihr Wunsch aus Kinderzeiten in Erfüllung ging. Sie war nicht nur die Gefährtin eines gelehrten Mannes geworden, sondern sollte selbst die griechische Sprache lehren. Mit einem offiziellen Auftrag.

Hätte der Vater das gutgeheißen? Und sie selbst? Sie fühlte sich geehrt. Ja, das schon. Merkwürdig. Als Kind hatte sie davon geträumt. Und wie stolz war sie gewesen, als Giglio Grigorio Giraldi sie in seinem Werk über die Dichter Italiens erwähnt hatte. Neben Vittoria Colonna, der Marchesa di Pescara und berühmten Dichterin. Gott sollte ihr dieses Talent nicht umsonst gegeben haben. Noch spürte sie einen Rest der Glut in sich – doch ihre Kraft zu wünschen schwand dahin.

Olympia beschleunigte ihre Schritte. Sie sollte längst zu Hause sein. Auf ihrem Schreibpult wartete ein Stapel von Briefen. Seitdem sie in Heidelberg wohnten, erhielten sie noch mehr Post als in Schweinfurt. Das lag wohl an der Nähe des Rheins, der eine wichtige Handelsverbindung von Basel nach Frankfurt darstellte. Manchmal schrieben ihr Fremde, weil sie etwas brauchten oder einfach, um ihre Hochachtung auszudrücken. Wie der Rechtsgelehrte Charles du Moulin. Oder wie Wolfgang Ruprecht, der als Pastor in Ehrenfriedersdorf wirkte und ihr Trost spenden wollte zum Tode ihres Verwandten Johannes Cremer in Schweinfurt. Sie gleichzeitig bat, ihre Trauer nicht ausufern zu lassen, da die Kirche dringend Gelehrtenschulen brauche und Menschen, die bereit seien zu unterrichten. Im Augenblick konnte sie höchstens Briefe schreiben, mehr nicht. Wer Gott dienen wollte, durfte nicht schweigen.

Den Winter über hatte das Fieber sie nicht verlassen und im Sommer hatte sich der Husten, der sie schon oft gequält hatte, verstärkt. An Unterrichtsstunden war nicht zu denken. Trotzdem wünschte sie sich die Stunden mit ihrem Studenten Hieronymus Angenosius zurück. Er war so eifrig gewesen, dankbar für jede Erklärung, die er ihr manchmal gegen ihren Willen entlockt hatte. Wenn sie erschöpft gewesen war. Sich hinlegen musste. Ihr Körper mochte schwach sein, ihren Geist und ihre Lebensenergie forderte er heraus. Wie gut das tat. Wie ein Stärkungstrank. Doch plötzlich hatte Angenosius sich verabschiedet, weil seine Familie in Frankreich ihn brauchte. Seitdem hatte sie nichts von ihm gehört. Sie konnte nur hoffen, dass er noch lebte.

Sie wollte heute Fisch einkaufen. Der Geruch auf dem Fischmarkt hinter der Heiliggeistkirche, wo er frisch vom Fang verkauft wurde, erregte ihr jedoch Übelkeit, sodass sie weiterging und rasch in die Untere Straße einbog. In Italien wäre sie niemals allein über diesen Markt gegangen, doch hatte sie inzwischen gelernt, dass in Deutschland Frauen auch ohne die Begleitung einer Magd ausgingen. Wegen der Pest hatten fast alle Mägde die Stadt verlassen und das Mädchen, dass Andreas Campanus ihr aus Schweinfurt schicken wollte, war noch dort an der Pest erkrankt. Heute würde sie den Einkauf Emilio überlassen.

Es war nicht weit bis zu ihrer Wohnung in den Gebäuden der Universität. Sie hatten sich dort eingerichtet und waren zufrieden, obwohl die Studenten auf den Gängen anfangs viel Lärm gemacht hatten. Jetzt war niemand mehr da.

Zu Hause fand sie Emilio nicht am Schreibpult, wohl aber sein Heft. Die Aufgaben für diesen Tag hatte er noch nicht erledigt. Ständig war er unterwegs, manchmal brachte er Gemüse heim, dann war er mit Julius Micyllus im Garten des Professors gewesen. Was er sonst trieb, blieb ihr verborgen. Was half ihr Bedauern? Sie konnte ihm beim Lernen die Sporen nicht geben.

Die Briefe. Sie wollte an den berühmten Pietro Paolo Vergerio aus Capodistria in der Nähe von Venedig schreiben. Dafür brauchte sie noch mehr Mut als für den Brief an Anna. Konnte es sein, dass Vergerio ihr immer noch Furcht einflößte? Obwohl Gott an ihm seine Macht offenbart hatte? Im Auftrag der römischen Kirche hatte er die Alpen überquert, ein römischer Bischof, der mit Luther verhandeln sollte, seine Thesen widerlegen.

Aber Gott wandelte seinen Sinn. Vergerio legte sein Amt nieder und wurde Pfarrer im Bergell in der Schweiz. Vor zwei Jahren hatte Christoph von Württemberg ihn nach Tübingen berufen, sodass Vergerio seine Kritik am Papsttum öffentlich machen konnte. Das war wichtig, ja, aber mußten die Menschen in Italien nicht endlich die Worte des Martinus Luther kennenlernen? Schon seit geraumer Zeit hatte sie gedacht, dass Vergerio der Richtige wäre, Luthers *Großen Katechismus* ins Italienische zu übersetzen. Sie selbst würde die Kraft für eine solche Arbeit nicht mehr aufbringen.

Wer war sie, Olympia Morata, dass sie dieser Berühmtheit schrieb und eine solche Bitte vortrug? Es wäre ihr vermessen vorgekommen. Eitel. Doch war ihr der berühmte Venezianer zuvorgekommen, hatte ihr geschrieben und seine Schriften geschickt. Sollte da Celio Secondo Curione seine Finger im Spiel gehabt haben? Ach, Celio, du hast lange vor mir den brennenden Boden in Italien verlassen und bist immer und überall da, wenn ich dich brauche. Kein Kerker konnte dir standhalten, den Wärtern hast du deinen Willen aufgezwungen wie allen anderen Menschen. Als Verbrecher gesucht, standest du plötzlich da. Im Castello von Ferrara mitten unter der Hofgesellschaft, um meine Vorlesung zu hören, später, um dich zu verabschieden. Von deiner kleinen Sappho. Eine Lunte hast du gelegt, eine Fackel entzündet, die meine Studien und mein Leben erhellt hat.

Die Haustür klappte. Stimmen. Das waren Emilio und Julius. Sie hörte Julius sagen: „Also bis Morgen am Schloss. Wir sollen uns bei Herrn Hartmann melden." Dann ging Julius und Emilio verschwand in der Küche. Was hatte das zu bedeuten? Die beiden würden doch nicht... Sie musste die Feder ablegen und ihren Atem beruhigen. Fuhr zusammen, als Emilio die Tür aufriss und ins Zimmer rief: „Ich gehe rasch zum Fischmarkt, wir haben nichts für heute Abend zum Essen. Viele Fische werden zur Zeit zwar nicht gefangen. Aber vielleicht habe ich Glück. Eine der Fischfrauen hält manchmal einen für mich zurück."

Bevor Olympia etwas sagen konnte, war er fort. Jetzt würde sie nicht mit ihm reden können. Auseinandersetzungen mit Emilio regten sie auf und zerrten an ihrer Kraft. Ihr Brief war für den Augenblick wichtiger. Aber heute Abend würde sie ihn fragen, was die Bemerkung mit dem Schloss zu bedeuten habe.

Emilio gab ohne Weiteres zu, dass er manchmal mit oder auch ohne Julius zum Schlosshof ziehe. „Du kannst dir nicht vorstellen, was dort los ist. Zuerst hat uns Herr Rascalon durch den Schlosshof geführt. Inzwischen dürfen wir allein zur Baustelle. Der Baumeister zeigt und erklärt uns, was dort gebaut wird und lässt mich zeichnen, wie die Arkaden und Galerien im Palazzo Schifanoia aussahen. Er sagt, ich hätte Talent. Es sei erstaunlich, wie genau ich die Formen aus Italien noch im Gedächtnis hätte. Das ist bereits das zweite Angebot, das ich erhalte. „

Er strahlte seine Schwester an und wartete auf Lob. Die blickte stumm vor sich. Andreas sagte leise: „Erzähl ruhig weiter, Emilio. Wir sollten wissen, was du tust."

„Die großen Arbeiten sind wegen der Pest eingestellt, aber der Baumeister macht mit einigen Leuten weiter. Der neue Bau des Kurfürsten ist fast fertig, nur die Ausgestaltung der Räume und des Treppenturmes ist nicht abgeschlossen. Unglaublich, wie geschickt der neue Trakt in die Ecke der Mauer vor dem Zeughaus und dem Glockenturm eingepasst ist. Im Augenblick malt ein Maler den Treppenturm davor von innen mit Fresken aus. Mit Putten und Delphinen. Wunderschön."

Als er Olympias Gesicht sah, unterbrach er sich. „Was ist daran falsch, wenn wir uns das anschauen? Alles, was ich mache, missfällt dir. Soll ich nur in deiner Küche arbeiten oder dich in die Heiliggeistkirche begleiten? In die Bibliothek dort, die Palatina, kommen wir ja doch nicht hinauf. Die würde mich interessieren."

„Wir haben geschworen, uns vom Fürstendienst fernzuhalten."

„Du hast das geschworen. In Ferrara. Aber hier liegen die Dinge anders. Andreas wird auch vom Fürsten bezahlt. Und? Ist das schlimm? Der Kurfürst ist ein freundlicher alter Herr."

„Du kennst ihn?"

„Er hat sich für die Bögen interessiert, die ich aufgezeichnet habe und mich gelobt. Nach dir hat er sich auch erkundigt, wie es dir gehe und ob es dir in Heidelberg gefalle. Er würde sich freuen, Andreas und dich kennenzulernen, sobald du zu Kräften gekommen seist. Er ist wirklich schon sehr alt und nicht mehr gut zu Fuß. Aber immer vornehm gekleidet in eine pelzverbrämte lila Schaube, die an seinen Schultern dick ausgepolstert ist, sodass er von weitem wie ein Kasten aussieht. Dazu trägt er einen fast viereckig gestutzten langen Bart. Unten ragen dünne Beine unter dem Kasten hervor, von hauchdünnen Strumpfhosen umhüllt. Das sieht ziemlich komisch aus."

Olympia blickte ihn ausdruckslos an. Einen Augenblick wartete er verunsichert, dann fuhr er fort: „Aber damit du beruhigt bist, Olympia, ich rechne nicht damit, dass ich Baumeister werden kann. Will ich auch nicht. Ich werde Gelehrter werden wie mein Vater, wie ihr beide. Wenn möglich an dieser Universität, denn ich möchte gerne hierbleiben. Aber wenn Andreas wie die anderen Professoren ein Landgut hätte, auf dem ich arbeiten könnte, wäre das für uns alle gut. Das Klima hier ist mild, fast südlich. Wir könnten in einer geschützten Ecke oder vor einer Mauer einen Zitronenbaum pflanzen oder auch einen Feigenbaum. Die gedeihen hier. Das würde dir doch gefallen, Olympia. Stell dir vor, eigene Zitronen und Feigen." Fast flehend schaute er seine Schwester an.

„Es wäre besser, wenn du dich um deine Studien kümmertest."

„Das will ich ja. Aber im Augenblick sind alle Menschen, die in der Stadt geblieben sind, mit anderem beschäftigt. Das *collegium sapientiae* für arme Studenten ist nicht eröffnet worden, obwohl die Studenten bereits feststehen, die einziehen. Alles wegen der Pest. Aber ein Garten – Professor Micyllus und seine Kinder leben zur Zeit fast nur von dem, was der Garten hervorbringt und wohnen die Sommermonate über außerhalb der Stadt. Das wäre für deine Gesundheit gut, Olympia, ein Haus im Garten am Hang auf der anderen Seite der Brücke ohne enge Gassen um uns herum!"

Olympia blickte hilfesuchend zu Andreas hinüber. Der legte seufzend sein Brot auf den Teller. „Warum können wir nicht in Ruhe eine Mahlzeit einnehmen wie andere Leute? Wir brauchen unsere Kräfte für anderes, nicht für Streit. Ein Garten ist keine schlechte Idee. Euer Vater hat sein Landgut geliebt." Er griff nach seinem Löffel und ergänzte mit einem Seitenblick auf Olympia: „ Und wenn ich mich recht erinnere, hatte auch Curione ein Landgut in Salò."

„Erzwungenermaßen, weil die Familie in der Stadt Pavia nicht geduldet wurde."

„Wenn unsere Mutter und unsere Schwestern kommen, müssen wir die irgendwo unterbringen."

„Emilio hat recht. Vielleicht ist der Zeitpunkt nicht schlecht, um sich für ein Stück Land zu interessieren. Rascalon sagt, dass der alte Fürst nicht mehr viele Entscheidungen treffe. Wenn sein Neffe Ottheinrich die Macht übernimmt, wird er die Reformation durchführen, ohne Wenn und Aber. Dann werden noch etliche Stiftungen frei werden. Da stehen meine Chancen für einen Garten nicht schlecht."

„Ja, und dann werde ich von der Mörtelkrankheit befallen werden." Emilio lachte unvermittelt los. „Ich werde ein

Landhaus für uns bauen, mit offenen Arkaden, in denen die Säulen auf dem Boden stehen, nicht auf einer kleinen Mauer wie oben im Schloss."

„Die Mörtelkrankheit ist ein ehrenwertes Laster und die einzige Krankheit, die du meinetwegen bekommen kannst. Ich sehe auch nichts Schlechtes daran, wenn du dir die Baustelle am Schloss anschaust. Dort kannst du viel lernen. Ein Gelehrter muss nicht nur vor den Büchern hocken. Und in die Palatina komme auch ich nicht hinein. Dazu müsste ich Theologe sein und vom Heiliggeiststift meinen Unterhalt beziehen. Aber den Büchern dort geht es schlecht. Denn das sind arme Gefangene, mit Ketten festgemacht.

„Wieso denn das?"

„Weil es wertvolle Handschriften sind und es überall Schnapphähne gibt. Selbst unter Professoren. Nun iss. Das gilt auch für dich, Olympia. Versuch es bitte. Wenigstens etwas. Der Fisch ist köstlich. Ohne etwas zu essen kannst du nicht gesund werden."

Olympia versuchte es. Doch konnte sie nichts hinunterbringen. Als wenn der Hals verschlossen wäre. Andreas stand auf, tauchte ein Stückchen Brot in den Wein und hielt es ihr hin. „Wenigstens das." Als sie stumm den Kopf schüttelte, traten ihm Tränen in die Augen. Lange würde das so nicht mehr weitergehen. Olympia versuchte es noch einmal, ihm zuliebe, Emilio zuliebe, der ihr mit angstvollen Augen zuschaute. Sie schluckte, hustete, nippte an dem Wein, nahm einen weiteren Krümel Brot und noch einen. Den Rest verweigerte sie.

Trotzdem hatte das Gespräch am Tisch Olympia einen Teil ihrer Furcht genommen. Andreas traf seine Entscheidungen sicher. Wenn sie Emilio mit ihren Ängsten plagte, verströmte Andreas Zuversicht. Er machte sich keine Sorgen um Emilio, sondern nahm seine Wünsche und Ideen ernst. Wahrscheinlich hatte er recht, denn Emilo meinte es gut, strengte sich in allen Haushaltangelegenheiten an und wusste wie sie alle, dass ihr, Olympias, Leben sich dem Ende zuneigte.

Am nächsten Morgen saß sie erneut vor einem Brief. Obwohl sie eigentlich im Bett liegen sollte. Selbst die Feder zu halten bereitete ihr Mühe. Trinken konnte sie nichts. Immer wieder Husten, der sie zu ersticken drohte. Wünschte sie weiterzuleben? Sie bezweifelte das. Aber Gott würde entscheiden.

Celio Secondo Curiones Brief wartete bereits zu lange. Wie sie sich über jeden seiner Briefe freute! Obwohl er neue Schreckensmeldungen enthielt! Auch Celio war krank gewesen und – schlimmer noch – er hätte fast seine Tochter verloren. Violanthis, seine Älteste, die er endlich aus Italien hatte nachkommen lassen, lag nach einer Fehlgeburt seit Monaten darnieder. Auch sie, Olympia, bezeichnete Celio als seine Tochter und in seine Worte legte er so viel Liebe, dass sie den Brief mehrmals hatte fortlegen müssen, weil ihre Tränen die Schrift verwischt hätten. Sie musste sich zusammenreißen und Celio antworten.

Woher nahm er nur die Kraft und das Gottvertrauen zu neuen Plänen? Plagten ihn nie Zweifel? Um sie zu stärken schickte er ihr Grüße von dem greisen Bernardino Ochino, einem ehemaligen Kapuzinermönch aus Italien, der auch vor den Schergen der Inquisition geflohen war. Und von Bonifaz Amerbach, einem Basler Rechtsgelehrten. Es tat gut, dass es Menschen im fernen Basel gab, die an sie dachten, sich ihr im Glauben und Leid verbunden fühlten.

Celio bat sie, forderte von ihr, ihm ihre Briefe und neuen Werke zu schicken und die in Schweinfurt verloren gegangenen Texte neu zu schreiben, weil er ihre Werke und Briefe in Basel sammeln und herausgeben wolle. Der Gedanke hatte ihr ein Lächeln entlockt. Etwa all die Bettelbriefe um Hausrat und Bücher, die Fragen nach einer Magd, die Trostworte für Überlebende, die Klagen über Krankheiten? Das konnte sie sich nicht vorstellen. Wünschte sie das als Buch vor sich zu sehen? Zum Glück gehörten diese Briefe den Adressaten, sie besaß keine Abschriften oder so etwas.

Doch konnte sie Celio nicht widerstehen. Sie musste tun, was er wollte. Er lobte ihr Stilgefühl, die Eleganz ihrer Sätze und erinnerte sie wieder einmal daran, dass sie dem Ruf ihrer Muse folgen müsse. Ihre früheren Gedichte und Schulübungen, die Vorlesung über Cicero, eine Lobrede auf Mucius Scaevola, ein erster Dialog waren in Ferrara geblieben. Ob jemand sie aufbewahrt hatte? Celio war zuzutrauen, dass er heimliche Verbindungen nach Ferrara unterhielt und sie dort aufspürte.

In den letzten Monaten hatte sie nur kurze Epigramme verfasst, die zeigten, wie müde sie war und wie sehr sie sich nach der anderen Welt sehnte. In Schweinfurt hatte sie dagegen Psalmen übersetzt und einen platonischen Dialog verfasst. Nichts davon war erhalten geblieben, alles mit der Stadt verbrannt. Es hatte sie viel Kraft gekostet, diese Seiten aus dem Gedächtnis niederzuschreiben. Aber sie hatte es getan, die Versuchung, die von Celios Brief ausging, war zu stark gewesen. Vielleicht konnten andere, die ähnlich leiden mussten wie sie, aus ihren Worten Hoffnung schöpfen. Hoffnung auf die Nähe Gottes und das Paradies.

Der Dialog lag ihr besonders am Herzen. Philotema beklagt sich zu Anfang, weil ihr irdisches Glück vorenthalten wird. Glück, das ist für sie die Liebe eines Mannes, eine freiheitliche Lebensführung oder es sind gar die irdischen Annehmlichkeiten eines luxuriösen Daseins. Philotemas Freundin Theophila ist entsetzt. Ein goldener Wagen, Edelsteine, wertvolle Kleider, ja selbst die Liebe eines Mannes: Sie sieht darin flüchtige Freuden. Der Mensch ist nicht auf Erden, um seinem eigenen Vorteil hinterherzurennen, sondern um Gott zu dienen und sich um das Wohl und die Seele anderer Menschen zu kümmern. Sein Kreuz zu tragen, das heißt, das Schicksal Jesu zu teilen. Etwas Größeres gibt es nicht für den Menschen. Nur so kann er mit Christus zusammen in Ewigkeit das ewige Leben genießen.

Sie hatte das an Beispielen von Frauen aus der Bibel gezeigt und beim Schreiben geweint wegen all der Menschen, welche sie hatte leiden und sterben sehen. Sie hatte selbst einst in dem Sumpf der Philotema gesteckt, hatte eitel das irdische Glück genossen. Und war unter der Last ihres Leides fast verzweifelt.

Aber konnte sie, wie Celio es wünschte, mit ihrer Familie nach Basel ziehen? Das würde der Tod nicht zulassen. Und selbst wenn… Sie wusste jetzt, dass ihre Aufgabe hier in Heidelberg lag, an der weltberühmten Universität. Lehren, etwas weitergeben. Den Dialog noch einmal zu schreiben, hatte ihr gut getan. Es war eine Katharsis gewesen, eine Reinigung. Ein Lufthauch, der den Bodensatz ihrer Seele hochwirbelte und davontrug. Mit diesem Dialog würde ein kleines Stück von ihr auf der Erde bleiben. Wie Vergil gesagt hatte: *„Ich muss den Weg beschreiten, damit ich aufwärts mich schwinge vom Boden."*

„Alles scheint mir voll der prächtigsten Blumen“

Die Besserung von Olympias Gesundheit war nicht von Dauer. Am 26. Oktober 1555 starb Olympia Morata Grundler in Heidelberg, vermutlich an Tuberkulose. Am 22. November schrieb ihr Ehemann Andreas Grundler nach Basel:

Andreas Grundler grüßt seinen Freund Celio Secondo Curione herzlich.

Ich bitte Dich, mein geehrtester Celio, sieh, wie mich Gott auf jede Weise schlägt, mich, dem er nach der Zerstörung seiner Vaterstadt, dem Verlust seiner Güter, dem Tod von beinahe allen Freunden und Verwandten schließlich auch die innig geliebte Ehefrau genommen hat! Weil sie allein noch geblieben war, schien mir alles Übrige einigermaßen erträglich zu sein. Aber dieses entsetzlichste Unglück, das gleichsam wie eine ungeheure Flut zu anderen Dingen noch hinzukommt, erdrückt mich wahrlich vollständig. Ich finde nichts, was meinen Schmerz lindern könnte.

Sie verschied mit einem sehnsüchtigen Verlangen und einem sozusagen freudigen Eifer zu sterben, da sie überzeugt war, dass sie aus langwierigen Qualen und diesem leidvollen Dasein von hier zu einer ewig währenden Glückseligkeit abberufen wurde. Wahrhaftig, die Erinnerung an die Freuden und das Glück des gemeinsam verbrachten Lebens lässt irgendwie keinerlei Trost zu.

Sie lebte nicht ganz fünf Jahre mit mir zusammen, und ich habe überhaupt niemals ein reineres und aufrichtigeres Gemüt, einen redlicheren und treueren Charakter gekannt. Was soll ich ferner sagen von der Einzigartigkeit sowohl ihrer Frömmigkeit als auch ihrer Bildung? Ich glaube nicht, dass es nötig ist, sie vor Dir zu loben, einmal weil Du sie schon früher kanntest, sodann, damit es nicht den Anschein hat, als ob ich das Meinige verherrlichen wollte.

Deshalb überlasse ich all das Euch, Ihr hochgelehrten und vorzüglich gebildeten Männer, und ich zweifle nicht, dass es in Eu-

rer Schar einige geben wird, die meinen, ihr Hinscheiden müsse entweder mit einem Gedicht oder mit einer Rede gewürdigt werden. Ich werde ihnen auch meine Tränen hinzugeben, wenn ich es vor Leid kann. Es gibt nämlich eine Art des Schmerzes – wie ich sie fühle und das ist die höchste –, bei der man nicht einmal Tränen vergießen kann, weil der Sinn, durch die schwersten Schicksalsschläge schon längst erschlafft und entkräftet, dann sogar betäubt ist, sobald zu alledem noch mehr Bitterkeit hinzukommt. Daher bin ich jedenfalls jetzt zu nichts in der Lage. (...)

Als sie schon fast im Sterben lag, schien sie mir, nachdem sie kurz zuvor aus dem Schlummer erwacht war, sozusagen in einer fröhlichen Anmut ganz heimlich zu lächeln. Ich trat näher und fragte, weshalb sie so reizend lächle. „Ich sah", erwiderte sie, „soeben im Schlaf einen von dem strahlendsten und reinsten Licht erfüllten Ort"; und als sie vor Schwäche nicht weitersprechen konnte, sagte ich: „Wohlan, meine liebe Frau, sei guten Mutes, in diesem allerschönsten Licht wirst du wohnen."

Wiederum leise lächelnd, nickte sie mit dem Haupt und bald darauf sagte sie: „Ich bin ganz fröhlich, ganz heiter", und weiter sprach sie nichts mehr; nur als ihr Auge schon zu brechen begann, sagte sie: „Ich erkenne Euch kaum mehr, aber alles scheint mir voll der prächtigsten Blumen."

Dies waren ihre letzten Worte. Nicht viel später nämlich, wie von einem erholsamen Schlaf überwältigt, hauchte sie ihre Seele aus.

Schon mehrere Tage lang hatte sie wiederholt und mit starkem Nachdruck versichert, sie wünsche nichts sehnlicher, als „dahinzuscheiden und bei Christus zu sein"; und so oft es ihr bei der Schwere der Krankheit möglich war, fuhr sie fort, seine großen Wohltaten für sie zu preisen: dass er sie durch die Erkenntnis seines Wortes erleuchtet habe, dass er ihr Herz allen Vergnügungen dieser Welt abhold werden ließ, dass er in ihr die Sehnsucht nach dem ewigen Leben entzündet habe; sie trug kein Bedenken, sich in jedem Gespräch eine Tochter Gottes zu nennen. Nichts aber konnte sie weniger vertragen, als wenn jemand, um sie zu trösten, sagte, sie werde von dieser Krankheit genesen. Sie behaup-

tete nämlich, Gott habe ihr einen kurzen, aber sehr mühseligen und kummervollen Lebensweg zugemessen, daher wünsche sie nicht, „noch vor dem Ziel wieder an den Start“ zurückzukehren.

Zu derselben Zeit wurde sie von einem guten Mann gefragt, ob sie in ihrem Herzen irgendein Bedenken trüge, das sie bedrücke. Darauf entgegnete sie: „Die ganzen letzten sieben Jahre versuchte der Teufel ständig auf jede Weise, mich dem wahren Glauben abtrünnig zu machen; jetzt aber, wie wenn er alle seine Geschosse versandt hätte, erscheint er mir nirgends mehr. Ich fühle auch in meinem Herzen nichts anderes als die tiefste Ruhe und den Frieden Christi.“

Doch es wäre zu weitläufig, wollte ich aufzählen, was sie alles zu unser aller, die wir sie hörten, großen Bewunderung kindlich rein, fromm, standhaft und mit tapferstem Mute sprach. Sie starb am 26. Oktober in der vierten Nachmittagsstunde, noch nicht 29 Jahre alt. (...)

Inzwischen lebe du, mein Celio, mit deiner lieben Gattin und deinen reizenden Kindern glücklicher als ich! Lebe wohl!

Heidelberg, am 22. November 1555

Epilog

Bereits Ende Dezember 1555 endete auch das Leben von Andreas Grundler und Emilio Morato. Beide starben an der Pest, die weiterhin in Heidelberg wütete. Noch heute erinnert eine Grabtafel aus rotem Marmor in der Peterskirche von Heidelberg an Olympia Morata und ihre Familie. Dieses Denkmal setzte ihr Willhelm Rascalon, der darauf „ihre einzigartige Kenntnis beider Sprachen", ihre Tugend und Frömmigkeit preist.

Jakob Micyllus verabschiedete Olympia Morata mit einem Gedicht in elegischem Versmaß. Er nennt sie „die erste Frau unter den Musenchören", hebt ihre ungewöhnliche Schönheit, Anmut und glückliche Natur hervor und rühmt sie als „einzige Frau, die alle Männer an Begabung übertrifft".

Auch Kurfürst Friedrich II. starb wenige Monate später, am 26. Februar 1556. Sein Neffe Ottheinrich beseitigte direkt nach Regierungsantritt die letzten Reste katholischer Glaubensinhalte in Heidelberg und sorgte für eine durchgreifende Universitätsreform. Sein Nachfolger Friedrich III. machte Heidelberg zu einem deutschen „Genf" in dem die Anhänger des reformierten Glaubens im Sinne Calvins aus ganz Europa Zuflucht suchten.

Johannes Sinapius starb am 13. Dezember 1560 in Würzburg, ein halbes Jahr nach der Hochzeit seiner Tochter Theodora. Zwei Jahre zuvor war Fürstbischof Melchior Zobel von Giebelstadt auf offener Straße ermordet worden.

Renata di Francia (Renée de France) kehrte nach dem Tod ihres Mannes 1559 nach Frankreich zurück und versuchte während der Hugenottenkriege (ab 1562) in ihrer Herrschaft Montargis, ihrem Erbland, auch unter großer Bedrängnis Protestanten Zuflucht zu gewähren und mit den Katholiken in Frieden zu leben. Sie starb 1575.

Nach der Ermordung ihres Ehemannes, des Herzogs de Guise, im Jahre 1563 heiratete Anna d'Este einen weiteren Führer der katholischen Partei in Frankreich. Doch scheint sie den Brief der Olympia Morata ernst genommen zu haben, denn eine Quelle berichtet, dass sie um Gnade für die verfolgten Protestanten bat.

Celio Secondo Curione (auch: Caelius Secundus Curio) blieb zeitlebens als Lehrer für Rhetorik an der Universität Basel, verfasste außerdem Schulbücher und betätigte sich als Herausgeber. Auf Grund seiner Klagen wegen seiner finanziellen Bedrängnisse und seinen eigenständigen theologischen Ansichten blieb sein Verhältnis zu den Basler Behörden angespannt.

Vier seiner Kinder hatte er in Italien zurückgelassen, sechs lebten bei ihm und seiner Frau in Basel. Violanthis, die Älteste, starb 1556 in Straßburg an den Folgen einer Fehlgeburt. Drei Töchter und ein Sohn starben 1564, die Töchter an der Pest in Basel, Horatio im diplomatischen Dienst auf dem Weg nach Istanbul. Augustin, wie der Vater Professor in Basel, folgte ihnen drei Jahre später.

Von diesen Schicksalsschlägen erholte sich Curione nicht mehr. 1569 starb auch er, seine Frau überlebte ihn um 17 Jahre. Einzig Sohn Leo gründete in Basel eine Familie und erhielt das Bürgerrecht. Im kleinen Umgang des Münsterkreuzganges in Basel sind die Grabschriften für die Mitglieder der Familie Curione erhalten.

Curione sammelte die Werke und Briefe Olympia Fulvia Moratas, um sie – ihrem Wunsch entsprechend – herauszugeben. Die zweite Auflage dieses Werkes widmete er Elisabeth I. von England. Obwohl vieles in Ferrara und nach dem Brand Schweinfurts verschollen ist, lassen sich mithilfe dieser Quellen die Daten und Ereignisse des Lebens der Morata rekonstruieren, auch wenn die Quellen nicht immer übereinstimmen. Doch wird deutlich, wie Olympia Morata sich in den verschiedenen Lebensphasen gegenüber Menschen und Ereignissen gefühlt hat.

Schlussbemerkung der Autorin

Über die Lebensgeschichten fast aller gelehrten Personen im Buch liegen wissenschaftliche Untersuchungen vor. Auch waren die Werke der Antike, welche die Studien der Olympia Morata bestimmten und aus denen sie immer wieder zitiert, und die Psalmen der Bibel eine anregende Lektüre.

Über Annas Charakter geben die Quellen kaum Auskunft, sodass ich mir bei der Gestaltung ihrer Persönlichkeit einige Freiheiten nehmen konnte. (Das betrifft auch Emilio und Julius Micyllus, den es dem Namen nach gegeben hat, der als Charakter aber eine rein fiktive Gestalt ist.)

Aber durch Informationen allein entsteht kein Roman. Nicht vermissen möchte ich daher die Reise mit meinem Mann nach Ferrara, einer wunderschönen Renaissancestadt. Sie ist Italiens „Fahrradstadt" und zudem touristisch nicht überlaufen, sodass sie sich mit einem geliehenen Rad bestens erkunden lässt: die Paläste, der Dom, die Fresken des Palazzo Schifanoia und nicht zuletzt das Castello.

Auch auf dem Weg über den Brenner, in Schweinfurt, Heidelberg, Würzburg und Basel entstanden in mir Bilder, die sich schließlich mit den Eindrücken der schriftlichen Quellen zu einer Geschichte verwoben.

Freiburg im Sommer 2012
Ulrike Halbe-Bauer

Zum Weiterlesen

Wer sich mit den Werken und Briefen der Olympia Morata eingehender beschäftigen möchte, dem empfehle ich den Band von

Kößling, Rainer: Olympia Fulvia Morata. Briefe. Aus dem Lateinischen, Italienischen und Griechischen. Übersetzung von Rainer Kößling und Gertrud Weiss-Stählin. Leipzig 1990 (Diesem Band sind die Originalzitate im Text weitgehend entnommen. Die Übersetzung des Gedichts von Michelangelo stammt von Alphons Nobel, 1946)

Außerdem interessant und informativ:

Olympia Fulvia Morata. Das Olympia-Morata-Gymnasium und seine Schulpatronin in Bildern und Texten. Hrsg. vom Olympia-Morata-Gymnasium. Schweinfurt 1986

Düchting, Reinhard: Olympia Fulvia Morata: Stationen ihres Lebens. Katalog zur Ausstellung im Universitätsmuseum Heidelberg. Ubstadt-Weiher 1998

Holzberg, Niklas: Olympia Morata und die Anfänge des Griechischen an der Universität Heidelberg. In: Heidelberger Jahrbücher 31 (1987) 77-93

Zur spätmittelalterlichen Stadtgeschichte Heidelbergs:

Baar-Cantoni, Regina: Religionspolitik Friedrich II. von der Pfalz im Spannungsfeld von Reichs- und Landespolitik. Stuttgart 2011

Heinemann, Günter: Heidelberg. Heidelberg 1984

Wolgast, Eike: Die Universität Heidelberg 1386-1986. Heidelberg 1986

Im Internet finden sich über die Universität Mannheim auch die Texte der Olympia Morata in den Originalsprachen:

http://www.uni-mannheim.de/mateo/desbillons/olimp.html

Neckarschleife

von Jürgen Knirsch – 160 Seiten, Euro 14,80

1948: Das Jahr hatte mit katastrophalen Überschwemmungen nicht gut begonnen, die Spuren der verheerenden Kriegszeit waren noch überall sichtbar. Viele Dorfbewohner lebten in Not und blickten in eine ungewisse Zukunft. Und dennoch, die meisten ließen sich von einer neuen und unbändigen Lebenslust anstecken: von den Kindern am Neckar.

Jürgen Knirsch lässt die turbulente Zeit des Umbruchs und des Aufbruchs der späten 40er-Jahre in seinen Erinnerungen wieder aufleben.

Würgerspeise und Lackschuhe

von Marion Schwarz – 192 Seiten, Euro 12,80

Lachen und Weinen liegen nah beieinander in dieser Kindheit von 1945 - 1958 in Heidelberg.
Marion Schwarz lässt in ihrer autobiografischen Erzählung die Zeit der Adenauer-Ära, des Wirtschaftswunders und einer, zumal aus der Sicht eines Kindes, oft muffigen und skurrilen Erwachsenenwelt aufleben.
Im Zentrum stehen ihre Familie, ihre Freunde und immer wieder Heidelberg mit seinen unterschiedlichsten Schauplätzen, die sich längst verändert haben oder unwiederbringlich verloren gingen.

www.wellhoefer-verlag.de